HERMES

在古希腊神话中,赫耳墨斯是宙斯和迈亚的儿子,奥林波斯神们的信使,道路与边界之神,睡眠与梦想之神,死者的向导,演说者、商人、小偷、旅者和牧人的保护神……

西方传统 经典与解释 **HERMES**
Classici et Commentarii

亚里士多德注疏集

刘小枫 ● 主编

《政治学》疏证

Thomas Aquinas.
Commentary on Aristotle's *Politics*

[意大利] 托马斯·阿奎那 Thomas Aquinas ｜ 著

[美] 里根 Richard J. Regan ｜ 英译

黄涛 ｜ 译

华夏出版社

"亚里士多德注疏集"出版说明

  在马其顿宫廷长大的亚里士多德（公元前384－前322年，其父曾任亚历山大大帝祖父的御医）17岁赴雅典留学（公元前367年），师从柏拉图凡二十年，直到先师去世。公元前343年，亚里士多德回马其顿任亚历山大傅保。亚历山大登基后，亚里士多德重返雅典开办吕凯昂学园（公元前335年），讲授诸学，流传下来的讲稿奠定了西方学问的基本形态，史称西方学问的第一集大成者——亚里士多德的好些哲学术语，如今也已成为我国学述的常用词。

  在我国的西学研究中，古希腊学术研究一向寂寞，唯亚里士多德例外，从未遭受冷落：吴寿彭先生自知天命之年发奋翻译亚里士多德，历时三十年，垂译后学，其懼滋甚；苗立田先生主持翻译亚里士多德全集，嘉惠学林，模范昭明。

  "知典型之在望，亦可以感发而兴起。"观当今西方学界亚里士多德研究进展，始知我国研究之差距不可谓不大。我辈后学理当追前辈德范，自励身心，再图精进。"亚里士多德注疏集"旨在从两方面推进我国的亚里士多德研究：从笺释入手完善亚里士多德汉译全集，采西人各家经诂纬织亚里士多德诠解——汉语学术欲究西学根柢，非如此不可。

古典文明研究工作坊
西方典籍笺释部乙组
2009年5月

目 录

中译本说明 …………………………………… 1

英译序 ………………………………………… 1
缩略语 ………………………………………… 1
序言 …………………………………………… 1

卷一

第一章　城邦 ………………………………… 2
第二章　家庭和奴隶制(1) ………………… 19
第三章　奴隶制(2) ………………………… 26
第四章　奴隶制(3) ………………………… 35
第五章　奴隶制(4) ………………………… 43
第六章　财产 ………………………………… 47
第七章　理论上的致富术(1) ……………… 55
第八章　理论上的致富术(2) ……………… 62
第九章　实践中的致富术 …………………… 69
第十章　家庭 ………………………………… 77
第十一章　匠师 ……………………………… 86

卷二

第一章　政治统一 …………………………… 92
第二章　共妻、共子与共享财产 …………… 101
第三章　共妻与共子 ………………………… 106

第四章	共有财产	112
第五章	苏格拉底的第一政体	119
第六章	苏格拉底的第二政体(1)	128
第七章	苏格拉底的第二政体(2)	137
第八章	法勒亚斯的政体(1)	144
第九章	法勒亚斯的政体(2)	152
第十章	希波达莫斯的政体(1)	156
第十一章	希波达莫斯的政体(2)	160
第十二章	希波达莫斯的政体(3)	166
第十三章	斯巴达的政体(1)	172
第十四章	斯巴达的政体(2)	181
第十五章	克里特的政体	189
第十六章	迦太基的政体	197
第十七章	其他政体	204

卷三

第一章	公民资格	214
第二章	政体的变革	222
第三章	好人的美德和好公民的美德	227
第四章	在不同政体中好公民的美德	235
第五章	城邦的目的	241
第六章	正义的与不正义的政体的各种类型	247

附录

戴　森　重新发现亚里士多德与政治学的复兴 …………… 252

中译本说明

施特劳斯在《城邦与人》中说，真正使政治学成为一门学问的人既非苏格拉底，也非柏拉图，而是亚里士多德，并认为，亚里士多德的政治学是理解政治事务的完全有意识的形式。但在西元12世纪晚期之前，亚里士多德的哲学作品在西方并不为人所知，西欧智识生活的主导是奥古斯丁传统。奥古斯丁的政治理论确立了西方从五世纪到十三世纪以来的政治论辩风格，这一传统主张，政治生活没有最终目的，真正的目的不属于尘世，尘世的政治必须按照神意进行改造，否则人的精神将遭遇危险。正是这种对尘世政治的轻视态度，使亚里士多德的政治学教导几乎完全为人遗忘。

在奥古斯丁主导的中世纪智识传统中，亚里士多德哲学的复兴是一场重大的事件，然而，亚里士多德拒绝启示真理，这潜在地否定了上帝对具体事务的知识，因此，如何使亚里士多德哲学同基督神学相适应，又是此一复兴是否成功的关键。阿奎那拒绝阿拉伯学者的亚里士多德解释，而将亚里士多德的真理观同神启学说结合起来，认为理性从信仰中产生，它教导人类爱上帝、崇拜上帝，从而完成了中世纪亚里士多德主义的复兴。

不仅如此，在阿奎那的体系中，对神的崇拜也包含着重视尘世政治建构的要求，与奥古斯丁的政治传统不同，阿奎那认为人类的政治生活并非根源于人的原罪，而是内在于人的本性，他一再谈到，"人在本性上是政治的和社会的动物"，并认为，世俗政治有自身独特的尊严。这一思想直接源于亚里士多德《政治学》的启示。

遗憾的是，阿奎那并未撰写系统的政治论著，其政治见解散见于《论君主制》、《神学大全》Ia-IIae90－108、《〈箴言录〉注疏》（又译

《嘉言录》)和对亚里士多德的《政治学》和《尼各马可伦理学》的疏证中。在这些著作中,如《神学大全》、《〈箴言录〉注疏》和《〈尼各马可伦理学〉疏证》尽管十分重要,但并非专门的政治著述,唯《论君主制》篇幅最长、主题也最连贯,却是一部未竟稿,就连作者是否是阿奎那本人也存在疑问。

登特列夫(A. D. d'Entrèves)在为英语学者引介阿奎那的政治学时指出,《〈政治学〉疏证》是值得重视的知识来源。这部疏证一开始就区分了理论学问和实践学问,明确将政治学归于实践哲学,并指出政治学优先于其他实践学问,是其他实践学问的建筑术,是阿奎那接受亚里士多德政治思想之影响与启发的明证。

阿奎那并未疏证《政治学》全书,仅疏证了 1252a1 – 1280a6 部分,这恰好是亚里士多德政体学说的核心部分。疏证结尾的地方,正是亚里士多德讨论公民和政体的地方。按施特劳斯的讲法,亚里士多德将城邦与公民结合起来,通过提出有关公民的问题而接近了政体问题的核心——卓越。这就从根本上揭示政治的本质,昭示了政治学与伦理学的结盟,也从根本上揭示了亚里士多德—阿奎那的政治学同现代自由主义政治学之间的距离,即人在本性上享有超越城邦的地位,但这种超越只属卓异之士,在亚里士多德那里,就是过沉思生活的哲人,而在阿奎那笔下,则是指基督教世界的圣徒们,比如浸礼会教徒约翰和隐修会教徒安东尼。

阿奎那政治著作的汉译迄今只有商务印书馆出版的《阿奎那政治著作选》(马清槐译,商务印书馆,1964),摘译了阿奎那的部分政治著作,《〈政治学〉疏证》(又译"《政治学》诠释")只有一个导言。倒是登特列夫(又译"唐特雷佛")的"英译本编者序言"较为全面地交代了阿奎那政治思想的各个方面,值得品读。学界对阿奎那的研究仍在起步之初,为有助于读者理解阿奎那的政治思想,我们选译了"重新发现亚里士多德与中世纪政治学的复兴"作为附录。

《〈政治学〉疏证》中译本在人名、地名的翻译上,沿用颜一、秦典华翻译的《政治学》(《亚里士多德集》[政治学卷],中国人民大学出版社,1999,简称"颜-秦译本")。古诗文和谚语的翻译,尽可能使用吴寿彭先生的《政治学》译本译(商务印书馆,1965,以下简称"吴译本")。个别句子的翻译沿用或参考上述两种中译本。《圣经》中译文采用"思高本",但篇名仍采用更为通行的"和合本"译名,以利查阅。阿奎那注疏的《政治学》原文,系莫尔贝克的威廉(William of Moerbeke)的拉丁文译本,该译本与亚里士多德《政治学》的希腊文本有较大差异,英译者已注明相关差异(但不完备)。中译本也比较了英译本"颜-秦译本"和"吴译本"的差异(两者都据希腊文本译出),但只涉及有歧义的地方,因而也未做到完备。凡差异较大处,以脚注注明。凡中译者所加注释,均标明"中译按"与"英译注"区分。

《〈政治学〉疏证》英文全译本出版于2007年,英译者已在译者序中细致说明,不再赘述。

特别感谢重庆大学人文社会科学高等研究院古典研究中心黄瑞成教授的悉心校对,订正了不少错误。浙江传媒学院的汪海涛同志通读了译稿,提出若干修改建议,一并致谢。

英译序

西元13世纪,西方拉丁语学者终于拥有了亚里士多德《政治学》的拉丁译本。当时实际上出现了两个译本:一个未竟译本(只包含卷一和卷二的大部分)和一个全译本(卷一到卷八)。莫尔贝克的威廉(William of Moerbeke)据说是第二个译本的译者,也极可能是第一个译本的译者。毫无疑问,阿奎那未完成的注疏本(只包含卷一、卷二和卷三的前六章),正是在全译本的基础上完成的。阿奎那不可能在未竟译本的基础上完成他的疏证,因为,对卷二最后几章和卷三开头几章的疏证,不可能基于那个未竟译本。第二个译本至迟要到1260年才能为阿奎那所用,这大概就是莫尔贝克全译本的完成时期。因此,阿奎那撰写疏证的时期肯定是在1260年之后,更有可能是他在第二次旅居巴黎期间(1268-1272)完成的。我是根据最可靠的利奥版《〈政治学〉疏证》迻译的(Thomas Aquinas, Opera Omnia, vol. 48 [Rome: Dominican Friars of Santa Sabina, 1971])。这个版本中收录了出自莫尔贝克《政治学》第二个译本中的相关译文。

亚里士多德的拉丁文本在迻译方面颇多困难。亚里士多德的文风简约,而莫尔贝克的译笔,不知是出于有意还是无意,也有同样的风格。比如,在文本迻译过程中,偶尔会省略主要动词,而介词的位置有时又过分地远离和后置于宾语,相关句式也十分奇特。莫尔贝克粗略的拉丁文风同阿奎那的文风形成了鲜明对照。我认为,阿奎那在阅读其译文时也许会和我一样感到困难。在此,我无意提醒人们有关拉丁文和希腊文之间的差异。除非我认为,这种差异重要且与阿奎那的疏证相关。当有可能对拉丁文本产生不同读法时,我一般是根据阿奎那的疏证来释读的。但当其中的某种读法反映出希腊文本的一般读法时,我会注出这种读法的可能性。只有少数无法根据阿奎那的读法释读的地方,我才根据自己的读法来释读,注出相关差异。

我的译本主要参考里夫(C. D. C. Reeve)关于希腊文本的忠实翻译(Aristotle, Politics[Indianapolis: Hackett Publishing Co. 1998]),也参考了西克莱尔(T. A. Sinclair)的译本(Baltimore: Penguin, 1962)。我并未对亚里士多德的文本进行评论。但读者可参考里夫的导论、注释、词汇表和参考文献,桑德尔(Trevor J. Saunders)的译文和评注(Aristotle Politics: Books I and II[Oxford: Clarendon, 1995])以及罗宾逊(Richard Robinson)的译文和评注(Aristotle Politics: Books III and IV[Oxford: Clarendon, 1995])。

在本疏证和阿奎那的其他疏证中,《政治学》以及所引亚里士多德其他著作的章节划分都出自阿奎那手笔,而非亚里士多德文本的习见划分(但我补充了相关的贝克[Bekker]编码,以备读者对照莫尔贝克译本与亚里士多德的文本或其他译本)。在每一章中,亚里士多德文本的段落都依次编号,与阿奎那关于文本的疏证次序一致。以粗体形式标出的数字,标明了疏证中的相应划分。他关于《政治学》的引用(直到卷三,章6),都以方括号的形式置于疏证的全文中。关于《政治学》的其他引用都以脚注形式注明。

尽管我不拟对阿奎那的疏证作任何评论,但有必要对其做一般性考察。首先,阿奎那表现出了对古希腊世界的十分熟悉的了解,尽管偶尔不免犯错;其次,他对亚里士多德的基本论证也有非常妥帖的理解;第三,他阐明了亚里士多德的思想,并使之系统化。这一点远非这部文风简略的文本所能证实。尽管阿奎那想要做贴近原文的解释,但也不免偶有扩张解释(比如说,关于致富术)或限缩解释(比如,关于奴隶制)。

据我所知,这是阿奎那关于《政治学》疏证的第一个英文全译本,它也有一种附带价值,即使莫尔贝克的《政治学》的拉丁译本的一部分为世人所知。

最后,我要特别感谢波士顿学院的哲学教授麦迪干(Arthur Madigan),感谢他对译稿的细致校阅和学术批评。

里根(Richard J. Regan)
识于纽约布隆克斯(Bronx, NY.)

缩略语

Chap., Chaps.	Chapter, chapters	章
Cor.	Corinthians	哥林多书
Eccl.	Ecclesiastes	传道书
n., nn.	Paragraph number, numbers	段落号
Prov	Proverbs	箴言
Sam.	Samuel	撒母耳记
Sir.	Sirach	德训篇

序 言

正如亚里士多德在《物理学》中所教导的①,技艺模仿自然②,因为行动和后果彼此相关,正如它们的来源彼此相关。然而,技艺创造之物源于人类理智,后者又源自神圣的理智,神圣的理智是自然万物之源。因此,技艺娴熟的行动必定模仿自然的行动,人工制品也必定模仿自然万物。如果教授某门技艺的教师想要制作有技艺的作品,随他习艺的门徒就务必留意他的活动,如此才能采取和他同样的方式进行制作。人的理智从神的理智中获得了理智之光,但它需要借助考察自然生成的事物才能形成,才能在与它产生的事物有关的方面与自然生成的事物有类似的行为方式。亚里士多德指出,技艺想要产生自然万物,须以与自然生成万物相同的方式行动,自然想要制造人工制品,也需采取与技艺制造人工制品相同的方式③。

然而,自然并未完成隶属技艺之物;它只是备好资源,并为工匠们提供以特定方式行动的范型。技艺确能洞察自然万物,但实现技艺的适当行动,却不能造出自然之物。与自然万物相关的人类理性显然只是认知性的,而与人工制作相关的人类理性则既是认知性

---

① 《物理学》,II,4(194a21-23)和(199a15-16)。

② [中译按]nature一词在本书中频频出现,有时可作物理意义上的自然理解,有时亦可作本性意义上的自然理解,亚里士多德的自然观十分复杂,故在此采用"自然"一词直译nature,只有在极个别地方才译为性质,例如页23,疏证7;页28,疏证2等处,读者当根据上下文来理解该词在不同地方的不同含义。

③ 《物理学》,II,3(199a12-15)。

的,也是原因性的。与自然事物相关的人类学问必然是理论性的,而与人类制作的事物有关的学问通过模仿自然而必然是实践性的或行动性的。

自然在行动中从单纯事物进向复合事物,因此,在自然活动产生的事物中,最复杂的事物是完整的,是全体,也是其他事物的目的。这在整体与部分的关系中得到了说明。并因此,人类的实践理性也从单纯事物进向复合事物,从不完善的事物进向完善的事物。

由于人类理性既能处理人类使用的事物,也能处理理性统治下的人类本身,则在这两种情况下,它就从单纯事物进向复合事物。与人类使用的事物有关的例子如,用木料造船,用石头和木头造房屋。与人类本身相关的例子如,人类理性指导人群形成特定联合。由于这些联合有不同等级和秩序,最终的联合就是能提供使人类生活自给自足的事物的城邦,①城邦因此是最完善的人类联合。由于人类使用的事物是根据优先于手段的事物的目的安排给人的,因此城邦这一全体就优先于人类理性所知或所构成的其他全体。

因此,从刚才所谈的有关政治说教的内容出发,(亚里士多德在本书中对它们进行了讨论)可知如下四件事:第一,我们需要这种知识。为了被称为哲学的人类智慧的完善,我们需要教导理性所能知的一切。既然城邦作为全体要服从理性判断,则完整的哲学就有必要给出有关城邦的教导,即称为政治学的教导(政治学问)。

第二,我们可知这种学问属何种类型。因为我们区分了实践学问与理论学问,前者关乎行动,后者只和真理的认识相关。政治学必然包含在实践哲学中,因为城邦是全体,人类理性不仅懂得这个全体,且在此方面有所行动。进言之,理性通过制作,通过延伸到外部事物的行动而有所作为,这在严格意义上属机械技艺(即工匠、造船师和这类人的技艺)。理性通过属某一行动(如沉思、决断、意愿

---

① [中译按]Political community 一词直译为"政治共同体",这里则通译为"城邦",此外,community 单独出现时,也译为"城邦",而不译为"共同体"。

此类)的行动而有所作为,这类事物属道德学问。很显然,思考人类事务的政治学包含在关于人类行动的学问(道德学问)中,而不属于与制作事物有关的学问(即机械技艺)。

第三,我们也能懂得政治学相对其他实践学问的价值,并且懂得它们之间的相互关系。城邦是人类理性构成的最高联合,其他一切联合都与之相关。从人类使用的事物中通过机械技艺建构出的一切全体都是依据事物的目的而安排给人的。如果最高学问涉及的是最卓越和最完善之物,政治学就必优先于其他实践学问,是其他实践学问的建筑术,因为它考察的是有关人事的最终的和完整的善。亚里士多德在《伦理学》中讲,与人事有关的哲学在政治学中达于完成。①

第四,由此可以理解政治学的方法与次序。沉思全体的理论学问反思城邦的各部分和渊源,揭示城邦的经历和行动,以获取有关它的认识。思考城邦的渊源及其构成的政治学的任务便是讲授有关城邦的知识、展示其部分、揭示其经历和行动。并且,既然政治学是实践学问,便能因此揭示个体事物如何实现,并揭示一切实践学问之所必需。

---

① 《伦理学》,X,16(1181b14 – 15)。

卷一

第一章　城邦

文本（1252a1 – 1253a38）

1. 我们注意到，每个城邦都是一种人类联合，是为获取某些善建立的，因为所有人做的事都是为了获得对他们来说是善的事。因此，每一人类联合显然都在追求善。

2. 最高的、包含了其余联合的联合是绝对的至善。我们称这种联合为城邦或政治社会。

3. 因此，认为政治家、王、家政管理者和奴隶主是同一回事的人是错误的。

4. 在他们看来，这些联合只在规模上不同，而非在种类上有异。他们认为，父亲只治理少数几人，家政管理者则治理更多人，政治家和君主治理的人还要多，仿佛在较大家族和较小城邦之间，在政治统治和君主统治之间毫无区别。由一人治理时是君主统治，而由许多人根据政治学的规则轮番治理时，即是政治统治。

5. 后面这种立场是错的。在根据常规方法考察此种立场的人看来，这种错误很明显。正如需要将其他复杂事物分解为简单事物，最小的事物也是属全体的部分，因此需要分析城邦及其构成。在这种思考方式中，我们会看到它们之间是如何区分的，并系统理解与上述事物有关的一切内容。倘若某人能考察事物开端的发展，他就会思考在这个或其他事物中，什么东西最好。

6. 因此，首先需要将无法单独存在的东西结合起来考察（比如，为了种族延续的男人和女人），并且，人类就像植物和其他动物一样想要延续自身的种类,这不是根据选择,而是依据自然。

7. 统治者和被统治者根据自然为各自利益而联合。能理智地预见事情的人,根据自然是统治者和主人,从事体力劳动者根据本性是臣民或奴隶。相同的事情对主人有利,也对奴隶有利。

8. 女人和奴隶根据自然是不同的。自然出于某一具体目的而制造每一种工具,这与德尔菲的铁匠不同。后者吝啬地造出有各种用途的小刀。一种工具只用于一种目的,才能使它做最好的事情。

9. 然而,在其他(非希腊人的)社会中,女人和奴隶有相同地位。

10. 根据自然,他们没有统治者。这个社会由奴隶(男奴和女奴)构成。考虑到这一点,诗人才说,希腊人可以正当地统治外邦人,仿佛外邦人(非希腊人)和奴隶有相同的本性。

11. 正是从男人和女人的结合以及从主人和奴隶的结合中产生了最初的家庭。诗人赫西俄德正确地说,最初的家庭由妻子和耕牛构成,而耕牛是穷人的奴隶。

12. 根据自然形成的日常联合是家庭。加隆达斯称家庭成员为食桌伴侣,克里特的埃比门尼德则称家庭成员为炉火伴侣。

13. 从许多个家庭中产生的第一种联合是村落,村落的形成不只为了满足日常所需。

14. 当子孙(有人说他们是某宗族的成员)建立各自的家庭时,根据自然,村落尤其应该被视为各家庭间的相依相邻。

15. 王是城邦的最初统治者,即便现在,某些民族也仍然接受王的统治。最年长的人统治家庭。最年长的人因血缘关系而统治相邻家庭。荷马曾说:"每个人给自己的妻儿立法。"(古时的人们就是这般散居的)

16. 据说王也统治诸神,古时的王统治人类,至今某些王也仍然在统治,由于人类想象诸神形象同自己的形象相似,他们也想象诸神的生活和自己的生活相似。

17. 我们可以恰当地说，从许多村落中形成的完整联合是城邦。一旦这种联合完成，就具有自足的目的。城邦为保护生命建立，其存在是为了促进善的生活。

18. 每个城邦都根据自然而存在，就像第一种联合那样。城邦是其他联合的目的，而目的是自然的。只有当事物完全生成时，才能说它们（比如，人类、马、房子）拥有某种自然。

19. 进言之，在任何事物中，最好的东西就是其目的，只为这一目的，事物才存在，因此，目的和最好的事物就是自足的。

20. 由上述内容明显可以看出，城邦是自然地存在的，人类出于自然是政治动物。因其自然而非因为厄运生活在城邦外的人，要么是恶人，要么是超人，恶人就像是荷马指责的无族无法的戴罪之人。此类人本性好战，像飞鸟般不受约束。

21. 较之群居的蜜蜂和其他动物而言，人类更是一种政治动物。正如人们所言，自然不做徒劳之事，相对其他动物来讲，惟有人能使用言辞。悲伤和愉悦的表达只是符号，也为其他动物具有。其他动物的自然就是如此，具有关于悲伤与愉悦的感官体验，能相互传达这些体验。然而，言辞却表明何物有益或有害，表明何物公正或不公正，严格来说它只属于人。与其他动物相较，惟有人能理解善恶、正当或不正当，诸如此类。传达这些理解产生了家庭和城邦。

22. 城邦具有相对家庭和个体的优先性，因为整体自身必优先于部分。一旦身体消失，手足将不复存在（除非有人含糊其辞地谈论石像的手足）。既然一切事物都通过身体的活动和力量获得界定，则这些部分就将随身体一同遭到毁损。因此，不再保持原样的事物只能在模糊的意义上是原来的事物。并因此，城邦就其自然来说拥有相对个体的优先性。如若孤立的个体不自足，他们就像其他部分与整体相联系那样，以相同方式和整体相联系。不能进入城邦的事物、因其自足无需城邦的事物，不属于城邦。在城邦外生活的人不是野兽，便是神祇。

23. 自然迫使一切人类朝向此种联合。最初建立城邦的人获得了最大的利益。达致完善的人类在动物中最优良,偏离法律与正义的人类在动物中最恶劣,携带武器的不公正最野蛮。掌握武器的人类受赐审慎与德性,这些东西也能用于倒行逆施。在放纵性欲和贪食中,缺乏真正美德的人是最残忍的罪犯和最野蛮的动物,是最卑劣的冒犯者。正义属政治事务,正当意味着政治联合的有序,正当是正义的尺度。

疏　证

1. 在序言的评论之后,我们应注意,亚里士多德给第一卷撰写了导论。在导论中,他揭示了政治科学的目的,并论证了他提议的内容[见第2章]。就前者而言,他做了两件事。第一,他表明了城邦的价值,它是政治科学的对象,源自城邦的目的。第二,他揭示了城邦同其他联合的关系[见3]。在第一方面,他想证明两件事,首先是城邦指向某种善作为目的,其次,城邦指向的善是人类的最高善[见2]。

在第一方面,他提出了如下论证:每个联合的建立都是为了追求某种善。正如我们清晰看到的,每个城邦都是一个联合。因此每个城邦的建立都为了追求某种善。由于小前提显而易见,他就为大前提做了如下证明。为了追求看来是善的东西,不管它们是否是真的善,人类都会做他们想做的任何事。人类活动创造了每一联合,因此一切联合都在追求(即意在获得)某种善作为自身之目的。

2. 接下来,他通过如下论证表明,城邦指向的善是人类的最高善。如果每个联合都指向某种善,最高的联合必然会千方百计地寻求人类的最高善。因为手段之相对重要性必取决于目的之相对重要性。而且他补充的内容,即城邦包含其他一切联合,清晰地表明,在一切联合中,何种联合地位最高。

联合即全体,各个全体是这样安排的,即包含其他全体的全体是更高的全体。比如,房屋的墙壁是全体,但房屋是更高的全体,因为墙壁包含在房屋之内。包含其他联合的联合是更高级的联合。城邦显然包含了一切其他联合,因为家庭和村庄都被包含在城邦之内,因此政治联合是最高的联合。城邦寻求最高的人类善,是因其着眼于共同的善,正如亚里士多德在《伦理学》的开端说,这种善优于个体的善,具有更神圣的品质。①

3. 接下来,他就将城邦与其他联合联系起来,做了三件事。第一,他指出了某些思想家的错误。第二,他展示了如何揭示此种观点的错误[见5]。第三,根据上述方法,他提出了关于城邦与其他联合之间的真正联系[见6]。在第一件事上,他又讲了两点。首先,他指出了错误的观点。其次,他对之进行了解释,并介绍了提出此观点的人的论证[见4]。

关于第一点,我们应注意,显然存在两类联合,即城邦和家庭。城邦有两种统治方式,一为政治统治,一为君主统治。君主统治是统治者在城邦中拥有全权的政体,而在政治统治中,统治者根据城邦的特定法律享有强制权。类似地,家庭也有两类统治,即管理性统治和主奴关系性统治。我们称拥有奴隶的人为主人,而称在家庭中获取和分配财富的人为管理者。因此,主奴关系性统治是主人支配奴隶的统治,管理性统治则是由个体分配全部家庭财物的统治,这些财物中既包含奴隶,也包含自由人。因此,有些思想家错误地认为,这些统治方式完全相同、毫无差异。

4. 接下来他指出了他们的论证过程。只在量上有差异的事物在种类上无差异,因为从量的差异出发无法区分种类。但家庭和城邦是否只在规模上有区别,尚需解释。

如果被统治的联合只包含少数人,正如在小型家庭中一样,我

---

① 《伦理学》,II1094,b9–10

们就称统治者为父亲,他的统治权力是权威性的。① 倘若被统治的联合包含许多人,既包含奴隶,也包含自由人,我们则称其统治者为家政管理者。如果被统治的联合包含的人数更多(既包含个别家庭的人,也包含城邦的人),我们就称其为政治统治或君主统治。有人说,家庭与城邦只在规模上不同,大家庭就是小城邦,小城邦就是大家庭。但接下来的内容表明这种看法是错的。

他们也主张,政治统治与君主统治之间只在规模上有区别。当统治者绝对地统治,并对一切事情予以关注时,我们称此种统治为君主制。当他们根据政治学的规则②统治时(即根据政治科学确立的法则进行统治时),统治就是政治性的,即就统治者认为一切事物都服从他的权力而言,他部分地是统治者,而就他服从法律而言,他部分地是被统治者。他们从这些事物推断出,之前提及的政体(某些属城邦,另一些属家庭)在种类上并无差别。

5. 接下来,他向我们表明了揭示前述观点之错误的方法,并宣称那些主张是错的。如果人们愿意以特定方式(即借助在思考他现在提议的事情的过程中运用的技艺)来关注这件事,这一点就十分明显。这种技艺的方法如下。正如在其他事情中,为了认识全体,需要将复合的事物划分为单纯的事物(即属于全体的最小的、不能再度划分的事物),比如,为了认识词语,要将其划分为字母,为了知道复合的自然物质实体,需将其分解为各要素,同理,想要考察城邦的构成要素,最好是观察前述各种统治方式本身是什么,它们之间如何区分,是否能对每一个的细节进行系统思考。在我们看来,在某些事物中,能从事物发展的开端出发进行思考的人,最能沉思事物的真理。在其他事物中,比如在我们眼下考察的事物中也如此。

---

① [中译按]Despotic,在涉及父亲的统治权时,译为"权威性的",而在涉及僭主的统治权时,则译为"专制的"。

② [中译按]原文为 scientific rules,这里译为"政治学的规则"。

针对亚里士多德的上述说辞,我们应思考,为了弄明白复杂事物,必须首先对它们进行分析,将其划分为各要素。但为了从已知的根本原因出发判断这些原因导致的结果,就不可避免地要运用综合的程序。

6. 根据前述方法,他指出了关于其他联合同城邦的真正联系,提到了两点:首先,讨论了从属于城邦的其他联合。其次,讨论了城邦联合本身[见17]。在前者,他又谈了三点:第一,解释了个体之间的联合。第二,解释了家庭中的联合,其中包含个体之间的各种不同联合[见11]。第三,解释了村落联合,其中包含许多家庭[见13]。关于第一点他又做了两件事:其一,解释了两种私人性联合,其二,将这些联合关联起来[见8]。

他指出,男女间的联合是私人联合的第一种形式。他说,由于我们需要将城邦划分为各个最小部分,因此就需肯定,第一种结合是指人与人之间脱离彼此就无法存在的结合,即男女的结合。这种结合是为了男女繁衍的。离开彼此,他们就无法继续生存或存在。

然而,通过他补充的"并非根据选择",他就说明了为何这种结合是第一种结合。我们应考虑到人类拥有某些适合于他们的东西,即理性,理性能使人类三思而后行,在行动中做出选择。人类也有某些属于共同的和其他的东西,即繁衍后代的能力。但这种能力不是因选择而属于他们,即并非通过理性选择而属于他们,而为他们与其他动物乃至植物所共有。所有事物都有一种自然本能,要在身后留下与自身相似的事物。因此,从种类上讲,繁衍生息使无法保持相同数量的事物得以保持。

即便是在其他有朽的自然事物中,也存在这种自然本能。但由于有生命的事物,即植物和动物,都有繁衍后代的特殊方式,即自我繁衍,他就特别地提到了动物和植物。即便在植物中,在同一植物的内部,雄性与雌性的力量也是结合的,尽管在不同植物内部,某种力量或另一种力量会更充沛,如此就能想象一棵植物像男女一样处于交合状态。

7. 接下来,他展示了人与人的第二种联合,即统治者与臣民的联合。此种联合也是源自追求幸福的那种自然。因为自然的目的不仅能使事物繁衍,也要使其保存。在他看来,这在人群中是通过统治者与臣民的联合发生的。凭借理智的力量能预见到何种事物适合于保存(即获得有利的事物并排除有害的事物)的人,出于自然是统治者和主人。凭借体力执行明智者凭借智力所预见到的事情的人,出于自然是臣民或奴隶。由此可得,统治者统治,臣属者服从,有助于两者保存。因其智慧从智力上预见到事情的人有时缺乏生存能力,因为他们缺乏必要的体力,需要用奴隶来实施其计划。而对体力充沛者来说,除非有其他人的实践智慧能针对自身实施统治,否则就不能做到自我保存。

8. 接下来,他就将此前提到的各种联合关联起来。首先,他就像它们本身那样,将它们彼此联系起来。其次,他驳斥了一种错误[见9]。他从前述内容中首先推出,女人和奴隶根据自然存在差异,自然安排女性依赖男子才能产生后代,女人在体力上不强壮,奴隶却必须体力强健。因此,前述两类联合彼此不同。他将造成差异的原因归结为,自然不会以德尔菲的铁匠为穷人们制作铜质(即金属)小刀的方式来制造万物。德尔菲人制造特殊的刀以用于许多目的(同一把刀可以砍、削和做类似的事)。之所以这样做,是为了穷人的利益,因为后者买不起足够的刀。自然不使一物具有多项功能,而是为一物指定一项功能。自然安排女人繁育后代,而非成为奴隶。只有当一物用于一项工作,而非用于许多工作时,事情才会做得好。

当指定同一工具(仿佛必然地能同时做两件事)完成两件事有障碍时,就应理解上述讲法。如果不同的工作应渐次完成,提供相同工具完成不同的事就不会有障碍。舌头与两种自然活动,即与品尝和说话相适应。亚里士多德在《论灵魂》①中说,这两项活动在同

---

① 《论灵魂》(De anima) II,18(420b17 – 18)。

一时间并不冲突。

9. 接下来他驳斥了相反的错误。首先,他解释了这种错误。其次,他揭示了产生错误的原因[见10]。他一开始就指出,外邦人(非希腊人)认为,女人和奴隶属同一等级,在他们看来,女人仿佛是奴隶。

但关于何种人可称外邦人却有疑问。有些人称不能理解相同语言的人为外邦人。使徒在《哥林多前书》(14:11)中说:"假使我不明白那语言的意义,那说话的人必以我为蛮夷,我也以那说话的人为蛮夷。"另一些人称没有与自己的方言相应的书面语的人为外邦人。人们说,比德将文学技巧引入英语,因此,英吉利人不能被视为外邦人。① 对其他人来说,外邦人是指不受公共法律统治的人。这些说法都以某种方式接近了真相。

我们知道,对非希腊人(野蛮人)而言,希腊语意味着外邦人的东西。我们可以绝对地或在同其他人的关系中称某些人为外邦人。我们通过理性来界定人,缺乏理性的人完全不同于人类,因此我们称无理性的人为绝对的外邦人。他们之所以缺乏理性,或是因碰巧生活在毫无节制的环境中,以至于多数都缺乏智力,抑或因为在特定地方存在一种陋习,在此人类仿佛生活在非理性的和野蛮的状态中。根据理性的力量,可得如下结论:合乎理性的法律统治着人类,人类擅长于写作技艺。因此,不能制定法律或制定不合乎理性的法律,以及缺乏文学方面的技艺,这些事实正确地表明了野蛮的症状。

然而,当某人不与他人交往时,我们也称此人在与他人的关系中是外邦人。自然特别地使人具有一种能通过语言进行交流的结

---

① Leonine 本的编辑并没有找到这句话的出处([中译按],Leonine 本,是指1971年由 Leonine-committee 出版的最新校勘本,该委员会在1880年由教皇利奥十三世设立。利奥版的阿奎那全集具有较高的准确性和权威性,很多译者都依据这个版本)。

构。因此,在相互关系中,我们称不能理解对方语言的人为外邦人。但在此亚里士多德所谈的外邦人是指绝对意义上的外邦人。

10. 接下来他为前述错误找到了一个理由,在他看来,原因在于,在外邦人中,一切规则都有悖于自然。他之前说,合于自然的统治者是在智力上可预见未来之事的人,奴隶则是在体力上执行这些事的人[见7]。尽管多数外邦人体力强健,却智力低下。因此在他们之中不存在统治与被统治的自然秩序,却有男奴隶与女奴隶的联合(他们通常使用女奴隶,也就是女人以及使用男奴隶)。根据自然,在有理性的人之间存在统治关系,而在外邦人那里,却因缺乏理性不存在统治关系,如此,诗人才说,由智慧的希腊人统治外邦人是适宜的。好像是说做个外邦人跟当奴隶一样,而如果发生相反的事,世界将变得混乱无序,如所罗门在《传道书》(10:7)中说,"我看见仆人骑马,而王侯反像仆人一样步行"。

11. 接下来他解释了家庭联合,这种联合由私人联合构成。在此问题上,他做了三件事。第一,他向我们揭示了此种联合包含的内容。第二,他向我们表明了这种联合存在的原因[见12]。第三,他说明了应如何称谓这种联合的成员[见12]。他首先指出,家庭由前述两种私人性联合构成,一种是为繁衍后代组成的联合,另一种是为实现福利组成的联合。家庭必然包含男人和女人、主人和奴隶。我们称这样的家庭为最初的家庭。家庭还具有另一种私人性联合,即父亲和孩子的联合,它由第一种联合造成。这两种联合是基本的。为了说明这一点,他引用了赫西俄德的诗。赫西俄德称家庭有三件事,统治家庭的主人、女人和犁地的耕牛。在贫苦家庭中,耕牛代替了奴隶,因为人类是以使用奴隶的方式使唤耕牛的。

12. 接下来他向我们说明了组织起来的家庭联合追求何种目的。我们应想到,每种人类联合都与某些活动相关。有些活动是日常的(如吃饭、在炉火边取暖等),有些则并非日常(如买卖、战争等)。然而,在这两类活动中,出于自然,人类会联合起来互助。他指出,家庭这种联合只是为日常生活(即为了每天都需完成的活动)而根据自然结成的。他通过言辞的使用揭示了这一点。比如,加隆达斯人称家庭成员为"食桌伴侣",因为他们共享一桌饮食,吃相同食物。克里特人埃比门尼德则称家庭成员为"炉火伴侣",因为他们围坐在同一堆炉火旁,获取同一种热。

13. 接下来他解释了第三种联合,即村落。他首先说明了这种联合由何种东西构成,因何存在。其次,他向我们揭示了此种联合出于自然[见14]。他一开始就指出,我们可称由许多家庭构成的第一种联合为村落。之所以称村落是第一种联合,是为了将它与第二种联合(即城邦)区分开来。但村落不是为日常生活建立的,家庭才是为日常生活建立的,村落是为并非每天都产生的需要建立的。村落的居民们在日常活动中联合起来的方式有别于家庭成员们在日常活动中(如吃饭、围坐在一起取暖等)实现联合的方式。他们是在并非每天都发生的外部活动中联合起来的。

14. 接下来他表明村落这种联合是出于自然的。他首先通过一项论证证明了这个主张。其次,他提出了一些具体的证据[见15]。他一开始就说,家庭之间的相邻(即村落)似乎最合于自然。因为没有什么比动物的繁殖更合于自然,这一点导致了家庭间的相邻。有些人称居住在相邻家庭中的人为族人、孩子(即儿子)以及孩子的孩子(即孙辈)。通过这种方式,我们懂得,家庭间的相邻首先产生自如下事实,即子孙在历经数代后,建立了各自的家庭,近距离地居住在一起。由于后代人口的增长是自然的,村落这种联合因此就合于自然。

15. 他接下来通过一些证据论证了相同结论。他首先通过我们注意到的与人类相关的内容做到这一点。其次,他借助人们谈论的关于诸神的内容做到这一点。他一开始就说,由于在家庭的相邻中产生了大量后代,那么王最初就出来统治各城邦。某些民族至今仍然由王来统治,尽管每一单独的城邦并不拥有单独的王。臣服于王的臣民构成了各城邦和各民族。

这一证据如何与前述内容相应?他通过如下补充揭示了这一

点,正如父亲统治着儿子们,最年长的人统治着每个家庭。族中长老可因血缘关系,统治由血亲关系形成的所有相邻人群,就像受王统治的各城邦一样。因此,荷马说,每个人都为妻儿立法,就像王在城邦中立法。此类统治就从家庭、村落过渡到城邦,不同的村落就如同被划分为各部分的城邦。因此,年老者分散在各村落之中,而非聚集在同一城邦之内。并因此,很显然,王对城邦或某一民族的统治是从家庭或村落中年长者的统治发展来的。

16. 接下来,他通过人们曾经谈论的有关诸神的内容向我们展示了另一证据。因为他提及的那些内容,据说所有民族都曾说,朱庇特王统领着他们的神。某些王至今仍统治着人类,王几乎统治着所有的古代民族。正如他后面所说,这就是最初的政体。① 由于人类将诸神的样子(即诸神的外形)比作自身形象,认为诸神具有人类的形象,同样,人类也将诸神的生活(即诸神间的交往)比作自身的生活,认为诸神交往的方式与人类的相同。亚里士多德在此以柏拉图主义者的惯常方式提到了诸神,即认为诸神是不同于质料的实体,它为最高的神所造,在亚里士多德看来,异教徒将人类形象和交往错误地归结给了神。

17. 亚里士多德在解释了被整合进城邦的诸联合之后,解释了城邦这一特别联合。这一解释分三部分。第一,他表明城邦是何种类型的联合。第二,他表明这种联合合于自然[见18]。第三,他讨论了城邦的组织[见23]。在第一部分,他从三个方面揭示了城邦的条件。首先,他表明城邦由哪些东西构成。城邦由许多村落构成,正如村落由许多家庭构成。

其次,他指出,城邦是一种完美的联合。并从如下事实出发证明了这一点,即人类的任何联合都整体地指向某些对生命来说必需的东西,因此,由拥有充分必需品的人构成的联合是完美的联合,城邦即此种联合。尽可能包含一切对人类生活充足的东西是城邦的

———————

① 《政治学》,III,15(1286 b8-11)。

自然。城邦包含着若干村落,在这个村落中,铁匠操行他们的手艺,在另一个村落中织布工在织布,如此等等。城邦显然是一种完美的联合。

再次,他向我们揭示了城邦根据何种目的获得安排。城邦最初是为了继续生存而建立的,即人类能充分找到各种生存手段,但城邦的存在不仅能使人类获得生存条件,而且当城邦的法律将人类的生存引向德性时,能使人类过上有品质的生活。

18. 接下来,他表明城邦的联合合于自然,在此问题上他做了三件事。第一,他表明城邦合于自然。第二,他表明,人类出于自然是政治动物[见20]。第三,他表明根据自然,何种事物优先,是个体的人优先,或家庭,抑或是城邦优先[对观22]?关于第一件事,他给出了两项论证。第一项论证是,自然事物的目的是其自身的自然。但城邦是前述联合的目的,并且,他已表明这些联合是合于自然的。因此,城邦也合于自然。

他也证明了自然事物的自然就是它们的目的。证明如下,我们说事物的自然就是当它完全生成时属于它的东西。例如,人类的自然就是他们在完全长大后具有的自然,对马和房屋亦然,尽管我是通过房屋的形式了解其自然的。但事物在其完全生成时具有的秉性就是事物在生成之前具有的目的。因此,生成某物的自然源泉的目的就是事物的自然。既然城邦是从前述联合中产生的,由于这些联合是自然的,城邦本身也是自然的。

19. 接下来他提出了第二项论证。在每件事物中最好的东西是目的,正是由于目的,事物才生成。成为充足的就是成为最好的,成为充足的就具有目的属性。由于城邦这种联合自身对人类生活而言是自足的,它自身就是前述联合的目的。因此,显然可以看出,第二项论证是作为第一个论证的小前提的证据被引入的。

20. 接下来,他论证了人类出于自然是政治动物。他首先从城邦的自然性中获得这一结论。其次,他通过对人类来说是合宜的行动证明了这个结论[对观21]。在前一方面,他做了两件事。第一,他阐明了自己的主张。第二,他解决了一个难题。他首先从前述事物中推出,城邦属于合于自然之物。由于城邦只是一种有组织的人类群体,因此,人类出于自然即政治动物。

但在如下事实基础上存在一个难题:万物具有对它们而言合于自然的东西,但并非所有人都居住在城邦中。为了解决这个难题,他指出,有些人之所以不是政治性的,是因厄运(例如被驱逐出城邦),或因贫困迫使他们耕种土地或以畜牧为生。这并不与他关于人类出于自然是政治性的主张相背离,因为其他自然事物有时也因厄运而失去其自然性(如当某人失去一只手或被剥夺食物供给时)。但因其自然而成为非社会性的人(如因人性的堕落)必定是邪恶的,要么较其他人更优异。由于他们具有相较一般人更完善的自然,即便没有人群相伴,也能做到自足。浸礼会教徒约翰和隐修会教徒圣安东尼就是如此。

此外,他还补充以荷马的格言。荷马谴责因堕落而离群索居者。他说,这些个体因不受友爱纽带的束缚而根据自然是反社会的,不受法律规则的约束而无法无天,不受理性规则的拘束而最终沦为罪犯。有些人出于自然就是如此,爱争斗且缺乏管教,必定在某个时间成为好战分子。因此我们看到,离群的野鸟总爱捕食其他动物。

21. 接下来,从人类合宜的活动中,他说明,较蜜蜂和一切过群居生活的动物来说,人类更是一种政治动物。证明如下:自然不做徒劳之事,其通常的活动都指向特定目的。因此,自然如果分配给某物内在地指向其目的的东西,就会赋予该事物以目的。我们认为,尽管其他动物也能发声,但在一切动物中,惟有人具有语言能力。尽管有些动物也会发出人声,但它们不是在严格意义上说人话,因为它们不懂自己所说的内容。它们之所以能发出这种声音,是由于练习的结果。

语言和单纯的嗓音有区别。嗓子发出的声音是表达痛苦和快乐的,能表达如愤怒和恐惧等情感,正如亚里士多德在《伦理学》中所说,这些情感指向快乐和痛苦。① 其他动物也有嗓子发出的声音,自然使它们能体验感官上的快乐和痛苦,并通过特定的从嗓子发出的自然声音同其他动物交流,如狮子通过吼声,狗通过吠叫所做的那样。我们可用叫喊来代替这些声音。人类语言表明了有益和有害的东西,并因此表明了公正或不公正的东西,因为正义和不正义意味着人们在有益或者有害的事情上获得公正或不公正的对待。因此,语言对人类来说是合宜的。相较其他动物,对人类来说,获得有关善恶、公正与不公正等诸如此类用语言表达的知识是合宜的。

自然赋予人类以语言,语言则指向在有益或有害、公正或不公正以及诸如此类的事上相互交流的人类。既然自然不做徒劳之事,人类在这些事上天生就会交流。关于这些事情的交流最终产生了家庭和城邦。因此,人类出于自然是家庭的和政治的动物。

22. 接下来,他从前述内容中得出,城邦根据自然先于家庭抑或个体,这是通过如下论述得出的。整体必然优先于部分,不仅在自然等级上,且在完善程度上也是如此,但正如他在《形而上学》中说,我们应在质料上而非在形式上理解这一点。② 他通过如下方式对此进行了证明。当整个身体受到损伤时,脚和手就只能在模糊意义上存在,就如我们称雕像的手为手一样。之所以如此,是因当整个身体遭到损伤时,部分也会遭损伤。而遭损伤的东西并未保留我们可以理解其定义的形式。因此,很清楚,词语的意义就不能与原来的意义保持一致,因此,我们只能模棱两可地称谓这个词语。

当整体受损害时,部分也会受损害,他通过如下事实揭示了这一点,即每个部分通过其活动和其行动能力获得界定。比如,脚是使人能行走的身体的部分,这是脚的定义。失去行走能力或不能再

---

① 《伦理学》,II,5(1105 b21 – 25)。
② 亚里士多德,《形而上学》,VII,10(1035b11 – 19)

行动的脚就不是属于能行走的身体的脚,尽管我们常常语焉不详地称前者为脚。同样的推理也可用于我们称为质料的其他各部分,在定义中我们设定了全体,就如同我们在定义半圆的时候设定了整圆一样,因为半圆是整圆的一半(但对我们在有关整体的定义中设定的类的各部分来说,却并非如此,比如,我们在三角形的定义中设定的各条边)。

因此,很显然,整体在本性上先于各质料性的部分,尽管从出现的次序上讲,部分是优先的。但个体的人与整体城邦间的关联类似于个人同人类之间的关联。如同手足不能离开身体而存在,个体若离开城邦而生活便不能自足。倘若个体因堕落而无法加入到城邦这一团体中,那么此人较一般人和野兽而言境况要更糟。但如果个体无所需求,能够自足,就无需成为城邦的部分,此种个体相较普通人更优越,可以说他是某位神。因此,从前述内容中可推出,城邦根据自然优越于个体。

23. 接下来他讨论了城邦的组织结构,从前述内容可得,人类有朝向城邦联合的自然冲动,一如他们对德性也有自然冲动。但正如他在《伦理学》中说,① 人类通过行动获得德性,此种努力建立了城邦。最先创造城邦的人为人类带来最大的利益。

如果人类具有自然赋予他们的完备德性,便是一切动物中最优异者。而如果人类失去了法律与正义,便是一切动物中最卑劣者。对此他作了如下证明。不正义的人随心所欲支配的武器越多(即行邪恶之事的工具越多),就越残忍。并且,内在地指向善的实践理性和德性是出于人的自然而属人类的。然而,当人类处于邪恶状态时,会使用理性和德性作为武器,亦即为邪恶之事。比如,他们狡猾地设计各种骗局,通过禁戒酒食,忍饥耐渴,以在邪恶状态中持续更久的时间,如此等等。因此,易怒的秉性会使缺乏德性、残忍而又毫无情感的人最为歹毒和野蛮,肉欲的堕落则会使他们在声色犬马

---

① 《伦理学》,II,1(1103a31 – 62)。

中成为最卑劣的冒犯者。

然而,政治秩序使人类回归正义。这一点也通过如下事实得到阐明,即希腊人在称城邦的秩序与正义的尺度时所使用的是相同的词,即正当秩序。很显然,建立城邦的人使人类得以避免成为最卑劣的人,并使他们回到在正义和美德方面最佳的状态中。

第二章　家庭和奴隶制(1)

文本(1253b1–1254a17)

1. 构成城邦的诸要素既已获得阐明,在此,就需首先讨论家庭,因为每个城邦都由家庭构成。

2. 家庭也拥有它赖以建立的各部分,完整的家庭由奴隶和自由人构成。但我们研究万物首先要从最小的部分开始。家庭的最初和最小的部分是主奴、夫妻、父子。因此,有必要考察这三个部分各自是什么,并考察各自应该是什么。第一部分是权威性统治。第二部分是夫妻性统治,第三部分是繁衍性统治,但后两部分没有准确的名称。我们将依次考察这三个部分。

3. 存在第四个部分,在某些人看来,这个部分属于家政,在另一些人看来,则是家庭中最重要的部分。我们要考察它如何得到安排。我在此所说的这个部分被称为财政性的。

4. 我们首先讨论主奴关系,考察它能带来哪些必然的好处,并且考察我们是否能比眼下的人们能更好地懂得它们。

5. 诚如我们在一开始所言,对有些人来说,治理包含一类特定知识,并且,他们认为,家政管理、治理奴隶以及政治的和君主的统治相同。对另一些人来说,主人支配奴隶有悖于自然。因为正是通过法律,某人才是奴隶,另一人才是自由人,而自然并未做此种区分,因此这种规则不公正和具有强迫性。

6. 既然财产是属于家庭的部分,获得财产也就是家政的部分。

没有生活必需品,人们将无法存活。正如某人要想做技术性工作,就需有适合于某种特定手艺的工具一样,因此,人们也需要有用于家政的适合工具。

7. 有些工具没有生命,有些则有生命,比如,船只的领航员既需要无生命的船舵,也需要有生命的瞭望员。在手工活中帮手也用作工具。同样,财产也是维持生计的工具,并且具有多种类型,奴隶则是有生命的财产。任何助手都是较其他工具更先进的工具。比如,可以设想每一工具都听凭使唤或根据对我们命令的预期来完成任务,就像代达洛斯的著名雕像或赫淮斯托斯的三足宝座一样。诚如诗人所说,它们能自动参与诸神的赛会。不妨进一步猜想,织机与琴弦能自动工作。如此,主人般的匠师就不再需要帮手,主人也无需奴隶。

8. 称为工具的事物能生产(produce)其他事物①,财产只是某种对活动(activity)来说有用的东西。比如,织机在使用之外还能制作其他东西,但我们只使用衣服和床。

9. 尽管制作(making)和做事(doing)在种类上有差异,但两者都需要工具,工具也有同样的差异。生活属活动而非制作。因此奴隶们就在与活动有关的方面当帮手。

10. 我们也说,财产是某个部分。部分作为部分,不仅属于某个他物,而且绝对地属于这个他物。类似地,财产绝对地属于它的所有者。主人只是奴隶的主人,而不属于奴隶。但奴隶是主人的奴隶,完全地属于主人。

11. 因此,这些内容揭示了奴隶的自然和作用。根据自然属于他人而不属于自身的人根据自然就是奴隶。作为财产或奴隶的人属于他人,财产是对人类活动有用的工具,可以独立存在。

---

① [中译按]直译为生产,在此译为制作(making)。

疏　证

1. 在撰写导论后(在导论中,他揭示了城邦的前提及其构成),亚里士多德接着讨论政治学问。首先,他以一种先前指明的方式,规定了属于城邦第一部分的事物。其次,他也规定了属于城邦自身的事物[见第二卷,第1章]。在前一方面,他做了两件事。第一,他谈到了在此的目标。第二,他解释了他想提议的东西[见5]。在第一件事上,他又做了两件事。首先,他谈到了他想规定的内容。其次,他表明将通过何种次序做到这一点[见4]。关于前者,他又做了两件事。首先,他指出,我们应该对于属于家庭的事做规定。其次,他罗列了属于家庭的事[见2]。

因此,他首先指出,前述事情阐明了城邦的构成。正如他此前主张的[见第1章,第5节],为了懂得整体,必须首先知道部分。并且,由于每个城邦都由作为部分的家庭构成,我们就必须首先谈谈家政,这是一门分配物品抑或管理家庭的学问。

2. 接下来,他列举了属于家庭的内容。首先,存在作为其部分而属于它的事物。其次,存在因对其部分是必要的而属于它的事物[见3]。因此,他一开始就指出,家庭的各部分就是构成家庭的事物。并且,每一个家庭,即每一个小型(domestic)家庭,如果完整,就要包含奴隶和自由人。他之所以说"完整",是因为如他在前面所说,在贫苦的家庭中,耕牛替代了奴隶[见第1章,第11节]。为了增进知识,当我们思考的事情较多时,首先应该思考较少的和较简单的事。因此可以说,家庭的最初部分也是最小的部分,是如下三种联合:主人和奴隶、丈夫和妻子以及父亲和儿子。第三种结合产生自第二种结合,并因此他就略去不讲。因此我们应该思考三个中的每一个是什么。

因此,他就为这些结合命了名。他说,可以称主奴的结合为权威性的(即在这种结合中,主人享有绝对权威)。而在亚里士多德的时代,男人和女人的结合还没有名称,但他称之为夫妻性的(marital),我们则称之为婚姻性的(matrimonial)。类似地,第三种类型的父子结合也没有名称,但他称之为繁殖性的(即与子孙后代的生养有关)。

3. 接下来,他谈到了与家庭的必需品相关的第四个部分,指出在家政中存在另外一部分,即财政性的部分(即与金钱相关的部分)。在某些人看来,这是家政的全部内容,但在另一些人看来,则是家政的最重要部分,因为分配家庭物品主要包含取得和维持资产。我们应该思考这个部分应如何安排。

4. 接下来他谈到我们应以何种次序来讨论上述问题,指出,我们应首先讨论主奴问题。这一思考在如下两方面有益。首先,它有助于我们懂得,在这些事中什么有利,即针对奴隶实施统治能带来何种好处。其次,它有益于知识,因此有关主奴关系的思考,我们较古人要懂得多。

5. 接下来他解释了他提议的内容,并将这些思考分为两部分。首先,他对主奴的结合进行了规定,其次,他对其他两类结合进行了规定[见第10章]。他又将第一部分划分为二,首先,他对主奴结合进行了规定,其次,他对家政的另一部分(即财政性的或与所有权有关的部分)进行了规定,因为奴隶也是财产之一类[见第6章]。

关于主人和奴隶的结合,他做了两件事。第一,他向我们报道了某些思想家关于主人和奴隶的意见。其次,他对这些意见的真实性进行了判断[参见6]。在第一件事上,他考察了两个意见,第一种意见认为治理(即绝对的控制)包含着一类知识,人们借此就知道如何支配奴隶。这种观点进而主张这种治理与家政相同,人们借此可以知道如何管理家庭,也与政治统治和王的统治相同,正如他在导论中所说,人们借此就知道如何治理城邦[对观第1章,第3—4节]。第二种意见认为,拥有奴隶违背自然。惟有法律才能使某些人成为奴隶,使另一些人成为自由人,而奴隶与自由人根据自然并无差异。因此,他们进而声称,使某些人成为奴隶不公正,正是暴力才使某些人将他人作为奴隶而依附自身。

6. 接下来他规定了有关主奴关系的真理。首先,他规定了奴隶制的自然。其次,他对前述意见进行了考察[见第 3 章]。在涉及奴隶制的自然时,他做了两件事。第一,为了弄清楚奴隶的自然,他记载了那些必要的事。第二,他从中推得了奴隶制的定义[参见 11]。

在对认识奴隶制的自然而言是必需的事上,他陈述了四件事。第一,他认为,财产属于家庭,并且,管理财产的技艺属于家政。之所以如此,是因如果没有财产提供的必需品,个体就不能生活在家庭之中。通过与手艺对比,他论证了这一点。我们认为,每种手艺要想完成其任务就必须有合适的工具,例如,铁匠要想打制一把刀就需要有铁锤。同样,家庭的管理者也需财产作为劳动工具。

7. 第二,他提出了有关工具的划分,指出,某些工具有生命,其他工具无生命。比如,对领航员来说,船舵是无生命的工具,瞭望员(即警戒船舶前方的、位于船首的水手)是有生命的工具。在手艺活中,帮手也有工具性质,因此主人式的工匠既可以使用他们的工具,也能根据指令使唤帮工。正如在手艺活中有两类工具一样,财产(如床或衣服)也是家庭中用来为人类生活提供便利的无生命的工具。这些手段总体上构成了家庭的全部财产,而由于奴隶是有生命的财产,它就是为家庭生活提供保障的有生命的工具。

有生命的工具,如工匠的帮工和家庭中的奴隶,优越于其他工具,他们能使用和移动其他工具。我们需要帮手和奴隶来做事。如果无生命的工具能认识自己的主人,能根据主人的指令完成工作,则首席工匠,即我们称为主人一般的工匠就不再需要帮手,家主也就不需要奴隶了。比如,织机能自动织布,琴弦可自动演奏,就像人们所说,代达洛斯的雕像因其水银一样的自然品质自行走动。类似地,有诗人说,是人类的技艺或者某种巫术装备了赫淮斯托斯神庙中的三足宝座(异教徒称为火神),它们仿佛能自动参加到诸神的赛会中,争抢着担任神庙的神职。

8. 第三，他提出了关于工具的第二个区分。我们称在手艺中使用的工具是生产性的，而作为家庭工具的财产则对人类活动有益。他通过如下论断证明了此种区分。首先，我们称如下工具是制作性的，即它在工具的特定使用之外还能生产某些东西。我们在手艺使用的工具中知道了这一点。比如，纺织工使用的织机在织机的使用外还产生了其他东西，比如布匹。但作为家庭工具的财产只提供其功用，比如衣服和床只能提供它们的功用。因此，这些工具与在手艺活中使用的工具不同，它们并非制作性的。

9. 他提出的第二个论断如下，不同事物所需的工具也不同。人类活动与制作在种类上有别，正如《形而上学》所说，制作是在外部事物中造成某种东西的动作（如砍削和焚烧），而活动则指在事物行动中维持事物的动作，属于行动着的事物的生命。① 这两类动作都需要工具。因此，它们的工具在种类上就存在差异。然而，生活（即家庭生活）并非制作。因此，奴隶是属于活动的事物的帮手和工具，而非属于制作的事物的帮手和工具。

10. 第四，他向我们揭示了奴隶如何与主人发生联系，指出，财产同所有人的关系与部分同整体之间的关系相同。我们说，部分绝对属于整体，而不只是作为部分属于整体。比如，我们不只是说人手是身体的部分，而是说手属于身体。类似地，我们也不只是说财产（如衣服）是人类的财产，而说它绝对地属于人类。由于奴隶是一类财产，就不只是主人的奴隶，而且绝对地属于主人。但主人只是奴隶的主人，而不绝对地属于奴隶。

11. 接下来他就从前述内容中推出了奴隶的定义，指出，从前述内容中可以清晰地看出，自然（即奴隶的自然）及其职能（即其义务）究竟是什么，因为能力是与行动相关的，而义务即某人恰当的行动。正如我之前所说[见 10]，就奴隶作为属他人的某物而言，任何根据自然属于他人而不属于自身的人根据自然即奴隶。并且，接受

---

① 亚里士多德，《形而上学》，IX, 8（1050a30 – 35）

他人统治的人根据自然就属于他人而不属于自己(也就是说,任何作为他人的财产和奴隶的人是属于他人的。这种论证是前述说法的反面)。对活动有益和独自存在属于财产的自然。

因此可推出如下定义:奴隶是一种对活动有益的、有生命的、独自存在的工具,属于他人。在此定义中,我们将工具作为类,补充了五个种差。通过称工具为有生命的,我们就将其与无生命的工具区分开来。通过称工具对活动有益,我们就将其与工匠的帮手相区分,后者是用于制作的有生命的工具。通过称此种工具属于他人,我们就将奴隶与自由人相区分,自由人有时也会免费地或为获取一定薪酬而为家庭提供服务,却不是作为财产提供服务。通过称此种工具是独自存在的,我们就将它与手这样的部分区分开来,后者属于他物,并非独立存在。最后,通过称这一工具为人,我们就将其与非理性的动物区别开来,它是独自存在的财产。

第三章　奴隶制(2)

文本(1254a17 – 1255a2)

1. 接下来我们应该考察奴隶是否根据自然就是奴隶,以及考虑一下,对任何人来说,成为奴隶是否较之不成为奴隶要更合适和公正,抑或主张所有奴隶制都违背自然。

2. 对我们来说,从理论上思考这个问题并从事实中获得教益并不难。

3. 统治与被统治都是必需而有用的。某些东西从生成的一刻开始便与其他事物有差异,有些人被统治,有些人统治,存在许多类型的臣服者和统治者。统治优良的臣民(如统治人类而不是非理性的动物)通常是好的,因为优良的臣民做的事情品质也好。在某些东西统治,另一些东西被统治的地方,它们是在共同完成一件事。

4. 每当许多事物结合起来时,不管这种结合是通过统一的形式还是逐个地结合,似乎都存在某些事物统治,另一些事物被统治的情形,并最终产生出共同的事物。

5. 这一点属于自然中一切有生命的事物,而在无生命的事物中也存在统治性的原则(比如,和声),然而,这些事物毋宁是外在地与我们的考察相关联的。

6. 首先,有生命的事物是由灵魂和肉体构成的,从本性上讲,前者是统治者,后者是被统治者。但我们认为,事物是根据自然①而拥有自然力量的,这种自然的力量从不处于堕落状态。因此,我们也要考察不仅在肉体方面,而且在精神方面有良好品质的人,在这些人身上,上述力量获得了清晰体现。肉体之所以经常支配病人和恶人的灵魂,是因为它们品质恶劣,有悖于自然。正如我们所说,在有生命的事物中,应首先考察权威性和政治性统治。比如,灵魂通过权威性规则支配肉体,理智则通过政治的规则和王的规则支配欲望。在这些情形中,灵魂支配肉体,理智的和理性的部分支配情感性的部分合乎自然和有益。肉体和灵魂彼此冲突甚或对等,对一切事情有害。

7. 对人类和其他动物而言,同样如此。因此根据自然,家养的动物较野生的动物更高贵。并且,对它们中的每一个来说,人类统治更好,它们将因此获得安全。

8. 对雄性和雌性动物而言也如此,前者出于自然高贵,后者出于自然低贱,因而雄性动物统治,而雌性动物服从。

9. 对人类来说,同样如此。

10. 人类之间的区别如果符合肉体和灵魂或人与非理性的动物之间的区别,则他们就是照下面的内容安排的,本职工作是要做体力活(这是能期待此人能做的最好的事)的人出于自然是奴隶,如果人们同意我刚才说的这一点,对他们来说,最好作为奴隶而接受统治。因为奴隶根据自然就是能并且也的确属于他人的人。

11. 惟有当奴隶能理解言辞含义时才共享理性,但他们却没有理解能力。其他动物服侍主人,靠行动的本能而非靠理性的理解。奴隶的作用和家养动物的作用区别甚微,两者都为满足身体需要提供辅助。

12. 因此,自然也想要在奴隶和自由人之间产生身体上的差

---

① 亚里士多德的拉丁文本在此补充了"而非凭借自然"。由于这明显与前文和整个语境不合,故略去未译。

异。前者身体强健,为的是从事必然的体力劳动,后者相貌端正,对此类活动一无是处,但对公民生活却不无裨益。自由人有时在战争中能带来益处,有时在和平中带来益处。相反的事情时有发生,即奴隶拥有自由人的身板,自由人持有奴隶的灵魂。

13. 很显然,倘若人与人之间在形体上的差异犹如神像与人像之间的差异那样大,那么,所有人将要说,低贱者应当成为高贵者的奴隶。

14. 倘若对身体来说如是,则对灵魂来说更如是。然而,想象灵魂的优美不如想象身体的优美容易。很显然,某些人出于自然自由,另一些人出于自然为奴,后者成为奴隶,既有益也正当。

疏 证

1. 在揭示奴隶的自然和力量之后,亚里士多德进而考察了先前提出的观点。首先,他探究了奴隶制是否合于自然,其次,他探究了权威性统治与政治统治是否相等同[对观第 5 章]。在前一问题上,他做了三件事。第一,他指出了一个难题。第二,通过支持其中的一部分,他对此难题进行了限定[见 2]。第三,他表明,这个难题的其他部分如何有真实的内容[对观第 4 章]。

他一开始便指出,在前述内容基础上,我们应思考任何人是否出于自然为奴,是否某些人成为奴隶更值得和更公正,抑或一切奴隶制都有悖于自然。后一问题回应了前面两个问题,倘若一切奴隶制都违背自然,任何人就不会出于自然为奴,任何人作为奴隶因此既不公正也不值得,因为一切违背自然的东西既不值得,也不公正。

2. 接下来他回答了前面的问题,揭示了两件事,即某些人出于自然为奴,并且他们做奴隶既值得也有益。在此,他做了两件事。首先,他提示了我们阐明这些事情应采取的方式,宣称对于前述问题的真理和性质加以沉思并不难,而从发生的事情中求取真理也不难。

3. 其次,他采取前面提到的两种方法阐明了自身立场。他先是从事实出发来阐明,其次是从理论出发来阐明[见4]。在事实问题上,他提到了四件事,第一,统治与被统治既与必然的或通过武力产生的东西有关,也涉及许多能促进人类福祉的东西。这个问题从属于第二个问题,因为对某人来说有用的东西对这人来说也值得和公正。

第二,我们认为,人自出生开始就有差别,比如,某些人适合做臣民,另一些人适合统治他人。而这隶属于第一个问题,因为人一出生就拥有的东西是自然的。

第三,存在多种类型的服从者和统治者。比如,男人以某种方式统治女人,主人以另一种方式统治奴隶,王则以其他方式统治各王国。这也属于第二个问题,因为我们是根据事物的多样性来区分存在于事物之内的各种自然力量的。

第四,针对优良臣民的统治总是优良的。比如,统治人类要好过统治非理性的动物。对此,他通过如下论证来证明。每种类型的统治与被统治都指向某项工作,统治者的某位臣民是在某些工作中服从他的。优良的事物做的工作也优良。因此,这类统治也优良。第四个问题从属于第一个问题,因为自然本有的事物是优良的,因为它们从属于优良的事物。

4. 接下来他论证了这个观点。首先,他提出了一项论证,证明某些人出于自然为奴,对他们来说,成为奴隶很迅速。其次,他又表明哪些人属于此种类型[见10]。关于前者,他提出如下论证。在由多个事物构成的事物中,有些事物根据自然进行统治,有些事物根据自然接受统治,这是有益的。人类社会也由许多事物构成。因此,某些人统治,另一些人被统治就是自然的和有益的。在前述部分中,他已揭示了人类出于自然是政治动物,根据自然,社会由许多人构成,这就为我们揭示了论证的小前提。并因此,与小前提分离开来,他就证明了大前提。

因此,他在这个论证中做了三件事,首先,他假设了大前提,接下来他论证了大前提[见5],最后,他获得了结论[见9]。他一开始就指出,为了形成共同的事物,在由多个事物构成的事物中存在进行统治的事物,也存在接受统治的事物。无论这许多事物之间是彼此结合,就如同身体的部位结合起来构成整个身体一样,抑或这许多事物各自单独存在,就如同士兵们组成行伍一样,都如此。并且,正如他通过例证展示的,这是自然的和有益的。

5. 接下来,他以四种方式论证了此种立场。第一,他在无生命的事物中揭示了这一点。第二,他在人体的各部分中揭示了这一点[见6]。第三,他在动物的属中揭示了这一点[见7]。第四,他在不同性别中揭示了此点[见8]。他一开始就指出,我们在有生命的事物中发现了前述命题的真实性,不是仿佛它只为他们独有,而是因为它对全部自然都是共同的,即便在无生命的事物中(例如和声)也存在统治关系。对此可通过两种方式来理解,我们在有关音乐的和声中可以某种方式来理解它。在和声中,通常总有突出的声部。正是通过这个声部,才可评判整体的和谐。我们也可在由复合物质构成的实体中,在实体的各要素的协调中来理解它。在这些要素中总有某一要素居于主导。但考虑到此种统治关系并非他关注的内容,因而他便略去不谈。

6. 接下来他在人体的各部分中论证了自身的主张,认为在有生命的事物中最主要的部分就是灵魂和肉体。我们之所以称此种构成部分是主要的,是因其重要性,因为它是有生命的物体的主要构成部分,而不是因为有生命的物体的生成次序。这些部分中有一个部分即灵魂,根据自然是统治性的,而身体根据自然则属于接受统治的。

但人们可以说这是不自然的,因为它并非存在于一切事物中。为了反驳这一点,他补充说,为了评判什么是自然的,我们要考察根据自然生成的事物,而不去考察败坏的事物。因为后者不符合自然。为了评判在人类中何种部分根据自然进行统治,就需要考察在灵魂和肉体方面有良好品质的人。在这种人身上,灵魂显然支配着肉体。而在病入膏肓者和性情邪恶者那里,肉体则通常支配着灵魂,因为相对于对灵魂是适宜的东西而言,此类人更偏爱肉体上的便利。这一点之所以发生,是因其性情邪恶,背离了自然。

接下来,他表明,在动物的各部分中存在的支配力类似一种外在的统治权。对人这种动物而言,相对其各个部分我们可思考两类统治,即主人支配奴隶的权威性统治以及城邦的统治者统治自由人的政治性统治。我们因此可在人类的各部分中发现灵魂支配肉体,这是通过一种权威性规则存在的,在这种规则中奴隶绝不能反抗主人,正如他此前所说[对观第2章,第11节],奴隶本身绝对地属于主人。我们意识到,身体的各部分,譬如手足,在灵魂的约束下履行自己的职能,不做任何抵抗。我们也发现,理智或理性支配意志,而根据政治的或王的规则,尽管某人可统治自由人,但后者可在某些具体事件中奋起反抗。类似地,意志有时也不服从于理性,之所以有此种差异,原因在于,惟有灵魂才能推动肉体,后者全然服从前者。然而,除了理性,感觉也能推动意志,因此感觉并不全然服从于理性。

很显然,在这两种统治中,服从是出于自然的,能带来好处。灵魂支配肉体对肉体来说是自然和有益的。类似地,对情感部分来说(即就意志服从情感而言),理智或理性支配情感也自然且有益。对这两种统治而言,如果应被统治的部分和本应统治的部分平起平坐,或前者与后者背离,则必生害恶。对肉体而言,除非它臣服于灵魂,否则将遭毁损,而若欲望不服从于理性,则必定不知节制。

7. 接下来,他在动物的属中证明了相同的事,指出,人类和其他动物也有类似联系,前者统治后者是自然且有益的。我们意识到,对受人类支配的家禽而言,根据自然就要比野物要更有价值,因为家禽以某种方式分享了理性的统治,不仅如此,对所有动物而言,若有人统治它们则要好得多,因为在人对它们的统治中,动物能获得身体安全,而单凭它们自身则无法获得安全。比如,当人类为它们提供富足的食物和医疗时,这一点便显而易见。

8. 接下来,他在不同的性别中也证明了这一点。他指出,雄性以同样的方式与雌性相关。雄性出于自然高贵,雌性出于自然低贱。因此,雄性统治,雌性受雄性统治。我们应注意,前两个例证与个别整体有关,其余两个例证则与作为种或属的全体有关。因此,很明显,前述命题也适用于两者。

9. 接下来,他就推出了之前提议的东西,即对人类而言,正如对前述事物而言,同样有如下内容,即某些人统治,另一部分人被统治是自然且有益的。

10. 他在接下来揭示了,谁出于自然是统治者,谁出于自然是被统治者。首先,他揭示了在有关灵魂的事物中,它们属哪一类。其次,他揭示了在有关肉体的事物中,它们属于哪一类。关于前者,他做了两件事。其一,他揭示了在与灵魂相关的事物中,出于自然的统治者和被统治者属于哪一类。其二,他规定了出于自然是奴隶的人与出于自然为奴隶的非理性动物之间的关系[见 11]。因此,他一开始就指出,灵魂根据自然对肉体实行统治,而人类根据自然对非理性的事物实施统治。因此,某人同他人之间的差别如果符合灵魂与肉体、人类与非理性的动物之间的差别,则由于他们的理性优越于众人,其他人缺乏理性,因此,根据自然,他们就是他人的主人。在这个问题上,所罗门在《箴言》11:29 中就讲过:"愚昧的人,必作心智者的奴隶。"

以干体力活为主业的人就是以这种方式获得安排的,如同非理性的动物之于人类,抑或如肉体之于灵魂。干体力活是他们的拿手戏,他们能干好体力活,却做不来理性的工作,他们出于自然为奴,如果我们认为前述论断可靠,还是使明智者统治为好。因为奴隶们在明智者的统治过程中还可分享理性的统治。很显然,他们出于自然为奴。对出于自然被安排属于他人的人来说,即就他们只能根据他人的理性而非自身的理性被统治而言,有理性的人是他们的主人,他们出于自然是奴隶。根据自然,他们是属于他人的奴隶。

11. 接下来,他比较了自然的人类奴隶与非理性的动物之间的差异,指出,前者只在他们有理性的理解力时才共享理性,但此时是他人教导他,而不是凭借自己而具有理性的理解力。但其他动物倘若从人类那里获得了理解力,就不会服待人。这就是说,动物们记得人类对它们所做的好事或坏事,恐惧或爱驱使它们服待人类。因此,自然的奴隶与非理性的动物就以不同的方式服待人,自然的奴隶运用的是理性,非理性的动物则依靠情感反应。但每种服务带来的好处或收益差别甚微,因为奴隶和家养的动物都在相同的事情方面为我们提供帮助,即在满足我们的身体需要方面提供帮助。因此,因缺乏充足的理性而出于自然为奴的人无法帮助我们沉思或做理性的工作。但由于有理性,奴隶在物理性工作方面就能较非理性的动物采用更多的方式来服待主人。

12. 接下来他揭示了在肉体方面奴隶所属的类型。首先他提示了他追求的目标,其次,他论证了他提示的内容[见13]。他一开始就指出,自然想要(即具有冲动或本能)区分自由人的身体与奴隶的身体。这就是为何奴隶的身体足够强壮,能完成对他们来说适当的必要任务,即开垦土地和做诸如此类的事。自由人则端正挺拔(即出于自然有一副好身板),不能去做满足其文弱身躯之需的服待性工作,但对自由人从事的公民生活不无裨益。拥有有益于公民生活的身板的人根据自然有时利于战争,有时利于和平,即具有适合于在战时参加战争和其他军事活动,和平时执行其他城邦工作的身板。

尽管自然有造成前述身体差异的倾向,但有时却没有做到这一点。在事物产生和消亡的过程中,自然大都实现了它的效果,只在极少的情形下失败。因此,当自然在这一方面有亏欠时,会发生与他所说的很多时候发生的事情相反的事,即有自由人灵魂的人拥有奴隶般的形体,抑或相反。

我们应考察亚里士多德从前述内容中得出的结论。在此结论中,他探究了灵魂的秉性,即肉体的自然是追求灵魂的利益,自然想要造就与灵魂相适应的肉体。如此,自然就想要赋予拥有自由人灵魂的人以自由人的身板,赋予拥有奴隶灵魂的人以奴隶的身板。这一点在涉及肉体内部的性情时通常是真实的,如果想象力和其他感觉能力在品质上有欠缺,人们就不能拥有优异的灵魂。但在此他宣称,人们在形态、体重和其他的外部方面并不一致。

13. 接下来他证明了他曾讲过的东西。首先,他在关于肉体的方面证明了它们,其次,他在与灵魂有关的方面也进行了证明[见14]。他一开始就指出,自然显然想要为奴隶和自由人造就不同的身体。我们不妨设想,某些人在身体方面有如此的差异,以至于看起来远远地超出他人,其超出的程度有如他们是诸神的雕像(如此,当看到某些人长相极佳时,我们常说他们形如天使)。人们也会说,不具备如此美好相貌的人应服侍美貌超群者,正如谚语云,"好相貌,犹令剑"。① 既然在差异甚大的方面这一点是清晰的,那么,倘若没有巨大的差异,在自然目的方面,我们也应懂得相同道理。

14. 在灵魂的事务上他也证明了相同内容,声称,如果说在身体方面,有缺陷的要服侍最优良的说法正确,则灵魂较肉体越是卓越,在灵魂方面我们得出的相同判断也就越公正。但相较识别身体的优美而言,辨别灵魂优美的卓尔不凡要困难许多,因此,较之在灵魂方面而言,在身体方面我们只是泛泛谈到某些人适合于统治。

他以总结本章中获得的两个结论作为结束,即认为某些人根据自然为奴,其他人根据自然为自由人,而且,对根据自然为奴者来说,成为奴隶有好处,做奴隶也公正。

---

① 参见波菲利,《亚里士多德〈范畴篇〉导论》(Porphyry, Isagoge),4,1([中译按]原文直译为:普利安相貌好,有发号施令的资格。这里从吴译本)。

第四章 奴隶制(3)

文本(1255a3-b15)

1. 不难明白,持相反意见的人在某些方面是正确的,因为人们可采取两种方式讨论奴隶制和奴隶,有些人是根据法律而成为奴隶和处于被奴役状态的,因为法律规定战俘属于胜利者。

2. 许多专务法律者,比如修辞家说,这种法律包含不公正的东西,就像说某人被另一个能使用暴力和更强力量的人通过武力征服就应当成为奴隶和臣民听起来刺耳一样。对某些人来说是这样,对其他人来说则并非如此,这一点在圣贤们之间亦然。

3. 这一难题的根源,或者导致各种观点改变的根源,是因为占上风的德性会以某种方式竭力使用暴力,并且,胜利者通常富有某种善。因此暴力的使用似乎离不开德性。

4. 然而,看起来这个争端只与正义有关。因为在此方面,对某些人来说正义即仁慈,对另一部分人来说,正义乃高贵者的统治。如果我们抛开这些争端,则相反的论说,即应由在德性上高贵的人统治和成为主人是不适合的论说,看起来就是无效的和不可能的。

5. 某些人在与具体正义的关联中尽可能充分地考察这个问题,因为法律乃具体的正义,他们认为,从战争中产生的奴隶制是公正的。但他们并未说它完全公正。

6. 发动战争的理由也许是不公正的。人们无论如何也不能说不适合做奴隶的人可以公正地成为奴隶。如果发动战争的理由不正当,就会发生如下情形,即看起来有最高贵血统的人变成了奴隶,而如果战俘碰巧被买卖,他们的后代也会成为奴隶。

7. 因此,他们想要称那些战俘为外邦人,而非奴隶。

8. 当他们如此宣称时,他们只看到了奴隶根据自然是什么。这就是我们一开始讲过的东西。因此我们有必要指出,某些人通常情形下总是奴隶,有些人永远不是奴隶。

9. 对出身高贵的人来说,相同的说法也成立。他们认为,他们不仅在城邦之内,而且在城邦之外的人之间,都属于出身高贵者,但外邦人(非希腊人)只在他们的本土才是出身高贵的。这就好比说,某物是绝对地出身高贵和自由的,另一物则是有条件地出身高贵的。有如泰奥德克底的哀歌中所说:"双亲皆出于神裔,谁得辱呼我为婢?"

10. 如此,人们就会说,惟有善恶才能规定奴隶与自由人的差异,才能规定出身高贵者与出身低贱者的差异。人们认为,人生人,非理性的动物孕育非理性的动物是恰当的,因此善生善亦为适当。然而,自然通常想要达到这个目标,却总是失败。

11. 很显然,存在某些原因可以说明此种困难。有人认为,某些人并非出于自然为奴,他人也并非出于自然为自由人,其他人认为,只在某些情形之下,规定某人为奴隶,其他人为主人才有益且公正。某些事物统治,其他事物被统治是恰当的,因为统治的权柄是自然赋予的。如此,某些人为主人就是恰当的。如果主人的工作糟糕,主人、奴隶皆受其害。统治与被统治对整体与部分、身体与灵魂都有利。奴隶是主人的一部分,如同其身体的活动的但却独立的部分。同样,主人和奴隶之间存在友好的关系是有利的,只要他们根据自然适合于此种友好关系。对于通过战争规则和暴力而沦为奴隶的人们来说,事实恰恰相反。

疏 证

1. 在亚里士多德证明某些人出于自然为奴,对这些人来说,成为奴隶是有益的且公正的之后,他表明即便是相反的观点也有部分的正确性。在此方面,他做了两件事。其一,他提出了一种形式的奴隶制,而有人否认这种形式的奴隶制是自然的或公正的。其次,他指出了关于这一点的一个难题,并且解答了这个难题[见2]。因此,他一开始就指出,不难发现持有与他决定的内容相反主张的人,即认为任何奴隶制都不是自然的或不公正的人,在某种意义上讲得对。我们通过两种方式来讨论奴隶制和奴隶,一种方式涉及自然的适合性,正如他此前所说[见第3章]。但还存在一种通过法律产生的奴隶或奴役。法律宣告战俘是胜利者的奴隶。几乎所有民族都注意到了这一点,因此我们就称之为各民族的普遍法。

2. 接下来他指出了有关这种法律奴隶制存在的困难。在此方面,他做了三件事。首先,他提出了各种不同的观点。其次,他指出了为何会存在这些观点[见3]。最后,他回答了这个难题[见5]。因此,他一开始就指出,许多法律实务家写道,前述那些法律的正义属于不公正的事物之列。他介绍了一种称为修辞家的人①。对这种人来说,如果为暴力压服的人成为施加暴力者(只因其力量强大才高贵)的奴隶和服从者,这在他们看来就是残酷的。因此,采取这种方式,法律奴隶制在某些人看来就不公正,但是对其他人来说则公正。这种观点之间的差异不仅存在于普通人那里,在贤明的人那里也存在。

3. 接下来,他为前述观点的差异找到了理由。他首先提示了那些显而易见的事,其次,他也考虑到了那些有疑虑的事[见4],因此,他一开始就为前述难题以及接下来贤明的人所持有的不同观点给出了理由。他说,如果德性能居上(即除非厄运带来了相反结果),则以特定方式(比如,智慧、坚定、英勇和任何其他方式)使用暴力就能与德性达成一致。因此很明显,除非因为厄运而发生相反的事,否则胜利者通常会富有某种善。因此,看起来,在使用暴力的

---

① 阿奎那认为亚里士多德文本中提到的修辞家是一个准确的名称。

一方,暴力不会不具有任何德性,这一点不言而喻。

4. 接下来他指出了仍然存在争议的东西,他指出,剩下的唯一疑问是,胜利者是否因其在某些德性上卓尔不凡因而由他统治就正当。在这个问题上意见不一。有人指出,前述法律的正义性是因其仁慈(即,引入了某些对胜利者有利的东西,激励士兵们勇敢参战),但在其他人看来,此事只具有正义的一个方面,即通过军事胜利而超群的人应该统治,诚如所罗门在《箴言》12:24中所说:"勤劳的手,必要掌权;懒慢的手,只有服役。"之所以这样讲,是因为如果将这些有关行动的论断放在一旁,那么初看起来,相反的论断,即在对胜利者适合的德性方面,即便卓尔不凡者也不应统治抑或成为主人,就没有说服力,正如人们所常见的事情一样,它们甚至是不可能的。

5. 接下来他回答了前述难题。首先,他论证了奴隶制如何是正当的。其次,他论证了它如何是有益的[见11]。关于前者,他做了两件事。第一,他给出了答案,第二,他提供了证明[见6]。因此,他一开始就指出,为了完全且充分地判断有关这一难题的真理,我们应该说,某些人是在与具体正义的关系中来思考这个问题的(即某方面的正义,即就法律能在人类事务中规定它们而言)。并认为,从战争中产生的奴隶制是正当的。但他们却并不说奴隶制完全(即绝对)正当。因此,他同意第二种看法,并对此进行了解释,他表明,在此所谈的正义是相对的正义,法律的正义不是绝对的正义。因为我们称根据自然正当的东西为绝对正义,而称与法律所实现的人类利益相关的正义为相对正义。因为一切法律都是为人类的利益制订的。

因此,既然一切战俘作为奴隶根据自然并不公正,既然时常发生愚蠢的人征服贤明之士的情形,他于是指出,这并非绝对公正,而只是有利于人类生活。奴隶制对战俘来说有利,因为胜利者会保护他们,如此臣服者至少能存活,而我们也就从他们所处的奴役状态出发而称其为奴隶。奴隶制对胜利者来说也有利,因为士兵们由此将会被鼓动着更勇敢地作战。为了防止大多数人的邪恶行径,士兵们作战勇猛对人类社会来说也有益。

并且,如果人法能有效地判定灵魂高贵的人,则根据自然,无疑就要规定此类人为主人。但由于不能做到这一点,法律就采用了另一种对超群者的奖励标志,这就是因德性的卓越而产生的胜利。因此法律规定胜利者做战俘的主人。如此,他才说,这在某方面是正当的,因为它是法律规定的,而不是绝对公正。即便在灵魂上有德性的人那里,也应注意这一点。就共同的善高于个体的具体的善而言,我们不应损害属于共同的善的东西,即便它们对单独的个体而言并非善。

6. 接下来他对此前的回答进行了清晰的说明。他首先通过论证实现这一点。其次,他通过人们通常所说的东西做到这一点[见7]。对前者而言,他给出了两项论证。第一个论证如下,从不公正的原因中产生的不是绝对公正。战争的原因也许是不公正的(比如,没有正当理由而发动战争)。因此,从此种战争中产生的奴隶制就不是绝对地公正。

他给出的第二项论证如下,在战争中不应成为奴隶的人被俘虏的事。但由于没有人能说,不应成为奴隶的人正当地是奴隶。因此不能说,从战争中产生的奴隶制绝对公正。并且,他证明了小前提,如果任何人想要主张成为奴隶的人正当地是奴隶,那么拥有最高贵血统的人有时也会成为奴隶,如果他们在战争中被俘,或者如果他们被买卖,他们的后代将因此是奴隶所生的奴隶。这是不恰当的。

7. 接下来,他就通过人们通常所说的东西论证了自身的立场。首先,他引用了人们通常关于奴隶制所说的话。其次,他也引用了在自由问题上人们通常所说的话[见9]。关于前者,他做了两件事。首先,他指出人们通常说了哪些话。其次,他揭示了该如何理解他们所说的话[见8]。因此,他一开始就指出,为了避免前述的不适当的内容,人们想要说,惟有外邦人,而非出身高贵的人在战争中被俘时,才能成为奴隶。

8. 接下来他揭示了如何理解人们说过的东西。他指出,在外邦人的例子中(因为外邦人在智力上有欠缺),而非在高贵出身的战俘的例子中,人们似乎只是在谈论自然的奴隶制。因为,正如他在此前所说[对观第3章,第3节],某些人自出生的那一刻根据自然必然成为奴隶,另一些人则并非如此。

9. 接下来他指出了人们有关自由的看法。首先,他引用了他们所说的话,其次揭示了我们应如何理解这些话[见10]。因此,他一开始就指出,在好出身(即自由)这件事上,人们的讲法一样,因为出身好的人既非奴隶,之前也非奴隶。他们说,高贵的人不仅在他们之间(即当这些人生活在自己的土地上或处在自己的治理之下时)出身好,且在地上无论何处都出身好。然而,外邦人(非希腊人)因缺乏理性而出于自然为奴,他们只在自己的土地上才自由,因为这里没有统治者。这就好比说某些人应该是无条件自由或出身好,亦即,在灵魂上品质好的人应无条件的自由或出身好,而其他人,如外邦人(非希腊人),只在某方面才自由。为证明这一点,他引用了诗人泰奥德克底的话,后者在其哀歌中(即关于厄运的叙事中)说:"双亲皆出于神裔,谁得辱呼我为婢?"①(赛奥德克底跟着异教徒犯错,后者称伟大的统治者为神祇)

10. 接下来,他揭示了我们应如何理解人们所说的话。他说,人们似乎只是说,惟有灵魂上的美德才能决定自由和奴役、高贵和低贱,因此,灵魂有德者自由且高贵,灵魂邪恶者受人奴役且卑贱。因此,《撒母耳纪》2:30中,耶和华说,"那轻视我的,必受轻视"。之所以如此,是因为人类认为人生人,非理性的动物生育非理性的动物是合宜的,因此,善人必生善人。当善者的后代被尊崇为像其先祖般为善时,就产生了高贵者的荣耀。

---

① [中译按]中译文与英文原文有区别,原文直译为"谁能认为如下情况合适呢? 即在两方,即父亲和母亲都出自最高贵的和神圣的先祖之人能被置于奴隶制中"。

自然的目的就在于此,因为它出自身体的良好结构与自然,其中某些或多或少倾向于有德的行为,有些则倾向于邪恶的行为(比如,有人出于自然暴躁,有人出于自然柔和)。孩子们大多从父辈那里承继了他们在身体方面的自然。对其他身体上的品质(如优美、勇气之类)而言也如此。但这些东西有时又因身体上的欠缺而不会产生。因此,好父亲通常会生出好儿子。但由于某种缺陷,自然不会总是能做到这一点。因此品性邪乎的儿子有时也会出自品性向善的双亲,这就好比俊父生丑子,父亲伟岸挺拔,儿子五短三粗。

儿子可能在善行和恶行方面有异于双亲,这不仅因为自然体质,也因为某种不必然是从自然倾向中产生出来的事物影响所致。因此在自然性情上与双亲类似的人,也许会因为教养的差异而在道德风尚方面有别。如果品质好的双亲的后代也有好品质,他们的好品质就不仅在名声上,而且名副其实。如果双亲品质好,后代品质拙劣,他们就徒有高贵的名声,实际上却卑劣下贱。对双亲品质坏的后代们来说,相反的说法也成立。

11. 接下来,他揭示了对某些人来说成为奴隶如何有益或无益。并且,从前述部分中总结得出,此前提出的困难也有某种的合理性。在某种情形下,自由与奴役之间的区分出于法律,而非出于自然。而在其他情形下,则由于自然而在两者之间存在区分。在这些情形下,某人为奴,他人做主人不仅有利,而且正当。他证实了这一点,因为就每一方都有一种自然的合宜性而言,一人为奴或一人做主有好处。同理,对有一种自然的合宜性成为奴隶的主人的人来说,它也有好处。然而,倘若主人的治理糟糕,背离了自然的合宜性,则奴隶与主人皆受其害。他通过如下事实证明了这一点,即我们认为,同样的事,即部分被包含在整体之中,对部分和整体都有利。类似地,同样的事,即灵魂支配肉体,不仅对灵魂有利且对肉体有利。正如他在前面所说[对观第 3 章,第 6 节和第 10 节],奴隶之于主人正如肉体之于灵魂,但也是属于主人的一部分,仿佛一件有生命的工具,作为主人身体的一个独立部分。正如他此前所说[对观第 2 章,第 11 节],这种独立性将奴隶与主人的其他部分区别开来。

从前述内容可得,对根据自然适合做主人或做奴隶的人来说,一人为主、一人为奴是有利的。并因此在主人和奴隶之间有着友爱的关系,因为在对每一方有利的事中,双方的结合是友爱的实质。并非出于自然,而是出于法律与暴力以奴隶或主人的身份联系在一起的人则是以相反方式得到安排的。由于他们之间缺乏友爱,则一人为主、一人为奴对两者有害而无益。

第五章 奴隶制（4）

文本（1255b16－40）

1. 从上述事情中明显可得，权威性统治不同于政治性统治。正如某些人所说，一切统治性权力都各不相同，有一种统治根据自然属于自由民，而另一种统治根据自然属于奴隶。

2. 家庭性的统治根据自然是君主式的，因为由一个人管理每个家庭，而政治性的统治乃是自由人和平等者的政体。

3. 因此，我们称某些人是主人，因为他就是这样，而非因为他有知识。类似地，我们称某些人为奴隶或自由人，也因为他们就是这样，而非因为他们有知识。

4. 但将会有关于主人的知识和关于奴隶的知识。后者是一位叙拉古人传授的。他教授年轻人做家务活，从中收取报酬。这种教导涉及许多事情，比如烹饪及其他相似的服务类型。事情不同，任务也不同，有些工作体面，另一些工作则必需。谚语讲得好：奴隶有优劣，主人有高低。一切关于奴隶的知识皆如此。

5. 主人的知识是懂得如何驾驭奴隶，因为人们是在使用奴隶而非在获取奴隶的过程中成为主人的。

6. 然而，如何使用奴隶的知识既不重要也不体面，在此主人需要命令奴隶们去做他们本该知道如何去做的事情。因此，对有办法避免此种缺陷的主人来说，需要一位管家负责这些工作，主人们则投身于公共生活和哲学中。

7. 如何获取奴隶的知识（即在正当的战争中或在狩猎中）不同

于其他形式的知识,既不同于如何使用奴隶的知识,也不同于主人的知识。以上就规定了关于主人和奴隶的事。

疏　证

1. 亚里士多德在探讨了主张奴隶制并非出于自然的观点的真实性之后,进一步探究了另一个观点,该观点认为,权威性统治与政治性统治相同,并且,它包含一种特殊种类的知识。首先,他排除了前者,其次,他排除了后者[见3],在前一方面,他做了三件事。首先,他表明,权威性统治(即主人针对奴隶的统治)有别于政治性统治。其次,他表明,家庭式的统治不同于政治性统治[见2]。因此,他一开始就指出,前面所提及的事项能够表明,宣称权威性统治(即主人针对奴隶的统治)、政治性统治以及任何其他类型的统治是相同的观点是错误的。因为政治性统治乃是出于自然对自由人的统治。权威性统治是针对奴隶的统治。并且,他在此前说,政体之间在服从者和统治者方面有差异,由高贵服从者构成的政体是高贵的政体[第3章,第3节]。因此,权威性统治与政治性统治就是不同的政体,并且政治性统治要更优异。

2. 接下来他揭示了政治性统治与家庭性统治之间的区别。家庭性统治包含权威性统治,因为权威性统治是针对奴隶的统治,家庭性统治则是针对所有在家庭中居住的成员的统治,他们中某些是奴隶,某些是自由人。因此,家庭性统治不同于政治性统治的地方就在于前者是君主式的(即一人之治),因为家庭的头领对整个家庭实施统治,政治性统治则是自由人与平等者的统治。因此统治者与服从者,由于他们的平等性而彼此交换身份,在相同或不同的职位上,大多数人都能担任统治者。

但这种区别并不适当。首先,不是每个家庭性统治都是君主性的,而是如《伦理学》所说①,只有当父亲统治家庭时,家庭性统治才是君主式的。当丈夫和妻子统治时,则是贵族式的。由家庭中的弟兄统治时,则属于财权政治。② 其次,正如他在后面所指出的,由于君主制属政体类型之一,上述区别并不适当[对观第三卷,第6章,第3节]。针对第一点,我们应指出,亚里士多德所谈的是家庭性统治的最佳和最持久状态。弟兄只有在分割财产之后才在家庭中拥有统治权,因此每人对各自的家庭实施统治。妻子则在某个方面在家庭中实施统治,而非绝对地实施统治,因为她要服从丈夫。如果发生相反情况,家庭便处于无序和堕落状态。针对第二点,我们应指出,他讨论的是一类特殊的政体,即公民政体(polity)。正如他此前所主张的[对观第1章,第3节],我们区分了政治统治与王治。

3. 接下来,他反驳了前述观点中的认为权威性统治是一种知识形式的主张。他首先表明这并非知识。其次,他表明有一种相关的知识[见4]。因此,他一开始就指出,我们称其他人为主人,不是因为他们拥有的知识形式,亦即不是因为他们知道如何统治,而是因为自然或法律安排他们来统治,并指出,在奴隶和自由人的问题上我们也应说同样的话。相反,权威性统治是为何我们要称某人为主人的理由。因此,权威性统治并非知识的一种形式。

4. 接下来,他表明权威性统治具有一种知识的关联形式。在此方面,他做了两件事。第一,他陈述了自己的目标。他指出,存在一种主人的知识(即懂得如何统治),并且存在一种奴隶的知识。第二,他进一步解释了这两种知识。首先解释的是奴隶的知识[见4],接下来解释的是主人的知识[见5]。因此,他一开始就指出,奴隶的知识就是叙拉古的那位公民传授的内容。他收取报酬并教导年轻人做家务活(即如何干好女仆和其他奴隶们日常要做的工

---

① 亚里士多德,《伦理学》,VIII,10(1160b22-1161a16)。
② [中译按]Timocratic,或译富豪政体,参见《亚里士多德选集》(伦理学卷),苗立田编,中国人民大学出版社,1999,第192-193页。

作)。此类知识不限于准备食物或提供此类服务。但我们需留意,这些工作在两个方面有差异,亦即在体面和必需的方面有差异。有些工作体面但不必需(如做一手美味可口的食物),有些工作必需但不体面(如烤制面包)。因此谚语云,奴隶们并非全体平等,而是一些较另一些优秀一样,正如某些主人要较另一些主人优秀。由于这些工作属于奴隶,则一切此类知识也就属于奴隶。为了以示区别,我们谈到了自由的技艺,并将其运用于自由人的活动。

5. 接下来,他阐明了主人的知识包含的内容。在此方面做了三件事。第一,他阐明了他提议的东西。第二,他揭示了有关主人知识的条件[见6]。第三,他讨论了关于某些相关东西的知识[见7]。他一开始就指出,我们称某人借此懂得如何妥善使用奴隶而非如何获得奴隶的知识为主人的知识,并且他证明了这一点,我们之所以称那些人为主人(即主人支配奴隶),是因其使用而非占有(即获得)奴隶。

6. 他接下来揭示了这些知识的条件,指出此类知识既不十分重要,也不体面。首先,他通过一项论证证明了这一点,即认为主人的知识意味着某人懂得如何通过发号施令使用奴隶,但这种知识无足轻重。因为奴隶懂得如何行动与主人懂得如何发号施令这两件事殊途同归,此类知识显然无足轻重。其次,他也通过人类风习揭示了相同内容。因为人们不认为此类知识有多大意义。能使自身免遭此种邪恶的主人(即要负担照管奴隶之责的主人)是自由的,并且有时间去过公民的、政治的或哲学的生活,而将照管奴隶的责任委托给管家。

7. 由于他曾指出,主人的知识不包含知道如何获得奴隶,他就补充说,另一类知识可以做到这一点,此种知识有别于主人的知识或奴隶的知识。这种知识又分多种类型,对此,他给出了两个例证。通过其中一类,人类可以获得他人为奴,此种知识与如何发动正义的战争有关,在战争中,法律使战俘成为奴隶(但倘若战争不正义,取得奴隶亦不当,并因此不符合此类学问),还有另一类知识,人类可凭借它获得动物为奴,即有关狩猎的知识。

他最后总结指出,关于主人和奴隶,他就说这么多。

第六章 财产

文本(1256a1 – b39)

1. 我们应根据通常的方式彻底讨论获得财产和致富的各种方法,因为我们说过,甚至奴隶也是某人财产的一部分。

2. 因此,有人可能会首先追问,致富术与家政管理是否一回事,或者它只是家政管理的一部分,抑或只是其附属部分。倘若它只是附属部分,它是否与织布用的毛梳或制作雕像用的青铜类似。但毛梳和青铜不是以同样的方式附属于他物。相反,毛梳是用于织布的工具,青铜则是雕像用的材料。在此我谈的是原材料,劳动离不开这些原材料(比如,毛绒之于织布工,青铜之于雕刻家)。

3. 因此,家政管理明显有别于致富术,后者的工作是获得物品,前者的工作是使用物品。除了家政管理之外,还有何种活动能使用与家庭有关的物品呢?

4. 可争论的是,完全不同种类的事物是否也是家政管理的一部分。

5. 也就是说,考察从何种途径出发能获得钱财是否也属于致富术。有多种获得财产的方法,财富的类型也有许多。因此,我们首先问,是否农作也是致富术的一部分,抑或是完全不同种类的事情,并且在一般性地与照管和取得食物有关的方面也可以这样问。

6. 进言之,食物有多种,并因此动物与人类的生活方式也有许多种,离开食物是无法存活的。因此,不同种类的食物为动物的不同种类的生活方式提供了支持。有些动物群居,另一些则独处,这两种生活方式在为动物提供食物方面都有利。因此,有些动物食肉,有些则食草,另一些既食肉也食草。自然规定了对它们而言舒适且自由的生活方式。既然不同种类的动物根据自然满足于不同种类的食物,而非相同食物,那么食肉动物和食草动物的生活就彼此不同。

7. 对人类而言亦如此,他们的生活方式在许多方面彼此不同。比如,游牧民族最懒惰,他们不必含辛茹苦,而从驯养的动物中获取食物。但因为羊群要想吃到草必须四处迁徙,牧民也必须相伴左右,仿佛在进行一种流动性的农作。其他民族以不同的方式靠劫掠生活:某些人靠抢劫为生;居住于湖泊、沼泽、江河和大洋之畔的民族靠捕鱼为生;另一些靠捕鸟和捕食野物为生。但大多数民族刀耕火种,靠地上的物产生活。因此,就有同样多的生活方式。牧人、劫掠者、捕鱼者和狩猎者都从自然那里主动地获得食物,而非靠卖货易货和商业为生。另一些民族将这些生活方式结合起来(比如,放牧的干着劫掠的勾当,农作的也狩猎),过着舒适的生活,为了使生活获得自足,补充生活方式中缺乏的内容。类似地,就其他生活方式而言,他们选择过一种能给自己带来好处的生活方式。

8. 因此,自然本身在一切动物诞生之初或在其完全长成之后为它们提供此类食物。在诞生之初,某些动物(比如,产幼虫或产卵的动物)会陪伴在后代身边提供充足的食物,直到后代能自己获取。胎生动物自身产生食物,这种食物称为乳汁,这可以喂养它们的后代一段时间。因此,显然可以评判说,植物的存在是为了动物,其他动物的存在是为了人类,这些都有利于后代成长。家养的动物既可供人使用,还能供人果腹。野生动物虽然并非全部,也多数可餐,还可制作衣履及其他器具。因此,如若自然不造残缺不全之物,不做徒劳无益之事,它做这些事就必然是为了人。同样,战争根据自然也是一种获取财产的方法,取得劫掠品是战争的一部分,有必要发动战争,既反对动物,也反对根据自然应做奴隶,却拒绝做奴隶的人。这第一种类型的掠夺战争根据自然是正义的。

9. 因此，获取财产的自然类型属家政，财产要么是已存在的，要么是行将提供的。对生活必需，对城邦和家庭有用的物品借此获得了积累。

10. 财富似乎当然地包含了获得这些物品，对善的生活来说，这类财产的自足并非不受限制，诚如诗人梭伦所说："不能为人们的财富定限额。"在其他技艺中的确存在限制，对一切手艺适合的工具既在数量上也在尺寸上有限制。财富包含着家政管理者和政治家所要使用的许多工具，因此，对财产的某些取得根据自然就属于家政管理者和政治家。其理由十分清楚。

疏　证

1. 亚里士多德在对主人和作为财产类型之一的奴隶的相关问题进行规定之后，在此所要规定的是一般意义上的财产。这个考察分两部分：首先，他从理论上进行了规定。其次，他从实践上进行了规定[对观第 9 章]。关于前一部分，他做了两件事。其一，他谈到了自己的目标。其二，他提出了几个问题[见 2]。因此，他一开始就指出，因为他已说过奴隶是财产的一种，那么在此只需要考察一般意义上的财产，并以我们讨论奴隶的方式来讨论致富术[对观第 2 章，第 4 节 – 第 5 章，第 7 节]。

2. 接下来他指出了几个特别的问题。首先，他提出了这些问题。其次，他开始回答这些问题[见 3]。他将第一个问题分为两部分，其一是追问在致富过程中（即获取金钱的过程中）运用的技艺与家政管理是否完全相同，抑或属于家政管理，或者既不相同也不属于它，而是依附于它。致富术显然以某种方式从属于家政管理。因此前者就需要通过这些方式之一而与后者相关联。但某门技艺之属于另一门技艺和某门技艺之附属于另一门技艺，并非同一件事。我们称如下技艺属于另一门技艺，它所考虑的内容是另一门技艺要考虑的。① 比如,制造小刀的技艺属于铁匠,因为小刀是从金属之中锻造出来的产品。我们将为另一项技艺提供某种服务的技艺称为依附性技艺。比如,熔解金属的技艺附属于铁匠的技艺。由于金钱是用来服务于家庭的,看起来它就附属于家庭,而非属于家庭。

如此,他就提出了第二个问题。因为一门技艺是以两种方式来服务于另一技艺的。其一是通过为后者准备好劳动工具。比如,为织工织布制作毛梳的技艺就为纺织技艺提供了适当的工具。其二是为后者提供工作所需的原材料。如熔解青铜的技艺服务于用青铜制作雕像的技艺,准备绒毛的技艺服务于纺织技艺。因此产生了如下问题:获取金钱的技艺是以何种方式服务于家政管理的,是为其提供原材料,还是作为后者的工具?

3. 接下来他就开始回答前述问题。他首先表明,致富术不同于家政管理。其次,他探究了致富术是属于家政管理,还是依附于家政管理,抑或不同于家政管理[见4]。因此,他首先回答了第一个问题,指出致富术不完全等同于家政管理。因为获取金钱属于致富术,使用金钱则属于家政管理。家政是唯一的一门使用对家庭有益的事物的技艺。在其他事情中也可以清楚地看出,使用某物的技艺有别于制作或获取某物的技艺。比如,领航的技艺不同于建造船只的技艺。因此,家政管理不同于致富术。这也表明,致富术是依附于,而非属于家政管理,因为在制作某物的过程中所需的技艺通常服务于使用这些事物的过程中所需的技艺。比如,制造马勒的技艺服务于军事技艺。这也表明,致富术是通过准备手段而非准备原材料依附于家政管理的。正如他在后面所说的[见10],金钱和财富都是家政管理的手段。

4. 接下来他考察了致富术是否是家政管理的一部分,抑或外

---

① [中译按]英文原文是:For we call a skill that considers part of what another skill considers。

在于它。这一考察又分两部分,在第一部分中,他提出了一个问题,在第二部分中,他考察了这个问题[见5]。因此,他一开始就指出,就致富术有别于家政管理而言(后者是一般性地使用财富和物品的),人们可以质疑致富术是否属于家政管理,抑或是某种不同的东西。

5. 接下来他继续探究了前面提及的问题,首先表明致富术如何不同于获得财产的其他方法。其次,他对前面提到的问题进行了规定[对观第8章,第7节]。就前者而言,他做了三件事。首先,他提出致富术如何有别于取得财产的其他方式。其次,他对获得财产的其他方式予以了规定[见6]。最后,他对致富术进行了规定[见第7章]。因此,他一开始就指出,致富术是考察从何处获取金钱以及金钱之外的其他东西(如,农产品和此类物品)的(技艺)。由此产生了如下问题,即获取某些财富的农作是否属于致富术,抑或属于另一类技艺。因为农作是为了获得食物,我们可以针对获取一般性食物的技艺提相同的问题。

6. 接下来他回答了后一个问题。首先,他将食物的取得划分为若干类。然后,他揭示了获取食物所属的那一类[见8]。在前一方面,他做了两件事。第一,他揭示了动物的各类食物。第二,他揭示了人类的各种不同食物[见7]。因此,他一开始就指出,食物有多种,这就导致了动物和人类的各种不同的生活方式。在离开了食物无以生存这个意义上,不同的食物必定会导致动物的不同生活方式。我们认为,某些动物群体性地生活在一起,其他动物散居和独处,却对获取食物有利。某些动物是食肉性的(即吃肉的),有些动物是食草性的,另一些动物吃肉又食草。因此自然通过它们根据自然选择的食物而区分各自的生活方式,并使它们处于舒适或冲突中。以捕食其他动物为生的动物必然相互冲突,因而需要分开居住,否则它们就找不到食物。可以随处找到食物的动物则群居。不同的动物在食物方面喜好不同。比如,不是所有食肉动物都对相同的肉感兴趣,同样,不是所有的食草动物都对同一食物感兴趣。如此,食肉动物有各种不同的生活方式,对食草动物来说亦然。

7. 接下来他表明,人类有不同的食物,并指出不同的食物在许多方面区分了人类的生活方式。人类通过三种方式获取食物。有些人毫不费力地获得食物,抑或从劫掠中获得食物,游牧民族最轻松,他们生活在闲暇中,从驯养的动物(如羊群)中不费力地获得食物。但因为羊群需要四处迁徙以寻找青草,牧民们就被迫跟随羊群,仿佛是在垦殖一块有生命的和活动着的土地。其他人从劫掠活动获得食物,不管是作为抢劫者从他人那里抢来,或是作为捕鱼者,从湖泊、沼泽、江河和其他地方捕鱼得来,或是作为捕鸟者和狩猎者,从田间和树林间猎取得来。第三种方式属于许多民族,他们靠土地和地上的物产过活,这些都能产生食物。

这就是人类主要的生活方式。在生产食物和靠商业过活(他随后将讨论这一点[对观第7-9章])的人的生活方式之外,存在四种简单的生活方式,即游牧、掠夺、捕鱼和狩猎,这就是他所说的东西所揭示的。人类的简单生活方式最有缺陷,它缺乏许多东西,为了能在一切事物中获得自足,有人就将前述生活方式结合起来。他们因此过上了幸福的生活,从一种生活方式中获得另一种方式所欠缺的东西。比如,有些人将游牧生活同劫掠的生活结合起来,某些人既过农人的生活,也过猎人的生活,另一些人则过其他生活,只要对自己有利。

8. 接下来,他表明了前述所说的取得(即食物的取得)所属的类型。首先,他表明它是自然的。其次,他表明它属于家政管理[见9]。最后,他表明它是有限的[见10]。在第一方面,他提出了如下论证。正如自然在动物生长的初级阶段为动物提供必需品一样,在它们完全长成之后也提供必需品。自然在动物生长的初级阶段提供必需品,这一点可在不同动物那里看清楚。某些动物并非胎生,某些动物(比如,鸟)产卵,而其他动物(比如,蚁、蜂以及此类)生产幼仔而非产卵。这些动物尽可能为后代提供充足的食物(这些食物与他们的胎儿一道产生),直到后代完全长成。比如,在蛋中就很明显,蛋黄为蛋白中孕育出来的鸡仔提供食物,直到鸡仔破壳而出。对幼虫来说也如此。其他动物(如马等)属胎生,在这些动物中,胎生动物在一段时间中自身产生食物,喂养后代。我们称此类食物为乳汁。因此,很明显,在动物生长的最初阶段,自然会为它们提供食物。

很显然,在动物长成之后,自然也为它们提供食物。植物为其他动物而存在,为其提供营养,其他动物为人而存在。驯养的动物能提供食物和其他好处。大多数而非所有野生动物能为人带来食物,或通过其他方式辅助人,因为人要从它们那里取得衣物(即从皮毛中取得)或其余装备(如从它们的角、骨头或牙齿中取得)。所以,人类要想生存下来,显然需要其他动物和植物。但自然既不会使任何事物残缺不全,也不会徒劳行事。很明显,为了人类的持续,自然提供了动物和植物。当个体获得自然为人类创造的东西时,取得出于自然。因此获得生活必需的事物也出于自然。这其中包含取得劫掠品,这是人们面对动物时必须做的,因为动物根据自然属于人,也是面对外邦人所必须做的,正如他在前面所说,外邦人根据自然为奴[对观第4章,第7-9节],仿佛这应该是一场出于自然的正义战争。而且,他指出,取得劫掠品是属于财产取得的部分,而从庄稼中获取食物的农作则属于其他部分。

9. 他从前述总结中得出,就我们称一切依附性的东西是部分而言,刚才谈到的取得财产的自然类型属于家政管理。获得财产的自然类型既依附于家政管理,也依附于城邦。政治家和家政管理者必须保证,用于生活必需和既能为家庭也能为城邦带来利益的事物是存在的,也是能获得的。倘若失去了生活必需品,家庭和城邦就无法获得统治。

10. 接下来他表明,前面谈到的财产取得不是无限制的,他指出,真正的财富是指能缓解自然需求的事物。它们之所以是真正的财富,是因为能缓解人类的需要,使所有者自足,即有充足的东西过得好。但正如他随后指出的[对观第8章,第1-6节],有些财产的获得是无休止的。希腊七贤之一的诗人梭伦指出,对人类来说,没有预先规定的财产限度。因此,这种财富不是真正的财富,因为它无法满足人类的欲望。

通过如下论证,亚里士多德证明了包含生活必需品的财富是有限的。任何活动所需的工具不论在数量上还是在尺寸上都有限。如铁匠的技艺不包含拥有无限多的铁锤,或拥有一只无限大的铁锤。然而,前述财富是家政管理者和政治家们的工具,正如他所言[见9],他们用它来治理家庭或城邦。因此,这些财富并非无限,而是存在限度的。

他最后总结说,存在财产的自然取得,它不仅对家政管理者必要,对政治家而言也必要。他在上面所说的内容为此阐明了理由。

第七章　理论上的致富术(1)

文本(1256b40 – 1257b23)

1. 还有一类财产取得,我们特别地并且正当地称其为致富术。出于这个理由,针对财富和财产的取得就没有限度,并且,许多人认为,这种财产取得与刚才所述的财产取得之间由于存在紧密关系而属同一件事。其实,它们既不相同,也没有显著差异。一种是自然的,另一种则通过实践和技艺产生,即并非出于自然。

2. 我们不妨对这类取得进行一番讨论。每一种事物都有双重使用,但不管哪种使用都属于事物自身,只是使用的方式不同。其一是事物的正当使用。其二则不是事物的正当使用。比如,我们既可以用鞋护足,也可用它来交换物品。这些都是鞋的用途。用鞋与需要鞋的人进行交换获取金钱和食物固然是将鞋作为鞋使用,却不符合它们的正当用途。因为鞋不是为贸易制造的。对其他财产来说也如此。

3. 一切事物都能进行交易。以货易货的根源在于人类根据自然在某些物品上有盈余,在另一些物品上则短缺(因此很明显,商业不属自然的致富术),以货易货对为人类提供自足的生活来说是必需的。

4. 因此,在第一种联合即家庭中,很明显没有交易的需要。但在更大范围的联合中,属于同一个家庭的人共享一切物品,不同家庭共享不同的物品。如此他们就要根据各自所需进行补偿性交易。许多外邦人也通过以货易货这样做。他们用某些有用的物品换取另一些有用的物品(如以酒换取小麦,拿出一些物品,得来另一些物品,等等)。

5. 因此,这些交易既不违背自然,也不属于任何形式的致富术,因为它提供了自然为自足的生活创设的东西。

6. 但这就导致了一种理性发明出来的交易办法。当有更多的必需品进口和剩余物品出口,同外邦人进行贸易时,就须采取使用金钱的办法,因为不是一切人类自然所需的物品都容易运输。人们同意在交易中拿出和收取某些内在有用的东西,即对人类生活有用的和能带来巨大好处的东西(如铁、银等等)。金属的规模起初通过大小和重量衡量,后来则通过在其上印制标记,从而使人们摆脱了度量金属的麻烦,这些标记表明了交易规模。

7. 在必需品的交换产生金钱之后,另一种致富术即商业就产生了。它最初也许是以朴素的方式出现的。接下来,随着经验的积累,它在技艺上就更成熟,人们也就懂得从哪里并且如何从交易中获取最大的收益。

8. 因此,看起来致富术与铸币关系更紧密,并且,致富术的作用就是判断能从何处获得大量金钱,因为这会产生财富和金钱。

9. 人们通常认为,财富就是拥有许多金钱,这就是为何有致富术和贸易的原因。

10. 一方面,金钱和同它相关的法律有时似乎完全愚蠢而非自然,倘若使用金钱的人改变了金钱的价值,这些铸币将会一文不值,对生活必需品毫无用处。尽管在财富上盆盈钵满的人死于饥饿不合情理,但腰缠万贯者通常缺乏必需的食物却是常有之事。这就正如有关米达斯的著名故事所说,由于米达斯的欲望永不餍足,当提供给他的食物都是黄金做成时,却死于饥饿。

11. 因此,采取正当的方式追求财富和致富术的人,想要的是其他东西,因为在此另有一种产生金钱和致富的符合自然的办法,即家政管理。然而,贸易通过金钱的交换获取金钱,而不是通过一种更充分且正当的方式实现这一点的。贸易与金钱有关,金钱是此种交易的内容和目的。

疏 证

1. 在亚里士多德对一种类型的获取财产的方法(即获取财富和其他生活必需品的方法)进行规定之后,在此他想要对另一种所谓致富术的获取财产的方法进行规定。在这一点上,他做了两件事。首先,他陈述了前提,其次,他对此进行了规定[见2]。关于前者,他对获取财产的第二种方法做了三项规定。第一,他明确其名称,指出我们之所以称其为致富术,是因为它包含获取金钱的方法。第二,他说,既然关于获取金钱没有限制,则对人类来说,由于这里涉及的是获得财产的第二种方法,针对它们可能获得的财富以及取得的财产也就没有限制。许多人认为,此种获取财产的方式与第一种获取财产的方式相同,它们之间关系密切。第三,他指明了这种获取财产的方法同第一种方法之间的关联,指出,它既不同于第一种方法,也不与其有太大差异。他指出,之所以不同,是由于第一种获取财产的方法(即获取食物和其他生活必需品的方法)出于自然,而第二种类型的方法(即获得金钱)并非出于自然。自然并未创造金钱,经验和技艺导致了金钱的产生。之所以说两类获得财产的方法并未相差太远,是因为人们甚至能出于对金钱的追求持有必需品,反之亦然。

2. 接下来他开始确定致富术的自然。由于金钱是用于促进交易的,在此问题上他做了三件事。首先,他揭示了交易如何与交易物相关。其次,他对自然交易进行了规定[见3]。第三,他对钱币交易做了规定[见6]。他一开始就指出,为了考察致富术,我们应采取如下顺序。每种事物都有两种使用,每种使用都是事物本身的使用,而非附属于他物的使用,不同之处在于,一种是事物的正当使用,另一种是普遍的而非正当的使用。例如,鞋的使用有两种,其一是正当使用,即护足,鞋正是出于这一使用被制造。另一使用为交易,这是不正当的,因为鞋被造出来不是为了用它来换取它物。但人类可以用鞋来换取面包和食物。尽管将鞋用于交易不是鞋的正当使用,但使用的还是它们本身,而非附属于其他使用,因为交易者是根据其价值来使用它们的。正如他关于鞋所谈的内容一样,我们也应如此理解人类拥有的其他物。

3. 接下来他对自然交易进行了规定,做了三件事。第一,他表明这种交易包含哪些内容。第二,他表明这种交易是如何出现的[见4]。第三,他揭示了这种交易如何与自然相关[见5]。他一开始就指出,一切物品都能用于交易。最初的交易是关于自然赋予的人类生活必需品的交易,有些人在这些物品上占有多,另一些人占有少(例如,有些人拥有大量酒,其他人拥有较多面包)。因此,人类就需要相互交换这些物,直至各方获得满足。(因此,很明显,正如他曾指出的[见1],金钱并非出于自然,贸易[即金钱交换]也非出于自然)

4. 接下来他揭示了这种必需品的交换是如何产生的。他指出,在最初的联合中(即单个的家庭中)不存在这种交换需要,一切生活必需品都属于家长,他提供一切物品。但当出现更大的联合,即邻区或城邦时,属于同一家庭的人们共享一切物品,在他们中不存在交易,其他家庭共享其他物品。因此,不同物品的交换只为如下地方所需,即倘若某些人从另一些人那里获得了东西,他就要拿自己的东西做补偿。许多不使用钱币的外邦人仍然实行以货易货的方法,他们只交换有利于生活的物品(比如,拿出和获得酒、小麦和此类物品)。

5. 接下来,他从前面的论述中推得,这些交易并不违背自然,它们与自然提供的物品相关。它们也不是一种类型的致富术,因为它不通过使用钱币来交易。他也证明,这并不违背自然,因为它提供了自足的物品(即通过此类交易,人类获得了必需品,能充足地维持生活)。

6. 接下来他对金钱交换进行了规定,在此方面做了两件事。首先,他揭示了理性是如何发明这种交易形式的,因为它并非源于自然。其次,他表明它是无限的[对观第8章,第1节]。在前一方面,他又做了三件事。第一,他对金钱交易的最初出现进行了确定。第二,他对金钱交易的补充形态进行了确定[见7]。第三,他明确了与这些交易相关的致富术问题[见8]。

他一开始就指出,理性发明的另一种交易体系,是从最初交换必需品中发展来的。人类通过交换的相互援助逐渐包含了更多同外邦人的交易,开始与远方民族进行交易,与邻邦人进行交易,进口所需,出口盈余。由于交易的需求就发明了金钱的使用,因为人类无法便利地将自然必需品(比如,酒、小麦等物品)输送到世界的遥远地方。为了使和遥远地方的交易成为可能,就相互拿出和收取某些容易和方便运输的自身有价值的东西。各类金属(如,青铜、铁、白银等等)就属于此种物品。它们具有内在的有用性,能用来制作花瓶和其他物品。它们也便于运送到远方,由于它们稀缺罕见,因此很少的量在价值上就相当于大量的其他物品。如此,长途旅行者如今只需携带银币或金币,而不是青铜币作为途中的开销。

由于在远方交易的需要,金属的价值起初由重量和大小决定。比如,某些人使用各种形式的散银。后来,为了将人们从对金属的测量和称重的需要中解脱出来,就在金属上印制标记,标明金属的实际数量。如此,有些当地人就用标准符号度量酒和谷物。因此,铸币很明显是被发明来进行必需品交易的。

7. 接下来,他明确了一种额外的、不同的交易类型。他指出,当金钱从前述交易中产生后(这种交易对从远方获得必需品来说是必要的),就产生了钱币交易,即以金钱换金钱的交易。他称这后一种交易为商业,即商人们从事的职业。起初的贸易是简单的,仿佛出自命运(比如,某些在外邦人的土地上经营的商人在金钱交易过程中的开销超出了他们的所得)。因为经验积累,后来产生了有技艺含量的事物,即在金钱交易的场合,人们开始盘算,懂得如何创造最大的利益。这些都属于商业技艺。

8. 接下来,他对致富术进行了规定,做了两件事。第一,他从前述内容中推出了此种技艺包含的内容和活动。第二,他回答了一个问题[见9]。他从前述内容中得出,既然为了获得利益,以技艺娴熟的方式用钱换钱,则我们就称这种与金钱有关的技艺为致富术。它的活动能权衡,个体可以从哪些地方获得大量金钱。因为致富术以获得大量金钱和财富为目的。

9. 接下来,他解决了与前述内容相关的一个问题。就他所说的致富术能带来财富和金钱而言[见8],人们会问,金钱与财富是否是一回事。对此他做了三件事。第一,他指出了特定人的意见。第二,他介绍了相反论证[见10]。第三,他对事件真相的规定进行了推论[见11]。他一开始就指出,人类通常认为财富只意味着大量金钱,一切致富术和贸易——目的是为了增加财富——都与作为其适当内容的金钱有关。

10. 接下来他提出了相反观点,指出如下说法有时相当愚蠢,即认为一切符合自然的东西(如小麦、酒等)并非财产,认为一切财产都由金钱构成(法律曾这样规定过)。他列举了两项论证。第一项论证设定了人类处境的多样性,对生活必需品有价值或有利的财富才是真正的财富。倘若使用财富的人类处境获得改善(倘若王或共同体觉得钱币没有价值),钱财就是无价值的,不能为生活提供必需品。因此,说财富只是大量的金钱就很愚蠢。

第二项论证指出,认为富人需要食物或死于饥饿是不合情理的,尽管腰缠万贯的人常常需要食物和死于饥饿。有一则著名故事说,米达斯因为对金钱的欲望无休无止,请求和恳请神将提供给他的东西变成黄金,结果,这位拥有黄金无数的人,当所得的食物都变成黄金时却死于饥饿。因此,金钱不是真正的财富。

11. 接下来,他以规定上述事情的真相结束本章,他指出,因前述论证而正确理解事情的人,主张财富并不等同于金钱或致富术。正如他曾经说[对观第6章,第10节],某些财富,即与生活必需品有关的财富,是合于自然的,这类财富的获得正当地属于家政管理的内容。但作为贸易的致富术不能以任意的方式而只能通过金钱交换的方式增加财富。一切此类致富术都包含金钱,因为金钱是交换的起点和终点,在这里是以钱换钱。因此,在这个问题上,很明显,在生活必需品方面充足的人事实上较拥有万贯家财者更富有。

第八章　理论上的致富术(2)

文本(1257b23–1258b8)

1. 从致富术中产生的财富是无限的。医疗技艺无限地追求健康,一切技艺的目的都是无限的,因为它们都在最大程度上实现自身目的(但对目的而言,手段并非无限,因为目的对每一技艺提出了限制)。同样,目的没有为致富术规定任何限制,财富和获取金钱是致富术的目的。但家政管理的目的不是赚钱,赚钱不是家政管理的任务。

2. 因此,对一切财富而言,似乎存有必然的限度,但我认为,在实践中会产生相反情况。所有拥有金钱的人都在增加金钱,对于提供用于使用的事物来说并无限度。

3. 原因在于,两种不同的致富术相类似。每种类型所使用的都是同一种事物。两种类型都用于获取金钱,但方式不同。对一类致富术来说,存在其他目的,对另一类而言,增加金钱自身就是目的。因此,对某些人来说,后者是家政管理的职能,他们坚持认为,应该始终尽可能地保存和增加金钱总量。

4. 这种性情的原因在于人们对于生活本身充满热情,而不追求好的生活。由于此种欲望是无限的,他们就会无休止地欲求任何对自身有利的东西。而想要过好的生活的人们也会增益对身体愉快有益的东西。由于这要求获取财产,他们的关注就与获取金钱有关。

5. 第二种致富术就是这样出现的。因为,享受快乐的生活是过度了,人们因而寻求能够有利于过度享乐的事物。

6. 如果他们不能通过致富术获得这一点,他们就通过其他手段来追求,以一种违背自然的方式运用他们的全部能力。比如,勇敢的目的不是为赚钱,而是使人刚毅。军事技艺的目的是赢得胜利,医疗技艺的目的是为了健康,而非赚取金钱。但这些人热衷于致富术,仿佛后者应成为目的,并且一切事物都应有利于这一目的。这样,我们就讨论了不必要的致富术。不仅讨论它是什么,而且讨论我们为何感到对它们有一种需要。并且,讨论了必要的致富术,它不同于其他致富术,家政管理是合于自然的,与食物有关,而且是有限度的。

7. 对一开始人们提出疑问的那个问题,即致富术是否属于家政管理者和政治家,现在有了答案。它本身并不如此(即致富术自身并不属于他们)。但想要用钱,就必须有钱在手。这就如同政治学并不创造人,而是从自然中掌握人并使用人,同样,自然也需要提供食物,不论是从土地上,还是从海洋中,抑或是从其他地方。决定如何分配出自这些地方的产品是家政管理者的事。因此,制造羊毛并非织工的事。相反,织工要做的,是使用羊毛,并知晓何种羊毛有用和合适,抑或太小或不合适。

8. 有人也许会问,为何致富术属于家政管理,而医疗技艺不属于,尽管家庭成员的健康和供给其生活或其他必需品同样必要。由于家政管理者和统治者照管成员健康的方式不同于医生,因此,家政管理者看待金钱的方式也有别于附属性技艺看待金钱的方式。

9. 但正如我在前面所言,关键在于,自然提供了财富。比如,为新生者提供食物是自然的职能,自然生产出来的东西余下的是新生者的食物。因此从庄稼和动物中产生的致富术对所有人来说都合于自然。

10. 如前所述,有两类致富术:一为贸易,二为家政管理。第二类是必要的,值得称赞。第一类包含交换,因此应正义地予以鄙视。它是从一物过渡到另一物,而非根据自然做到这一点。钱贷最有理由令人憎恶。在此金钱的取得来自金钱自身,而不与已获得的东西相关。金钱是用来促进物品交换的。利息却使金钱自身变得更多。如此我们就可以推论出它的名称。因为生出来的与生者相像,利息就是以钱生钱。因此,这种金钱的取得最违背自然。

疏　证

1. 亚里士多德在揭示法律如何引入这种关于交换的致富术形式之后,在此他表明,此种金钱的获得如何是无限的。在此问题上,他做了两件事。第一,他揭示了他建议的内容。第二,他发现了前述事情的原因[见3]。在第一方面,他又做了两件事。首先,他揭示了他建议的内容。其次,他解决了从中产生的一个难题[见2]。

他一开始就指出,这类致富术即贸易所获得的财富,都与金钱相关,是没有限度的。他通过如下论证对此进行了证明。在一切技艺中,对目的的欲求是没有限度的,而手段对目的的欲求则为目的的规则和尺度所限。比如,医疗技艺在尽可能地带来健康时无限追求健康,但在使用药物方面却以有利健康为限,而非多多益善。在其他技艺中也如此。之所以如此,是因为目的本身是可欲的,并且,那些内在地可欲的东西,内在性越强,就越是可欲。比如,白色的事物会使人目盲,更白的东西越发使人目盲。但金钱是贸易的目的,贸易的目的是赚钱,金钱只是家政管理者实现自身目的(即家庭治理)的手段。因此,致富术追求无限的金钱,家政管理则追求有限的金钱。

2. 接下来他就解决了从前述内容中产生的一个问题。在这个方面,他做了两件事。第一,他提出了一个问题。第二,他回答了这个问题[见3]。他一开始就指出,由于前述论证,在家政管理中仿佛需要为财富设定限度。但如果人们考察一下在实践中发生了什么,相反的说法也成立,因为一切希望为了有利于生活而获得金钱的家政管理者,都会无限地增加财富。

3. 接下来他解决了前述难题,指出,之所以存在前述差异,是因为两类致富术之间关系密切。也就是说,在服务于家政管理的致富术与贸易之间有密切的关联,前者为了交换必需品而追求财富,后者为了钱追求钱。两种致富术的活动都相同,即获取金钱,但方式却有别。在家政管理的致富术中,获取金钱指向其他目的,即指向家庭治理,在贸易的致富术中,即在贸易中,增加金钱即是目的。由于贸易与家政管理之间有密切关系,在有些家政管理者看来,商人的义务就是狂热地、无限地维护和增加金钱。

4. 接下来,他为所说过的东西找到了原因,他指出,家政管理者有时也会坚持无限增加财富。由于从这些原因中产生的滥用,他将这个部分一分为三,划分的标准就是他提到的三种滥用[见4,5,6]。他一开始就指出,导致这种性情(即家政管理者要求无限增加财富)的原因是人类热切地希望好死赖活,而不是活得好,即有德性地活。倘若他们想要努力地有德性地活,他们就会对能充分地维持自然的事物感到满足。倘若他们不这样做,而是想要根据自身想法而活,他们就会努力地获取能满足个人欲求的东西。因为人类的欲望无限,他们会无限地追求能满足自身欲望的东西。

还有一些人,对活得好感到忧心忡忡,因而在活得好之外还增加了属于身体愉快的东西,他们认为,人类只有沉浸在这种愉快中,才能享受善的生活。因此他们便去追求能享受身体愉快的东西。由于对人类来说,大量财富可以产生这一点,他们孜孜以求的就是获取大量金钱。我们应看到,亚里士多德从人类生活的目标中找到了为何这些事物属于家政管理者的理由,家政管理者的目标是使其成员过上好生活。因此,第一种滥用是,人类因缺乏对好的生活的正确追求而无限度地获取金钱。

5. 接下来他指出了第二种滥用。由于家政管理者对获取金钱感到焦虑,因此另一种致富术即贸易,就在家政管理者的适当关切之外,即在获取生活必需品之外,成为其关切的内容。但既然他们想要过度享受身体的愉悦,便追求能满足这种过度享受的事物,即追求大量财富。因此,第二种滥用是,在家政管理中包含有一种非自然的和不必要的致富术。

6. 最后,他指出了第三类滥用,他认为,由于人类有时缺乏足够的财政技艺,去获取能满足对身体愉快的过度追求的事物,他们就会通过其他方式获取金钱。他们以违背自然的方式滥用了自身能力(滥用了自身的德性、技艺或地位)。比如,勇敢是一种德性,其恰当的功能是使人类在攻击和防御中自信大胆,而非用于积累金钱。因此,如若某人用勇气来积累金钱,他对它的使用就不合于自然。同样,军事技艺是为了赢得胜利,医疗技艺是为了获得健康,都不是为了求取金钱。然而,有人运用军事的和医疗的技艺去获取金钱,使两者成为赚钱工具(即成为获取金钱的工具),使这些技艺服从于金钱这个目的,将金钱作为其他事物的目的,《传道书》10:19中讲,"钱能应付一切"。

因此,他就从前述内容中总结性地推出与不必要的致富术相关的内容,即以无限获取金钱为目的的致富术。金钱也是人类为何需要它的理由,因为他们有永不餍足的欲求。他也谈到必要的致富术,即不同于前述类型的致富术。必要的致富术在一定限度内获得金钱是为了别的目的,即为生活提供必需品。从严格意义上讲,家政管理是根据自然与事物相关(比如获得能够作为食物的东西)。这种致富术是有限的,不同于第一类致富术。抑或人们认为,必要的致富术不同于不必要的致富术。必要的致富术是家政管理,在此不允许任何事物进行交换。

7. 此前他曾提出了一个问题,即致富术是否属于家政管理,抑或附属于它,并将致富术与其他财产取得区别开来[对观第 6 章,第 4 节和第 5 节]。现在他回答了这个问题,在此他做了两件事。首先,他表明,致富术附属于家政管理。其次,他表明,为何一类致富术值得称颂,另一类则遭人鄙夷[见 10]。关于前者,他又做了三件事。第一,他回答了先前提出的问题。第二,他提出了另一个难题。

第三,他阐明了此前提出的内容[见9]。他一开始就指出,前述内容现在可以为刚开始的问题提供答案,这个问题是,是否致富术属于家政管理者和政治家,抑或完全外在于他们。真相是,正如他此前所说[对观第6章,第3节],致富术并不等同于家政管理,而是附属于它,因为人们治理家庭也需有钱。

对此他通过如下事实进行了证明,即在家庭和城邦中既要有人,也要有必需品。然而,政治学并不能产生人,它只能将人类作为自然产品加以接受和使用。类似地,自然而非政治学或家政管理才能产生食物,不论是从地上(如庄稼),还是从海中(如鱼类),或是从其他地方。因此,产生或取得食物并非政治学或家政管理的适当和直接的任务,它们的任务是根据具体情况分配家中的物品。如此,我们认为,织工的技艺是使用羊毛,懂得何种羊毛适合,何种羊毛品质差不适合,而非制造羊毛。因此,产生人类和食物的自然和获得物品用于家政管理的致富术,相当于产生羊毛的自然和获取羊毛服务于织工技艺的购买。

8. 接下来他提出了如下问题,既然家庭成员需要健康,需要生活必需品如食物和衣服,为何医疗技艺不能像致富术一样属于家政管理呢?他回答说,它是家政管理者和城邦统治者通过某种方式关注健康的技艺,即为了服从者的健康而采纳医生的建议。但通过其他方式,也就是说,通过考察哪些事物能维持和恢复健康,医疗技艺属于医生而非属于家政管理者或统治者的技艺。类似地,通过某种方式,即通过使用已获得的金钱和获得金钱者所提供的服务来考虑金钱则属于家政管理者的技艺。但金钱能从何处获得以及如何获得并不是属于家政管理者的技艺。相反,后者是附属性的技艺,属于致富术。

9. 接下来他阐明了此前说过的内容[对观第6章,第8节],即自然提供必需品。他指出,正如此前注意到的[见7],家政管理和政治学尤需使用的是自然中已存在的事物,附属性的技艺则从自然中获得它们。他通过如下事实证实,为自然产生的事物提供食物是自然的职能。我们知道,产物的剩余是被造物的食物。比如,动物显然是从经血中出生的,而自然将这种材质中余下的东西转化为乳汁,以为后代准备食物。既然人类是从自然之物中造出的,则源于自然的其他事物就成为其食物。因此就存在一种自然的致富术(即从自然事物中,从产品和动物中,为了食物而获取食物和获取购买食物的金钱的技艺)。倘若某人从金钱本身获得金钱,而非从自然事物中获得金钱,就违背了自然。

10. 在规定这两种致富术之后,他揭示了哪一种值得称赞,哪一种遭人鄙夷。他指出,我们称其一为贸易,即从金钱中获取金钱以及为金钱而获取金钱的技艺,称另一种为家政管理,即(如他所说[见9])从自然事物中(如庄稼和动物中)获得金钱的技艺。第二类技艺对人类生活是必需的,值得称颂。但第一种即贸易,如他所说[见5],是将对自然是必需的东西转换为欲望所要求的东西,应正当地予以鄙视。这种致富术背离了自然,既非出于自然,也不指向自然需求的满足。相反,它是在使金钱相互之间发生转移的过程中产生的,也就是说,是在人类以钱生钱的过程中产生的。

尽管作为贸易的致富术正当地遭人鄙夷,另一种获得金钱的方法却最受人鄙视和令人生厌[见13],①这就是钱贷(即高利贷,正如从借钱中获取过多好处的人们做的那样)。此种金钱取得只是为了以钱生钱,而非原初的获取金钱的方法。正如他此前所说[对观第7章,第6节],金钱是用来促进物品交换的(即以货易货)。

还有一种致富术,即孳息(在希腊文中被称为 tokos),通过孳息,钱可以生钱。希腊人之所以称为孳息,是因这个词有繁殖后代的意思。我们知道,根据自然产生出来的东西与产生这些东西的事物相像。当以钱生钱时,就有此类生成。这种获取金钱的方式最违背自然,从自然事物而非从金钱中获得金钱才合于自然。因此,正如他所言,有一类致富术值得称颂,其他三种都遭人鄙夷。

---

① 在这一段和下一段中,阿奎那区分了两类孳息,其一是支付固定费用,可能是指典当,其二是支付一定比例的利息。

第九章 实践中的致富术

文本(1258b9 – 1259a36)

1. 既然我们已对有关致富术的理论进行了充分规定,就需进而考察实践中的做法。因为这类事物得到了自由的理论思辨,但尚需有实践经验。

2. 获取财产的各种有用的致富术要求专门的学识:何种致富术最有品质,在何处可以获得以及如何获得(如获取何种类型的马、牛或羊和类似的其他动物)。首先,人们需要有关鉴别动物的学识:哪种动物最有品质,在何处存在何种动物。有些动物在某些地方多,其他动物则在其他地方多。其次,人们需要懂得如何开垦土地。有些土地可以被清理出来种植庄稼,另一些适合于栽种果树。最后,人们也要懂得养蜂和饲养其他动物,比如,养鱼和养鸡,我们可从中获取生活必需品。因此,此类致富术是最主要的和最合适的。

3. 贸易是最重要的交换手段,由三部分构成:海运、陆运和入伙①。这些事情之间彼此不同,有些更安全,另一些则更有利。交

---

① [中译按]assisting merchants,吴本译为"商品的陈列及出售",颜－秦本中译为"商品展售",根据吴本脚注,十八世纪艾利斯(W. Ellis)英译本也作"当地贸易"。但根据阿奎那的理解,这里是指海运和陆运之外的一种贸易手段,具体来说,是和商人共享一定的物品和金钱从而为商人提供辅助的贸易活动。

换的第二类是孳息借贷。第三种手段是作为低水平和不懂任何技艺的雇佣工获取薪酬(不懂技艺的人只提供劳力)。第四致富手段处于自然的和非自然的之间,既包含自然也包含交换。这意味着从土地中取得非生产性的①却有用的事物,或是从土地中长出非生产性的却有用的事物(比如木材和各种矿藏)。存在各种矿藏,因为多数金属都是从土地中获得的。

4. 眼下是以一般性的方式谈论这些事的。具体地和更专注地讨论这些事也许有利于我们的活动,但在它们的身上耗费太多时间会使人不胜其烦。

5. 技艺要求最高的活动中机运成分最少。技艺要求最低的活动中身体最脏。在最无独创性的活动中,身体使用最多。最可鄙的活动是需要卓越最少。

6. 有些作者在上述事情方面已有著述(比如,帕里俄斯的加瑞提德和莱姆诺斯的阿波罗多洛有关土地开垦的著述,既谈到了清理出来种植庄稼的土地,也谈到了栽种果树的土地)。在其他事情上,也有人做过讨论,对此类事感兴趣的人不妨去查阅这些著述。

7. 并且,关于某些人是如何成功赚钱的零散叙述也需要加以汇编整理,因为这些事对看重致富术的人们不无裨益。

8. 比如,这里有一个关于米利都人泰勒斯所做之事的记载。这个故事与赚钱的方式有关。人们之所以将这种方式归结给他,是因其智慧,但它可成为普遍的东西。这个故事说,当人们指责泰勒斯贫困不堪,其哲学百无一用时,他从星象的研究中得知来年将有一次橄榄的大丰收。那时正处于冬季,他花费少量的钱,给米利都和凯俄斯两地所有的橄榄生产商支付了定金。由于没有竞争对手,花费的资金极少。当收获季节来临时,橄榄的需求量剧增,他因而

---

① [中译按]Unproductive,吴、颜-秦译本中译为"不是为了果实"、"不结果实"。

可以随心所欲地要价。① 由于他挣了一大笔钱,于是就表明,只要哲人愿意,想要有钱轻而易举,但赚钱却不是他们要为之奋斗的事业。从这则故事中可以看出,泰勒斯通过上述方式证明了自己的智慧。

9. 但正如我们在前面所言,这种致富术包含某种普遍的东西,即尽可能地为自己谋取垄断。有些需要金钱的城邦正是通过这种方式而有钱的,他们在出售的商品方面占据了垄断地位。

10. 有一位西西里人,由于身边有存款,同时从造铁厂买进了全部的铁。此后,当铁的交易时节到来,人们前来购买铁时,他就成了唯一的卖家。尽管他并未过分提高价格,但仍然以 50 塔伦特的投资赚得了 100 塔伦特。因此,当狄奥尼修斯听说这件事后,就命令这个人带着他的钱离开叙拉古,仿佛此人发现了对狄奥尼修斯自己的事业来说不适合的赚钱方法一样。

11. 泰勒斯和那位西西里人有同样的洞见。两人都努力地为自身制造垄断。政治家懂得这些与贸易有关的信息是有益的。大多数城邦所需要取得的金钱和财富与家庭所需的财富一样多,甚至要远远超过。因此,有些政治家在政治上一心只扑在这个方面。

疏 证

1. 亚里士多德在教导了有关致富术的起源、属性及其组成部分的知识后,在此开始对其应用的知识进行规定。他首先谈到了自己的目的。其次,他提出了建议[见 2]。他一开始就指出,既然我

---

① [中译按]吴译本和颜-秦译本中讲泰勒斯租用米利都和凯俄斯两地的橄榄榨房(榨油设备),而英译本中只讲到橄榄生产商(olive growers)以及对橄榄的需求量剧增(a sudden and large demand for olives),而且,两个中译本都提及"租用"、"租金"等,但在阿奎那的疏解中,明确地使用了"购买"一词。

们已经在认识其本性的方面对致富术进行了充分规定,就需简要地并顺带地指出属于其应用的知识,即关于我们如何应用它的知识。此类事情属于享受自由(即不受拘束地)思考的人类活动,对其进行一般性的考察是很容易的,但为了能使对它们的运用更为完善,人们还需有关于它们的经验。

2. 接下来他规定了属于致富术的应用的内容。在此问题上做了两件事。首先,他区分了各种致富术。其次,他指出了致富术的有用范例[见6]。关于前者,他做了两件事。第一,他确定了对人类生活必要的致富术。第二,他确定了不必要的致富术[见3]。他之前说,人类从自然提供的生活必需品中获得金钱的致富术是必要的。[对观第8章,第8 – 9节]并且,他指出,这种致富术分为两部分,其一是人类通过买卖这类物品获得金钱。

在这一部分中,他指出,这种致富术是有益的(即有用的范例)。人类需要具备关于所获物品的知识:它们之中何种最有价值,在何处可以卖出高价,以何种方式出卖(何时出卖,在何种条件下出卖),他解释了他正在讨论的是可获得的物品。比如,马匹的获得、牛的获得、鸟的获得和其他动物的获得。而想从中谋利的人需知它们中何种最有价值,存在于何处。有一些在某些地方多,另一些则在其他地方多。人们要在多的地方买,在最值钱的地方卖。

此类取得的第二个部分是从土地的垦殖中获得可供出售的物品,不管是被清理之后没有树木的土地(比如,种植小麦的土地),还是种植作物的土地(如葡萄园、果园和橄榄林)。人类通过垦殖活动获得了大量小麦、酒等。人类也需了解养蜂和饲养其他动物的技艺,既包含海洋动物,如鱼类,也包含空中的动物,如飞禽。人们可从这些动物中获得生活必需品,还能从它们的丰富产量中获得金钱。这是一类最主要的和最恰当的致富术。之所以称为致富术,是因人们可从自然事物中获取金钱,而正是为了获得这些自然物,才发明了金钱。

3. 接下来他区分了各种有关交换的致富术。他此前说,关于交换的致富术是如下这种致富术,在此,金钱是从对生活不是必需的物品中取得的[对观第 7 章,第 7 - 8 节]。而他之所以称之为有关交换的致富术,是因致富术是从必需品转移到不必需的物品。关于这一点,他做了三件事。第一,他区分了这种致富术的各部分。第二,他避免了对这些部分进行更详尽的考察[见 4]。第三,他澄清了此前所说过的内容[见 5]。

关于第一方面,他指出,这种致富术有四种类型。第一种,也是最重要的,是贸易,因为商人获取金钱尤甚。他区分了商业的三部分,第一部分是海运,即商人在海外从事的交易。第二部分为陆运(即运输货物),也就是说,通过货车或动物在陆地上运输货物。而我们称第三部分为入伙(比如,当有人不是通过海洋或陆地运输物品,而是通过与商人共享物品和金钱为其提供辅助时即如此)。这些部分彼此不同,有一些更安全(比如,陆上运输),另一些虽然利润大,却危险(如海运)。

从交换中产生的第二种主要的致富术是金钱借贷,即通过孳息获取金钱。

第三类是工资收入(比如,雇佣工人的工资收入)。在此有如下区分,某些人是被雇佣来从事低层次技艺的工作,即弄脏身体的技艺(比如厨艺和类似的服务性工作等),其他人则被雇佣来从事无技艺含量的工作,这些工作只对身体有用,并且在这些工作中,也惟有身体才有用(比如,被雇佣来耕种田地或做其他同类事而获得金钱的人)。

第四类处于通过交换的致富术和致富术的原初类型(即必要类型)之间,即从矿藏和地下的金属中获益。这种致富术与其他两种致富术有相同之处。它部分与原初类型相同,因为金钱是从土地及其产品中获得的,如同农业只与土地产生的物品有关。它也与通过交换的致富术有相同之处。因为金属不像土地或动物那样,产生一切生活必需品,但这些事物对其他事物是有用的(如建造房屋或制造工具)。第四类具体包含了各种金属,比如金、银、铁等。

4. 接下来,他找出了不对这些事进行彻底规定的理由,他指出,他已一般性地讨论了这些致富术的类型。但对想要获得金钱的人的活动来说,对具体的致富术活动进行细节性的详尽讨论不无裨益,但对放眼更重要的事的人来说,在这类事上长久滞留令人不胜其烦。

5. 接下来他解释了此前有关技艺层次低和毫无技艺可言的活动所说的话,他指出,几乎不包含运气的活动最有技艺含量。我们说,运气在理性预见之外产生事物,技艺则包含着理性的预见。凭借运气的活动不包含技艺(比如,用鱼钩钓鱼等),相反,结果较少受运气影响的活动最有技艺(比如,木匠活和其他手艺活)。对身体污染最甚的活动(比如染工、洗碗工等)包含的技艺水准最低(虽然卑下却是有用的技艺)。而大部分工作都与身体有关而较少涉及理性的活动(比如,脚夫、邮差等)最无创造性。显然,在前述事物中,最粗鄙的活动所需的卓越,无论是在身体上还是在灵魂中,都最少。

6. 接下来他提出了与前述各种致富术有关的各种有用证据。首先,他教导我们从文献中考察这类证据。其次,他教导我们从范例中考察这类证据[见7]。他一开始就指出,有一些贤人在前述事情上有过著述。比如帕里俄斯人加瑞提德和莱姆诺斯人阿波罗多洛都撰写了有关土地垦殖的著作,既谈到如何清理土地种植庄稼,也谈到在地上栽种果树,帕拉迪乌斯也为罗马人撰写过同类著述。其他人就其他各种致富术也撰写过著作。因此,承担此项职责者就应从这些作者们的著述出发更充分地考虑前述事情。

7. 接下来,他通过考察范例提供了证据。首先,他表明了自己的目的。其次,他举出了范例[见8]。他一开始就指出,人们应该既要参考发明了与前述致富术类型有关的技艺的人的著述,也要参看一下获得巨大财富的人的那些零散例子是否在各类故事中得到了讲述。这些例子对千方百计想赚钱的人来说是有用的。

8. 接下来他给出了两个例子[见8,10]。关于第一个例子,他做了两件事。第一,他给出了例子。第二,他表明了它的用途[见9]。关于第一个例子,人们需知,米利都的泰勒斯乃七贤之一,也是第一个研究自然哲学的人(其余六人都娴熟于人事)。他所做的事对于获取金钱提供了有益的思考,但这要归结为他的智慧,而非对金钱的欲望。从他所做的事情中,我们可以懂得有关获得金钱的普遍模式。当人们指责他贫困潦倒,并因此说他的哲学百无一用时,他研究了天象,他擅长于此,获得了有别于常规的结论,即认为在来年橄榄将会获得丰收。由于在前一年中有过一次丰收,而在大多数情形下,在一年之后橄榄的产量将会下降。因此,当冬天橄榄的存量仍有许多时,他还是在两座城邦即米利都和凯俄斯花了少量的钱作为来年丰收的定金,而人们认为来年未必有好收成。因此,当橄榄的丰年来临,许多人突然同时蜂拥而至,想要购买橄榄时,他就可以随心所欲地要价。他收罗了大量金钱,并且表明哲人们想要致富轻而易举,只要他们愿意这样做,然而他们对此并不热衷。泰勒斯借此表明了自己的智慧。

9. 接下来,亚里士多德表明,为何这类例子对致富术有用,他指出,倘若有人能形成垄断(即唯一的卖方市场),将极有利赚钱,即在城邦中,只有一位卖家出卖商品(在此,偏离了polis这个词的含义,这个词在希腊文中指城邦,当元音变位时,可在其中之一那里发现monopoly[垄断]一词的词源)。由于极利于赚钱,因而亟需金钱的城邦就形成垄断,成为唯一以出卖盐或此类物品为主的城邦。

10. 接下来他给出了第二个例子。首先,他描述了过去做过的一件事。其次,他表明,这个例子和第一个例子一样回到了同一件事上。他一开始就指出,在西西里有一个人,身上有一笔存款,同时从造铁厂买进全部的铁。当商人们购买铁时,他成为唯一的卖家,但为了迅速脱手,他并未叫出过高的价格。即便如此,他还是从50塔伦特的投资中获得了100个塔伦特。叙拉古的僭主狄奥尼修斯认为此人太过富有,因而命令他离开叙拉古,但允许他带走所获的金钱。因为正如亚里士多德在后面所说的①,僭主们认为某些公民有过多的财富不利于自己的统治。

11. 接下来他表明,这个例子同先前的例子一样都回到了同一件事上。不论是那位西西里人,还是哲人泰勒斯,所想的都是相同的事,即实行垄断。大多数城邦,也像各家族一样,需要获取金钱,并且所需金钱尤甚,因为需要更多物品,因此垄断对政治家来说也好处多多。有些政治家在公共财政中似乎是一门心思地想赚钱。

---

① 《政治学》,V,II(1313b18 – 19)。

第十章　家庭

文本（1259a37－1260a36）

1. 因此，家政管理包含三部分。其一是权威性管理，对此前文已有所论及；其二是家父的管理；其三是婚姻性管理。还有一种针对作为自由人的妻子和儿女的统治，但方式有别。针对妻子的统治是政治性的，针对子女的统治则是君主性的。除非有某种明显违背自然的事情，否则根据自然男性较女性更适于做统治者，并且，年长者和心智成熟者较年轻人和心智尚未成熟者根据自然要更适于做统治者。

2. 在政治统治中，统治者与服从者的身份很大程度上是轮流的。政治统治根据自然着眼于平等，公民之间不存在差异。但倘若一人统治，其他人就应当作臣民，这类政体想要在形象、说话方式和名位上造出差异来，就像阿玛西斯谈到的关于脚盆的说话方式一样。男女之间也以这种方式相关联。

3. 针对子女的统治是君主式的。父亲既因慈爱也因年长而成为统治者，这是君主式的统治。这也就是为何荷马恰如其分地称宙斯为"众神和万民之父"，称统治他们的王为全体的"父"的原因。王根据自然异于臣民，但在种类上与臣民相同。年长者同年幼者，父亲与子女之间亦如此。

4. 很显然，家政管理者重人事而不重物质财富，重人的德性而不重我们称为财富的物品，重自由人而不重奴隶。

5. 人们首先会问，奴隶们是否拥有其他更高贵的德性（比如节制、勇敢、公正以及此类习惯），而不只是拥有作为工具和奴仆的德性,抑或他们在身体的服役之外便一无所有？对这两个问题的回答都有疑问。如若有这样的德性,则在奴隶与自由人之间还有何差异？如果没有这样的德性,又将不合时宜,因为他们也是人,也享有理性。

6. 对妻子和儿女们来说,也有同样的问题,他们是否拥有德性,妻子是否应该节制、勇敢且公正,孩子们是否也要节制？我们必须对臣民和统治者的自然做一般性考察,看看是否有相同或相异的德性。倘若两者都需共享高贵的品质,为何一方总是统治,另一方总是服从是必然的？他们之间不可能是程度上的差异,因为成为臣民和成为统治者是种类上的差异,而不是程度上的差异。如果一方需要拥有德性,另一方不需拥有,这也十分离奇。倘若统治者不能做到自制和公正,又如何实现良好的统治？如果臣民们离德,他们又如何做好臣民？不能自制且胆小怯懦的人,不能履行自己的义务。

7. 因此,两者显然能分享德性,但彼此不同,正如根据自然做服从者的人们之间也存在差异一样,这将在涉及灵魂的方面得到直接展示。某些事物根据自然统治,另一些东西根据自然臣服,是在情理之中。我们于是指出,这些事物的能力(理性和非理性的能力)之间有差别,其他事物中显然也存在相同关系。许多事物根据自然统治和被统治。比如,自由人以某种方式统治奴隶,男人以另一种方式统治女人,父亲统治子女则采取其他方式。灵魂的各部分以不同的方式出现在这些统治中。奴隶完全不能思考,女人尽管能思考但能力弱,儿童们的思考不完全。我们认为,在与道德德性有关的方面,相同结论必然也正确,即就德性对每个人做适合的工作是必要的而言,所有人都需共享这些道德德性,但方式不同。统治者需要具有完备的道德德性,因为其工作完全是大匠师的工作,理性即是这位大匠师,①其他人则要在统治者授权的程度上享有道德

---

① [中译按]master builder,在此从吴译本,译为"大匠师",参见吴译本第40页。

德性。因此，很明显，道德德性属于前述所有人，而正如苏格拉底认为的，男女的节制、勇敢和公正彼此有别。男人的勇敢在于统治，女人的勇敢在于服从。在其他道德德性方面，也有同样的关系。

8. 这一点显而易见。倘若我们更详细地考察这些事实，这一点将会更清晰。一般性地讨论拥有善的灵魂、有德地或者正当行为以及诸如此类的人不过自欺欺人。像高尔吉亚那样罗列各种德性的人，所说的东西要比一般性地界说德性的人说出来的东西恰当得多。因此，在各种情形下，人们需要把握诗人们有关女性的说辞，即娴静是女子的本分，而不是男子的本分。由于儿童尚未成熟，其德性显然在与其目的及其教师的关系中属于他，而不与其自身相关。同样，奴隶的德性只与主人有关，我们已指出，奴隶对必需品是有用的。因此，奴隶显然只需要较少德性，只限于不要使他因放纵或怯懦无法胜任工作便可。

疏　证

1. 亚里士多德在对主奴的结合进行规定，并补充了有关获得财产的一般性讨论之后，在此他对此前提及的[对观第 2 章，第 2 节]其他两种家庭联合进行了规定，即对夫妻、父子之间的联合进行了规定。这个讨论分两部分，首先，他对与此种联合有关的事做了规定。其次，他找了一些理由，不对这些联合进行更勤勉的考察[对观第 11 章，第 4 节]。关于前者，他又做了两件事。第一，他对前述联合进行了规定，将它同其他统治形式联系起来。第二，关于所有这些统治方式，他提出了一个一般性的问题[见 5]。在第一点上，他做了两件事，(1)他指出了前述联合同其他统治形式之间的关系。(2)他对这一关系予以了澄清[见 2]。(3)他表明家政管理更关注此种联合[见 4]。因此，他一开始就指出，他在先前已讲过，家政管理(即家庭治理)有三个部分，分别对应前述三种联合[对观第

2章,第2节]。他已对其中之一,即权威性联合进行了讨论,这种联合属于主人和奴隶[对观第2章,第4节;第5章,第7节]。而关于第二类(即父子性的,属于父亲与孩子之间的联合)和第三类(即婚姻性的,属于丈夫和妻子之间的联合)仍有待讨论。

关于这些联合他说了三件事。第一,他指出,在每一种联合中都存在优先秩序,抑或存在支配性权力。丈夫支配妻子,父亲支配孩子,但他们是作为自由人,而非作为奴隶(被支配)。正因此,这两类统治有别于权威性统治。第二,他认为,这两种联合不属于同一类。毋宁说,丈夫以政治形式的统治支配妻子(就像某人被选出来统治和管理城邦一样),但父亲管理儿子采取的是君主形式的统治。之所以如此,是因为父亲对儿子们享有全权,正如王在王国中享有全权,但丈夫对妻子享有权力只限于婚姻礼法规定的范围,而非对一切事务享有全权。类似地,城邦的统治者也根据城邦的礼法享有对公民们的权力。第三,他表明这两种形式的统治合于自然,正如他此前所说的[对观第3章,第2－3节],在自然之中,卓异者总是统治者。除非有违背自然的事情发生(比如充满女儿气的男子),否则雄性根据自然要优于雌性。类似地,父亲根据自然也优于儿子,就如年长者优于年幼者,心智健全者优于不健全者,因而也就有男人统治女人,父亲统治儿子。

2. 接下来,他阐明了前述关系:首先是婚姻性统治与政治统治之间的关系,其次是父子性统治与王治之间的关系[见3]。关于两者的差异,他首先揭示了婚姻性统治与政治性统治之间的关系。在政治统治中,统治者与被统治者是轮换的,在某一年担任公职的人在来年则是臣民。之所以如此,是因为在根据自然是平等的人之间,这种统治是正当的。他们根据自然并无差异。在一人统治的时期,其他人则是臣民,但各人的聪明才智会增加差异。这些与外表(包含明显的外部特征)、说话方式(因公职者掌权,人们就不能像往常那样同他讲话)和名位(即公民们向掌权者表示他们先前未曾表示的尊敬)有关。如此,诗人阿玛西斯才说到那只脚盆。这只脚盆,如果从上面镌刻有明显的符号,并从赋予它的另外两项特征来看,与城邦中的统治者无异。很明显,政治统治因人而异,但在丈夫对妻子的统治中,这种情况却不会发生,因为男人不会变成女人,女人也不会变成男人。他们永远是男人和女人。

3. 接下来,他将父权式的统治形式同君主式的统治形式关联起来,因为它们之间存在相似性。他指出,父亲对孩子(即儿子们)的统治是君主式的。在此种统治形式中,我们注意到两件事,即父亲对儿子有统治权既因为爱,他出于自然便爱护他们,也因为年龄,他们在年龄上相对于孩子们仿佛有一种自然特权。在这一方面,它是(或者类似于)一种君主式的统治。如此荷马才称宙斯(即至上之神)为"人与众神之父"(即他们全体的王,这里的全体不仅包含全体人类,还包含他称为众神的高级实体)。永远统治和在一切事情中享有全权的王,根据自然必然有别于处在他的善的宽大之下的臣民。尽管如此,王也必然与臣民同属一类人,至少对人王是如此,倘若王与其臣民同属一个部族就更好。这就是年长者同年幼者之间的关系,是生亲和后代的关系,因此,年长者和生亲在年龄上享有自然特权。如此,王根据自然必然异于常人。正如亚里士多德在后文所说的,倘若他在自然的善上品质欠佳,他总是全权统治与他平等的人就不会公正。① 因此,自然的差异就将王的统治与政治统治区别开来,后者根据自然是存在于平等者之间的。爱区别了王的统治与僭政,后者只为自己的便利,而非出于对臣民的爱而统治。

4. 接下来亚里士多德推论得出,家政管理者的主要目的只在于这两种联合而不关涉其他。家政管理者需在人的方面尽力而不是获取无生命的事物(譬如小麦、酒等等),他应一心一意地追求人们借此就过得好的德性,而不是追求能够取得和增益财产(这是财富一词的本义所在)的德性。类似地,他应热切追求自由人的德性,而非追求奴隶的德性。对此可给出如下理由,每一物的主要意图都

---

① 《政治学》,III,16(1287b41 – 1288a2)

关乎其目的,有人将满足人类的利益作为无生命事物的目的,奴隶则将服侍自由人作为自身之目的。

5. 接下来,由于他此前提及自由人和奴隶的德性,他就提出了与此有关的一个问题。在此方面,他做了三件事。第一,他提出了问题。第二,他回答了问题[见7]。第三,基于这一回答,他提出了进一步的问题。关于第一点,他做了两件事。首先,他提出了有关主人和奴隶的问题。其次,就其他统治类型,他也提出了问题[见6]。他一开始就指出,关于奴隶存在一个难题。很明显,奴隶应具有一种工具性和从属性的德性,即奴隶可以借此懂得并遵从主人的命令和服侍他们的德性。诚如他此前所说,存在服侍他人的各类知识[对观第5章,第4节]。但问题在于,在德性之外,是否存在其他更适合奴隶的德性(如道德上节制、勇气、公正等),抑或对奴隶来说,没有任何其他德性,只有属于体力劳动的德性。他指出,问题的两方面都存在问题。一方面,如果这种德性不仅属于奴隶,而且属于自由人,奴隶似乎就与自由人没有区别。另一方面,如果说奴隶也有理性,那么说他们不应该拥有根据理性而活的德性,就不恰当。

6. 接下来他针对其他统治类型也提出了同样的问题,指出,人们既可以针对妻子和孩子提问,是否妻子和孩子需要自制、勇敢和公正,也可针对奴隶这样问。人们亦可一般性地针对任何统治类型发问,统治者与臣民是否有相同的德性。他对问题的两方面都提出了反对意见。一方面,如果统治者与被统治者需共享高贵品质(即道德上的善),则某人应该成为臣民,另外的人总是统治者(终其一生地统治),就没有任何理由(但倘若统治与被统治是轮流的,正如在政治性统治中所发生的,情形就不同)。我们也不能说,统治者与服从者的德性在程度上有区别,因为程度不能区分种类。毋宁是,统治与成为臣民在种类上有区别。如此似乎不足以解释统治者与臣民的差异,即一方较另一方有更多德性。另一方面,如果我们说一方需要德性,另一方不需要德性,也会导致不合理的东西。倘若统治者不能做到自制和公正,就不能实施良好的统治。如果臣民缺乏这些德行，就不能成为好臣民，由于缺乏自制或由于胆怯，他总是难以履行自己的义务，不能成为好臣民。

7. 接下来，他回答了那个正在考察的问题。第一，他给出了一个一般性的回答。第二，他给出了具体的答案［见8］。他一开始就从一方所给出的论证中推出，不仅统治者，而且臣民都应共享德性，否则前者就不能实行良好的统治，后者也无法成为好臣民。然而，两者之中存在的德性在种类上有差异，他通过根据自然服从其他事物的事物揭示了这一点。他给出了有关灵魂各部分的例证，其中之一根据自然是被统治的，即非理性的部分，是一种狂躁的和充满肉欲的力量。我们认为，每个部分都有其德性，但种类不同，理性部分的德性是审慎，非理性部分的德性则包含节制、勇敢等。很显然其他根据自然统治和被统治的事物都以同样的方式相关联。由于不同事物根据自然存在区别，因此根据自然就存在统治与被统治的各种事物。正如他此前所说的，自由人以某种方式支配奴隶，而男人对女人、父亲对孩子的支配则采取其他方式［对观第1-3节］。前述提到的灵魂部分在这些情形中都出现了。因此，属于这个部分的德性也就出现在这些情形中，只在方式上有不同。

他首先是在与灵魂的理性部分相关的方面揭示这一点的，思考属于这个部分。奴隶自身并不对行动进行思考。我们凭自身的能力来思考事物，奴隶的活动受制于主人，而不受自身能力支配。如此，他们就不具备自由的思考力。尽管女人是自由的，有思考能力，但这种能力较弱。这是由于她们本性柔弱，不容易坚持自己所做的决定，她们的理性往往因特定情感（譬如欲望、愤怒、恐惧等）而容易偏离它们。儿童们有思考，却不充分。之所以能充分地思考，是因为能完备地运用理性，人们在思考中才能发现应关注的具体事物。如此，他们就以不同的方式获得了理性的内容。

类似地，我们应当思考与道德德性有关的事务，所有人都有道德上的德性，只是方式不同。每个人在对自身是必要的程度上拥有它们。因此，不管是针对城邦来统治，还是针对奴隶、妻子或者儿女来统治,统治者都要有完备的道德德性。因为他的工作完全是大匠师(即首席匠师)的工作。正如首席匠师指导和要求从事体力活的帮手一样,统治者也指导其臣民。如此,他就有理性的职责,他就如同首席匠师,同灵魂中的最低层次的部分相关联。如此,统治者就要有完备的理性,但做臣民的人,每个人拥有的理性和德性只有统治者传递给他们的那么多(他们所需的理性和德性,只要能用于通过履行统治者的命令服从其指导就足够了)。如此就很清楚,道德上的德性,如节制、勇敢与公正都属于前述所有臣民。

但正如苏格拉底认为的,男人、女人和其他臣民不能拥有相同的德性。男人的勇敢在命令,任何恐惧都不能阻挡他们去要求应做之事,女人和其他臣民则需有从属的勇敢,即不能因恐惧而不履行义务。同样,军队领帅的勇敢也不同于士兵的勇敢。对与统治者的统治和臣民的服从有关的其他德性来说,这些说法也成立。这就阐明了德性间的差异不是由于程度,而是由于理性在某些方面所造成的。

8. 接下来他更详尽地揭示了此前说过的内容。他宣称,他所说的东西对希望更详尽地思考事情的人们来说要更清晰。那些希望只是一般性地讨论人类行动的人不过是自欺欺人,因为他们无法充分获得真理。比如,倘若个体只满足于懂得德性能正当地支配灵魂或作为人类正确行动的方式,抑或只懂得此类事,而不希望懂得有关德性的更多内容,则他们便是自欺欺人。他们有的只是关于德性的不完备且无用的知识。对于能具体列举各种德性的人,如高尔吉亚来说,他所说的东西要远远地超过只是泛论德性的人。之所以如此,是因行动与个别事物有关。因此,我们就需详尽地考察属于各种行动的事。

有诗人在谈及女人时,说到了属于她们德性的某些事,我们在一切事情方面也应如是思考。娴静是女子的品质和价值,是从女子应有的端庄中产生的。娴静却不是男子的气质。但只要合适,人们也会说它是男子的品质。圣·保罗在《哥林多前书》14:34–5 中告诫妇女们,在集会中应当缄默,若愿意学什么,可在家里问丈夫。由于儿童尚未成熟,他们的德行就与自身无关(不受自身理性支配),而是被安排去适合于他的正当目的,并听从他们的导师即教师们的教诲。《德训篇》30:11 中的贤人说,"在他年轻时,不要让他放任自由;对他的过失,不可忽略不顾"。① 类似地,奴隶的德行与主人相关。亚里士多德此前说,奴隶对生活必需品是有用的[对观第 2 章],而由于无节制的欲求或胆怯,奴隶只需较少的德行,俾使其能履行义务。

---

① 此句按英文译为"不要在你的孩子年轻时便交予权力,也毋轻信他"。

第十一章　匠师

文本(1260a36 – b24)

1. 倘若我所说的关于奴隶的话句句属实,就必有人问,是否匠师们也要有德性,由于缺乏自制,他们通常不能尽其本分。

2. 但在两种情形之间有巨大差异。奴隶也参加家政生活,但匠师们同家政生活关系却较远。只有在他们提供服务时才产生德行。普通手艺人从事的是某种苦役,奴隶们根据自然要从事苦役,但鞋匠和其他匠师们却不是如此。

3. 显然,主人应该为奴隶产生这种德行,而不仅是作为主人教育他们恪尽职守。① 因此,人们错误地谈到有人剥夺了奴隶的理智,②并宣称主人只应发号施令。较之儿童,奴隶更应接受训导。我们已通过这种方式对上述事情进行了规定。

4. 关于丈夫与妻子的德性,父亲与孩子的德性,他们的道德交往,什么正当、什么不正当,个体如何趋善避恶,这些问题都需要在与政体相关的内容中加以考察。

---

① [中译按]颜-秦译本中说"显而易见,主人应当成为奴隶的这种德性的根由,而不仅仅只是具有训练奴隶劳作的技巧"。吴译本中则译为:"于是,这里已经可以明白,作为家庭的一位主人,他的责任就不仅在于役使群奴从事各种劳务,他还得教导群奴,培养他们应有的品德。"

② [中译按]颜-秦译本中说"禁止人们和奴隶交谈",而吴译本中则译为:"不必同他们空谈理智。"

第十一章 匠师 87

5. 由于家庭是城邦的部分,这些事情就属于家政。我们应该在与属于整体的德性的关系中思考属于部分的德性。倘若儿童和女人有德性,能给城邦带来改变,就有必要在政体方面教导他们。这样做是必然的,因为女人占了自由人的半数,孩子们终将成为未来的政体管理者。

6. 由于我们已经讨论了这些内容,其余内容将在他处讨论。因此不妨将上述讨论置于一旁,仿佛它们已告完成,接下来让我们开启全新的讨论,首先考察其他人关于最佳政体的观点。

疏　证

1. 在回答前述问题之后,亚里士多德提出了另一个问题,这个问题是从前述问题的答案中产生的。关于这个新问题,他做了三件事。第一,他提出了问题。第二,他回答了这个问题[见2]。第三,他从答案出发进行了推论[见3]。因此,这里就存在一个与他此前说过的内容有关的问题[对观第10章,第5-8节],奴隶们确应具有某种德性,以防止因缺乏自制力或出于胆怯不能尽其本分,类似论证表明,为了成为好匠师,匠师们也要具备某些德性。因为通常会发生这种事,由于缺乏自制力或其他缺陷(比如,为其他事吸引时,会不知不觉松弛涣散),匠师们在工作中造成了具有某些缺陷的事物。

2. 接下来他回答了正在讨论的问题,他指出,奴隶和匠师有很大差异。他通过两项论证揭示了这一点。首先是因为,在家庭生活中,奴隶们同主人们共享某些东西(即作为奴隶参与家庭交往)。他此前说,奴隶在活动中(如人际交往中)是工具[对观第2章,第9节]。因为在人类交往中,道德德性能使人类获得完善。为了成就善,奴隶需要共享某些道德德性。但匠师是远离人类交往的,他们的活动本身与人工制品有关,我们称这些人工制品为制造物,而非在人际关系中形成的物。我们称某人为好匠师(如好铁匠),因为他懂得如何打制优良的小刀,即便他在运用自身的技艺时心怀不轨或疏忽大意,但他在工作中投入的德性与在人际交往中提供的服务一样多。比如我们看到,那些手艺人,比如普通手艺人(如雇来的厨师),当被安排做特定工作或完成特定工作时,都能提供一种特定的服务。在此方面,为了在工作中有好的表现,他们也需要有道德上的德性。

他提出了第二项论证。奴隶是本于自然的,此前他已证明,某些人根据自然为奴[对观第 3 章]。然而,鞋匠或手艺人并非根据自然为奴,相反,理性发明了一切技艺。德性与我们身上源于自然的东西有关,正如亚里士多德在《伦理学》中说,我们对德性有一种自然倾向。① 因此很显然,为了成为好奴隶,而非成为好匠师,须有某种道德德性。

3. 接下来他从前述内容中推出了一个结论。他曾指出,为何奴隶需要有德性[对观第 10 章,第 5 - 8 节]。对德性有自然倾向的人,需要通过统治他们的人的热忱获得德性。比如,他在《伦理学》中说,立法者应使公民成为有德的人。② 因此,很显然,主人应该通过教导奴隶如何行动,通过在行动不当时惩罚,在行动正当时奖赏,产生奴隶们想要成就善必须要有的德性。但却不能说,主人也应精通某门技艺(教育奴隶做好奴仆工作,如厨艺等方面的技艺性知识)。然而,主人应教导奴隶们如何自制、谦逊、忍耐等。因此,声称主人们只需对奴隶发号施令而非教他们运用理性的人的看法是错误的。较之年幼的儿子们,奴隶更应接受训导,因为儿童尚未达到可教的年龄。如此我们就对这类事情进行了规定。

4. 接下来他就为自己不对两类联合进行更勤勉的考察做了辩解。在这个问题上,他做了三件事。首先,他解释了为何要如此。

---

① 《伦理学》,II,1(1103a23 - 26)。
② 《伦理学》,II,1(1103b2 - 6)。

其次,他为此前所讲的内容找到了理由[见5]。最后,他将前述内容与即将谈到的内容关联起来[见6]。他一开始就指出,关于在政体问题上(即与城邦有关的问题上)应探讨的事,我们应关注丈夫和妻子、父亲和儿子的德性,关注他们的沟通或交往以及在此过程中的是与非,关注如何扬善避恶。但在讨论政体之前,在此还无法对这些内容进行规定。

5. 接下来,他给出了两项论证,说明为何需要规定前述有关政体的内容。首先是因为,必须在部分与整体的关系中考查部分的性情(如在与房屋的关系中考察地基的属性)。但家庭属于城邦,父亲与儿子、丈夫与妻子的联合是城邦的主要部分。因此需要在与政体的关系中考察儿童与女人应如何接受教育。

他提出了第二项论证。我们要在政体中考察因其性情造成了城邦中不同的善的事物。这就意味着要教育儿童和妇女,关注何种教育对两者是善。女人构成了城邦中自由人的半数,男孩将要成年,终将成为城邦管理者。因此,应对儿童和女人在各种政体中的教育加以规定。

6. 接下来,他就将过去说过的内容同将要说的内容联系起来,宣称已对前者进行了规定,并宣称他要在其他地方(即在接下来)讨论余下的问题,这些问题属于政体问题。眼下我们应将属于家政管理的讨论放在一边,仿佛已告完成,并考察其他人关于最佳政体的意见,开始全新的讨论。

至此第一卷就宣告终结。

卷二

第一章　政治统一

文本（1260b27 – 1261b15）

1. 我们希望考察一种城邦，一种最好的城邦，它万事俱备，人皆可尽可能地根据自己的选择来生活。因此，需要考察各种不同的政体，它们据说是受法律良好统治的城邦所采用的，也要考察是否存在其他思想家所说的和被认为有良好安排的政体。之所以这样做，是为了使有着正当安排和有用的政体变得一目了然。

2. 不要使人认为，在这些政体之外寻求更多的东西只是体现了我们的才智，相反，要使他们理解，之所以采取此种方法，是因为既存的任何政体都未曾得到正当的安排。

3. 首先，我们应该从自然赋予我们作为推理来源的事物开始。因为，全体公民必然地要么共有一切，要么什么都不共有，抑或只共有某些东西。

4. 他们显然必然要共有某些东西。因为城邦是一种共有物。公民们需要首先共有城邦的疆域，因为城邦要位于某个地方，这个地方就属于这个城邦。公民们则是属于城邦的人。

5. 但在有良好秩序的城邦中，公民们是共有一切能共有的东西好，还是只共有某些东西好？例如柏拉图在《王制》中指出，公民们可以彼此共妻、共子和共有财产。苏格拉底在那里说，应该共有孩子、妻子和财产。因此，不妨问一问，是根据我们眼下的制度来行动好，还是遵守《王制》中所规定的礼法体系来行动好？

6. 关于共妻的建议产生了各种难题，苏格拉底说这个体系应被确立为城邦的法律,但从他的论证来看,并不清楚为何他要这样说。并且,就他在对话中所说的应隶属于城邦的目的而言,这个建议也不可行。他并没有就如何共妻的问题做任何规定。

7. 我认为,最好是使每个城邦尽可能地统一,因为苏格拉底预设了这一点。

8. 很明显,逐步地变得越来越统一的城邦将不再是城邦。城邦出于自然是由许多人构成,而它越是统一,就越会成为一个家庭,家庭越是统一,就越会成为个人。可以肯定地讲,家庭较城邦要统一,个体较家庭要统一。因此,如若有人能做到这一点,他也不能这样做,因为这将使城邦倾覆。城邦由许多人和各种人构成,而非由相同的人构成。在军事联盟和城邦之间也存在差别。前者在数量上有利,但它提供的却是同一类援助。军事联盟根据自然适合于提供军事援助,以较强的力量战胜较弱的力量。城邦也不同于部落,在部落中,人们不需要再划分为各个村庄,而是像阿卡狄亚人那样生活。然而,有必要从各类事物中形成统一的事物。因此,就如我在《伦理学》中所说,各个不同部分之间存在的同等的相互性使城邦得到维持,即便对自由且平等的人来说,这一点也必然。

9. 不可能所有人同时统治。相反,他们必须通过每年的接任或某种其他的轮流或一定期限的接任实现这一点。由此就会产生所有人共享统治权的情形,就如制鞋匠或木匠要改变职业,而不总是制鞋匠和木匠一样。与城邦相关的事情最好也这样安排,很显然,只要有可能,就由同一群人来执政。但在根据自然无法做到这一点的人之间,由于所有人出于自然平等,所有人共享统治权力就公正,无论这种统治是好是坏,这是出于对理想统治的模仿,即因为平等者之间轮流地让出官职,就好像他们在一开始时那般平等。某些人统治,另一些人做臣民,两者仿佛是不同种类的人。而统治者根据同样的方式也彼此不同,因为不同的人执掌不同的职位。由此可以看出,城邦实现这种程度的统一(就如有人主张的)根据自然并不恰当。所谓城邦的至善不过是它的毁灭,而事物的至善原本能保存自身。

10. 况且,从其他角度看,过度追求城邦的统一显然并非好事。因为家庭较个体自足,城邦较家庭自足。当形成能使所有人自足的联合时,便产生了城邦。如果程度较高的自足较程度较低的自足更值得追求,则程度较低的统一就较程度较高的统一更值得追求。

疏　证

1. 在第一卷中对家庭事务(它们也是属于城邦的要素)进行规定之后,在此,亚里士多德开始运用他在第一卷末尾[见第一卷,第11章,第6节]和《伦理学》末尾①提到的方法对城邦自身进行考察。首先,他叙述了其他人给出的有关城邦的意见。其次,在第三卷开始[见第三卷,第1章],他开始根据自己的观点对这些事务进行规定。在前一方面,他做了两件事。第一,他叙述了自身的目标。第二,他实现了这个目标[对观3]。于前者,他又做了两件事。首先,他叙述了自己的目标。其次,他为此做了一个申辩[对观2]。

他一开始便指出,他的主要目的是考察政治联合,搞懂哪种模式的政治交往最好,如何获得人类根据自身选择过能最大限度地获得满足的生活所需的事物。为了实现这一点,我们需要考察其他人讨论过的城邦政体(即政制),这些政体中,有些在特定城邦中获得了运用,人们因其法律能实现针对他们的良好治理而称颂它们。另一些政体是某些哲人或贤人讨论过的,它们似乎得到了良好安排。为了澄清在社会交往和城邦政体中何物正当和有益,我们就需对此进行考察,因为,对观不同的政体就能清晰地发现何种政体最佳,最能带来益处。

我们必须留意,他说,人们根据自身选择(即根据他们的意愿)

---

① 《伦理学》,x,16(1180b28 – 1181b24)。

过能获得最大限度地满足的生活属于最佳政体。这是因为人类的意志主要与人类生活的目的相关,政治交往指向的就是这一目的。由于人类通过各种方式来思考人类生活的目的,他们也通过不同方式来思考城邦的交往。在将快乐、权力或名位作为人类生活目的的个体看来,安排得最好的城邦是人类能快乐地生活、获得大量金钱和赢得极大尊荣或统治众人的城邦。但另一些个体则将世俗生活的目的设定为作为德性之酬报的善,他们认为安排最好的城邦是人类能获得最大程度的和平和符合德性的城邦。因此如下说法绝对真实,即在每个人看来,安排最好的城邦是在其中人们能过上自己所选择的生活。

类似地,我们也要注意,他声称将考察那些具有优良统治的政体,并且,将考察贤人们讨论过的城邦政体,以及看起来安排得好的政体。之所以这样做,是为了发现真理,对可行的事进行考察总要比考察明显错误的事收获的东西要多。

2. 接下来,他为自己的目的做了申辩。他指出,要想在他人讨论的东西之外寻找与政体相关的内容,无需从想要做出明智论证的意图开始(即表明某人有智慧),相反,人们之所以要这么做,是因为他人所讨论的事情并未得到很好的考虑。

3. 接下来,他通过探究他人有关城邦政体的言辞实现了自己的目的。首先,他揭示了不同思想家讨论过的各种不同的政体。其次,他揭示了关心此类事件的人是哪些人,属于何种类型[对观第17章]。第一部分根据他此前所涉及的差异而分为两部分:(一)讲述贤人讨论过的城邦政体,(二)讲述在特定的运行良好的城邦中所能观察到的政体[对观第13章]。对于(一)的讨论又分为三部分:第一,他讲述了苏格拉底及其弟子柏拉图(正是他将苏格拉底引入了他的对话中)讨论过的城邦政制。第二,他讲述了一个叫法勒亚斯的人讨论过的城邦政体[对观第8章]。第三,他叙述了希波达莫斯的政体[对观第10章]。在第一部分,他又做了两件事。首先,他完备地讨论了柏拉图所谓的对城邦最有利的政体。其次,他考察了柏拉图有关其他事的教导[见第 6 章]。关于前者,他做了三件事:(一)他提出了一个三方问题,(二)他排除了其中的一方[见 4],(三)他考察了其余两方[见 5]。

他一开始就指出,我们应该从出于城邦自然的事开始讨论,就城邦作为联合而言,必须首先考察是否全体公民应共有一切,还是无物可以共有,抑或只共有某些事物。

4. 接下来他就将一方排除,因为不可能说公民什么都不共有。他通过两种方式证明这一点,首先,城邦包含某种共有。说公民们什么都不共有,有悖于城邦的自然。其次,一切公民显然至少必须共享城邦的疆域,每个城邦都有疆域。我们将同一城邦中联合起来的人称为同胞,他们共享城邦的疆域。

5. 接下来他质疑了其他两个部分,即正当整合起来的城邦究竟是共有任何人可能共有的一切东西好,还是只共有这些东西的一部分好。有些事物不能共有(比如个体拥有的一切事物,如身体的各部分)。但正如柏拉图在《王制》中教导的,公民们可同他人共子、共妻和共享财产。① 苏格拉底指出,最好的城邦应该是全体公民共有财产和共妻的城邦。也就是说,是全体男人同全体女人不分彼此地发生关系的城邦。如此,儿子们就属于共有,因为孩子们的父亲不确定。苏格拉底在《蒂迈欧篇》中谈到了这个话题。② 因此,我们应该探究,究竟是确立眼下存在的这种政治生活好,还是确立《王制》中描述的那种礼法好。

6. 接下来,他讨论了前述问题。首先揭示了前述有关共妻与共有财产的立场不适当。其次,他也揭示了这些立场不充分[对观第 5 章]。关于前者,他做了三件事。第一,他反对苏格拉底关于共妻与共子的法律。第二,他反对有关共有财产的法律[对观第 4 章,第 1 - 7 节]。第三,他一般性地反驳了苏格拉底有关两者的礼法

---

① 《王制》,V。
② 《蒂迈欧篇》,17C - 19B。

[对观第4章,第8—10节]。关于第一点,他做了两件事。首先,他揭示了表明苏格拉底关于共妻立场的那些不适当的内容。其次,他对这些内容进行了讨论[见7]。关于前者,他又做了四件事:(一)共妻的礼法除了接下来提及的不适当之外,①还面临其他困难。(二)苏格拉底关于通过礼法可以建立这个体系所给的理由并不合理。(三)这种法律不能实现其目的,无法获得苏格拉底想要的那个城邦的好处。(四)苏格拉底并未充分解释自身立场。就共有的事物只能通过特定分配方式才能适用于个体而言,尽管他建立了共妻制度,却并未解释两性关系中妇女们以何种方式分配给男人们。

7. 接下来他讨论了其中的三件事,因为涉及不充分性的第四件具有内在的清晰性。他首先表明,苏格拉底关于这种法律给出的理由不合理。其次,他表明城邦通过此类礼法无法实现苏格拉底追求的目的[对观第2章]。最后,他表明,这类法律面临诸多困难[对观第3章]。关于第一点,他做了两件事。首先,他叙述了苏格拉底关于这些法律所给的理由。其次,他反驳了这些理由[对观第8节]。他一开始就指出,苏格拉底假设了如下原则:即城邦应该尽可能地统一。因此,他希望一切事物,甚至包含妻子儿女都属全体共有,如此公民就会实现最大程度的统一。

8. 为反驳前述理由,接下来他给出了三项论证。关于第一项论证,他指出,很显然城邦的统一可能会超出它应有的规模,以至于不再是城邦。他在此前刚刚指出,城邦根据自然包含有许多人,而人的复多性与统一性相背离。同样,如果城邦超出了本应有的统一程度,就不再是城邦,相反,城邦将成为家庭,而倘若家庭的统一超出了应有的程度,家庭就将成为单个人。没有人会怀疑家庭较城邦具有更大程度的统一,也没有人怀疑个体较家庭具有更大程度的统一。因此,即便有人能使整个城邦的统一性达到家庭中存在的统一

---

① 阿奎那将第6节的第一句话中的"不同的"读作了"其他的",并因此建构了一种全新的范畴。

的程度,他也不能这样做,因为这会导致城邦的倾覆。

但有人可能会说,苏格拉底理解的统一排除了人群的相异性,而未排除人群间的复多性。对此,亚里士多德补充说,城邦不仅应由许多人构成,而且应由不同的人构成(即由条件各异的人构成),城邦不是由在条件方面相同的人组成的。他通过三种方式揭示了这一点:

首先,他表明,城邦不同于集结起来作战的军队,军队之所以发挥作用,只因数量的规模,尽管所有军队都属相同类型。这种众多性构成了一个提供军事援助的统一体。人群的数量越大,(当它想要这样做的时候)产生的力量就越大。因此,相同类型的军人的数量越多,对获取胜利就越有利。

其次,他表明,由于城邦由不同种类的人构成,因此不同于部落。在部落中,成员们不是居住在单独的城邦中或村落中,相反,成员们分开居住。正如阿卡狄亚人那样①。阿卡狄亚是希腊的一个地区,在那里每个人独自生活,每个人都过着平等和相似的生活。

最后,他通过如下事实证明了相同的事,即必然会成就完整事物的事物在种类上有差别。因此,我们就发现,在自然事物中,每一完整的全体是由在种类上不同的部分构成的(比如,人类由骨、肉和神经系统构成)。然而,由属于同一类的各部分构成的全体(比如,空气、水和其他纯粹的物质实体)根据自然是不完整的。因此,很明显,既然城邦是完整的全体,它就需要由种类上不同的部分构成。

因此,亚里士多德在《伦理学》中说,同等的相互性(即对每个人做过的事情给予相同比例的回报)使城邦得到了维持。② 因为在

---

① 阿奎那在此误读了亚里士多德,亚里士多德在此只提到阿卡狄亚人过着联盟的生活,而没有说他们过着孤独的生活。

② 《伦理学》,V8(1132b33)。

自由和同等的人之间,需要这种相互性。正如他在相同地方指出,如果针对个体做过的事没有回报,就会产生某种形式的奴隶制。① 并且,在严格意义上同等的事物中,这种回报(在此他称为相互性)是通过严格意义上的同等获得的,因此每个人所得的就等同于他奉献的,每个人所遭遇的就等同于他所造成的。然而,在成比例的事物中,尽管没有严格意义上的同等,也存在比例平等。比如,造成损害的人地位越卑微,应受的惩罚在比例上也就越严厉,因为攻击具有较高尊严的个体较攻击身份卑微的个体更要受指责。既然由不同的人构成是城邦的自然,则很明显,苏格拉底所认为的城邦要尽最大可能地统一就并非实情。倘若公民间的差异被取消,城邦也就不复存在。而当财产、妻子和儿女属于共有时,这种多元性就被取消了。

9. 他给出了第二项论证,之所以引入这项论证,也是想证明在公民间需要差异。有些人必然是统治者,另一些人必然是臣民,一切人都统治是不可能的。相反,倘若所有人都应该统治,统治就必须采取轮流方式。不论是每个人统治一年或其他固定时间(如一个月或一天)。或是通过其他方式来轮流(比如说,通过抽签来选择统治者)。通过轮流统治,所有人就有可能在不同时间进行统治。这就好比是,倘若个体在城邦中不总是鞋匠或木匠,而是轮流做鞋匠或木匠,所有公民都有可能成为鞋匠和木匠。

然而,他补充说,倘若有可能,城邦最好应这样来安排,即总是由相同的人进行统治。只有在城邦中某些人被认为较其他人更高贵时,这一点才可能,并且最好总是由这些人来统治。但由于所有公民在自然的勤勉与德性方面几乎处于同等水平,因而这是不可能的,这时,由所有人共同来统治才公正,不管这种统治好坏与否。因为在城邦中,由同等者共享共同的利益和负担是正义的。因此,如有可能,所有人同时进行统治就是正义的。然而,既然这一点不可

---

① 《伦理学》,1132b34。

能,使同等的人轮番地彼此服从,和他们在原来一样平等,因而就接近于此种正义。因为当由他们中的某些人统治而由另一些人服从时,得享荣耀的阶层就会在某一方面变得与众人不相同和有差异。同样的,当城邦中的不同公民行使不同权力或履行不同公职时,在同时进行统治的人们之间就会有差异。因此,很显然,在统治者和臣民之间有差异对城邦来说就是必然的,不论这种差异是绝对的,还是只存在于一段时间内。

因此,从前述论证中可以看出,城邦并非(如某些人所说)根据自然便如此统一,以至于一切公民都类似。并且,他们所谓的城邦至善,即最大程度的统一,将会颠覆城邦。因此,程度较高的统一对城邦不是善,因为对事物来说,善的东西要能维持它自身。

10. 他给出了第三项论证,这个论证以另一种方式从前述论证中产生。第一项论证取自对城邦的构成是必要的各个相异部分,第三项论证则取自城邦的目的,即旨在提供充分的人类生活。并且,他指出,他能通过另一种方式证明,人类过分追求统一对城邦绝非好事,因为过度的统一会剥夺人类生活的充足性。因为,很显然,家族或家庭较之个体存在而言,对人类生活而言要更充分。城邦则较家族更充分,每当许多人的联合对人类而言是自足时,城邦就应该存在了。因此,倘若统一程度较低的东西要更自足(如家族相较个体存在,城邦相较家族),则最令人满意的情形显然是,在公民的多样性方面,城邦应具有较低程度的统一性。因为,城邦中的人类越具有多样性,城邦就越能自足。因此苏格拉底关于最好的城邦是最统一的城邦的说法显然是错的。

第二章　共妻、共子与共享财产

文本（1261b16 – 1262a24）

1. 然而，政治联合达到最大程度的统一并非最佳，所有人同时称某一事物为我的或不是我的的事实也无法证明政治联合达到了最大程度的统一（在苏格拉底看来，这是表明城邦完全统一的标志），因为"所有"有两层含义。如果它意指每一个体，也许它就与苏格拉底想要的东西接近。因为每个人都称同一个人为他的儿子，称同一个女人为他的妻子，并且也类似地谈论财产和与他有关的任一事物。然而，共妻和共子的人却不会这样说。相反，所有人都从总体上，而不是以个体为单位，称呼他们的妻子、孩子和财产。称"所有人"显然是误导性的说法，因为像"一切"、"都"、"奇数"以及"偶数"这类词都有双重含义，即便在公共辞令中也会导致有争议的推论。因此，尽管它们在某种意义上值得追求，但所有人谈论相同的内容却是不可能的，在另一种意义上，这样做也不恰当。

2. 与共有物有关的陈述还有另一缺陷，因为许多人共有的东西所得的关照最少，人们对自身的事物总是关切过多，而对共有物不管不顾，除非它们对个体产生影响。为不同所有者共有的事物大多被人们忽视，仿佛责任是由他人来承担的。比如，在家庭服务中，侍从成群不如少数奴隶得力。每个公民都被分配1000个儿子，但这1000个儿子不是单个地属于每个公民的，每个儿子是某个不确定的父亲的可能的儿子。因此，公民们对这些孩子漠不关心。

3. 每个人都会说某个行为端正或不端的公民是自己的儿子，

但实际上,有许多公民根据自然都如此(比如,我的儿子或他人的儿子)。也就是说,他通过这种方式实际上指的是 1000 人中的每个人,抑或城邦中的许多人。但这一点令人怀疑,因为不清楚这个儿子究竟是为谁所生,也不清楚某个出生的儿子是否存活。究竟是 2000 人或 10000 人中的每个人称同一件事物为"我的"好呢,还是像我们眼下城邦中所做的那样运用"我的"这个词好呢?某人眼下称之为儿子的人正是另一个人称之为兄长的人,或是另一个称之为堂兄的人。抑或是某人根据其他关系来称谓的人,不论是根据血缘关系,还是根据姻亲关系及其责任,首先是根据本人婚姻,其次是根据亲属的婚姻。并且,人们称他人为近亲或同宗。在苏格拉底使用的意义上,成为真正的堂兄弟较之成为儿子要好得多。

4. 人们不可避免地会怀疑某人是他们的兄长、孩子、父亲或母亲。因为他们必然要将孩子与双亲的长相相近作为这种关系的证据。对外邦人发表意见的人们曾指出过这一点。比如,上利比亚地区的某些民族过着共妻的生活,却通过孩子们同双亲的长相近似来区分各自的子女。甚至在其他动物中也有某些雌性动物(比如,母马和母牛)出于自然所生的后代酷似生亲,人们称之为"公正之马"的法尔萨罗母马就是这样。

疏　证

1. 在前面部分中,亚里士多德反驳了苏格拉底有关共妻与共子的立法提出的理由,并指出,城邦最大程度的统一并非好事。在此他开始证明,城邦不会因前述礼法实现最大程度的统一,为了提出支持这一点的证据,他提出了四项论证。关于第一项论证,他指出,所有人同时说"这是我的"和"这不是我的"这一事实不能证明城邦实现了最大程度的统一(这不过是为了论证方便,因而假设对城邦来说实现程度最大的统一最有利)。倘若所有事物都应共有,就没有人能说"这是我的",因为关于它,其他人也能说"这是我的"。苏格拉底认为,这是城邦达到完全统一的标志。他认为,城邦中之所以产生冲突是因为各人都关心各自的财产。人类被激励着为不同的事情操劳,因为每个人都谈论不同的事物"这是我的"。但如果所有人都谈论相同的事物"这是我的",他们就会为同一件事操劳。如此,就如苏格拉底所说,城邦便会实现最大程度的统一。

但事实上并非如此。当你说"所有人声称'这是我的'这句话"时,这个命题有双重含义,因为"所有"一词既可以被解释为单个的,也可以解释为总体的。倘若解释为"单个的",意思就是指,每个人都能这样来谈论某物:"这是我的",由此苏格拉底所说的东西就可能是真实的,因为每个人都会爱作为他的儿子的那个人。类似地,也会爱作为他妻子的那个妇人。相同的说法对维持生命的手段(即财产)也成立。但共妻和共子的人们将不会在这个意义上说"这是我的"。相反,所有人都会在总体上讨论这件事,仿佛占有一件共有物,但通过这种方式,就没有人以个体的身份宣称"这是我的"。如果财产能共有,同样的说法也真实,因为财产在此并不被任何个体自身所占有。

因此,当苏格拉底进而宣称"所有人都说:这是我的"这个陈述表明了一种完备的统一性时,很明显,他是在使用智者的推论,因为所有的人和每件事这些术语,即便在公开讲演中(即在公开论辩中)也具有双重含义,这就使这些推论充满争议(即成为智者派的辞令)。比如,如果三个事物为一组,现有两组,我们说两者相加即偶数,如果从整体上看这个陈述,这是对的,因为两组合起来就是偶数。但如果我们单个地来理解,则每一组是奇数。因此,我们就应该说,就所有人是单个地解释而言,所有人说某一事物是属于他们的,这在某种意义上是正确的。但这是不可能的,这种说法有矛盾。因为它既然属于这个人,就不能属于另一个人。如果我们想要从整体上理解所有人,而不是单个地理解这个所有人,就将是不适当的(即对城邦来说是不适当的)。

2. 他给出了第二项论证,并由此表明苏格拉底的说法对城邦无益,而且会带来最大的伤害。我们认为,人们对共同财产给予的关注非常少,所有人都对自己的财产给予最大程度的关注。既然人类不关心共同财产,只关心各自的财产,则所有人从整体上对财产给予的关心就会远少于财产只属于某个人时所给予的关心。当每个人指望他人会做同样的事时,就没有人去做这件事了。比如,在奴隶的工作中可能会发生如下情形,即许多奴隶一起干活时结果反而更糟,谁都指望其他人干活。根据苏格拉底(制定的)礼法,每个公民可能会有 1000 个或更多的儿子,但他对每个儿子给予的照顾可能会比只有一个孩子时给予的照顾要少。然而,如果我们补充说,这 1000 个儿子属于每个公民,但每一个都只是不确定的父亲的可能的儿子,那么,公民们对这些儿子给予的照顾就更少。所有公民都将忽视对孩子们的照顾,这一点对城邦来说极为有害。

3. 他给出了第三个论证,指出,通过这种方式(即根据苏格拉底的立场),每个公民都将会说,根据自然,某物,例如每个行为端正或者不端的公民"是我的"(例如说,"这是我的儿子"或"这是他的儿子"),尽管这样的公民有许多。公民们将以这种方式来谈论 1000 个儿子中的每一个抑或城邦中众多儿子中的每一个。如果公民确切地知道这个人是他的儿子或他人的儿子,他就不会这样讲。如果妻子属于共有,许多男人都可以与同一个女子发生关系,就很难弄清楚儿子属于谁,因为男子不会生育。由于许多儿子都夭折了,也不清楚谁的儿子至今还活着。

因此,我们就应考察,是以这种方式称 2000 个或 1000 个男人中的任何一个是同一个人好呢(例如,他的儿子或堂兄),还是像人们如今在城邦中所做的,称某个年轻人为他的儿子好呢?我们看到,某些公民将他人称为堂兄或其他亲戚(不管这种关系是血亲还是姻亲)的同一个年轻人称作他的儿子,抑或公民们之所以称这个年轻人是他们的儿子,是因为他们最初对这个年轻人有一种责任(比如,作为其监护人或教师),抑或是对属于这些年轻人的东西有一种责任。① 并且,尽管有公民称某人为他的儿子或堂兄,他也会称另一个人为他的堂兄或族人。人们将兄弟的孩子称为堂兄弟,称属同一家族者(即来自城邦的同一群人的后代)为族人。因此,很显然,许多公民都会称同一个人为"他是我的",这既是根据苏格拉底的礼法,也是根据在政治社会中普遍注意到的风习。

透过苏格拉底的礼法,很明显可以看到,许多公民将会称某个人为他们的儿子。在另一方面,在习俗中,不同的公民将会单个地而非整体性地称同一个人为他们的堂兄弟、儿子、兄弟等等。个体视他人为堂兄较个体以苏格拉底的方式将此人视为共同的儿子要更好,或者能更有效地建立友谊和承担责任。因为,正如亚里士多德所说[见2],较爱共同所有物来说,人类更爱和更关注属于自身的物。因此,苏格拉底的礼法对城邦而言显然有害无益。

4. 亚里士多德给出了第四项论证,指出,苏格拉底认为,通过分享共同的妻子儿女,公民们会将他们视为共有,而不再称任何人为自己的儿子或兄弟。但他无法消除人们的猜疑,即认为某些人是他们的兄弟、儿子、父亲或母亲。我们常常发现,儿子和父亲或母亲之间在长相上相似。描写异域风情(即描述各地是如何成为人类的居住地)的作家们报道说,在上利比亚,有些民族有共同的妻子,却通过子女和双亲长相相似来区别各家的孩子。因此,每个男子都认为长得像他的那个人是他的儿子。并且,我们知道,在其他雌性动物中(如在母马和母牛中)也发现了同样的事,它们有一种自然能力,能生育与它们长相近似的雄性后代。例如,据称有一种母马,法尔萨罗地区的人称为忠诚之马,因为它生育的后代与它们长相酷似。

因此,苏格拉底通过他认为应该制定的有关共妻和共子的法律,显然无法使人类彼此之间不产生任何私人关系。

---

① 在阿奎那看来,亚里士多德文本中提到的责任乃是不同于婚姻关系的某种关系。

第三章　共妻与共子

文本(1262a24 – 1262b36)

1. 对建立此种共同体的人们来说,要想避免某些错误(如袭击他人、故意或并非故意地杀人、争执与侮辱他人)是不容易的。这些行径在针对父亲、母亲或近亲时较在针对关系较远的人们时更不适当。并且,人们在不知道他们的关系时较之他们在知道其关系时,上述事情就必然会更经常地发生。关于它,后者还能通过习俗做出抵偿①,前者则无法做到这一点。

2. 同样不适当的是,苏格拉底在使儿子们共有时,禁止情人间发生性关系,却不禁止父子间有爱的行为或其他性关系(这是最不体面的),也不禁止兄弟间有爱的行为或其他性关系(在这种关系中,哪怕仅有爱也是不当的)。只因在这种关系中有强烈的愉悦,而禁止情人们之间的性的关系,而当情人们是父子或兄弟时,则不加禁止,这种做法亦属不当。

3. 较之城邦的卫士们拥有共同的妻子和孩子来说,农人们拥

---

① 原文为 Customery expiations,阿奎那在后文进行了解释,但希腊文本中简单地陈述了相关情况。这里的后者是指人们在不知道相互关系时所犯下的罪。([中译按]吴译本中有"而在犯这种罪之后,由于这个社会原本没有伦常,礼法也就不能以逆伦(渎神)来加重科罚",而在颜 - 秦译本中有"当这些行径发生后,一旦知道其间具有亲属关系,那么便会对他们按例加以处罚,如果不知道其间具有亲属关系,情况就会两样")

有共同的妻子和孩子要更好。因为当妻子与孩子属全体共有时，亲密关系便较少，而为了促进服从和避免叛乱，臣民们是应该这样的。

4. 从整体上讲，从这些法律中必然产生的结果与正当地确立的法律产生的结果背道而驰。正是出于这个原因，苏格拉底认为，有必要依据他的方法来确定有关妻子和孩子的事务。的确，在我们看来，对城邦而言，友爱是至善，公民们因此将几乎不会发动内部骚乱。苏格拉底十分赞赏城邦的统一性，根据他的观点，这似乎是友爱的产物（我们从《会饮》中得知，阿里斯托芬说，情人们满怀爱欲，想要成为自然的统一体，成为一个事物而非两个事物。因此，双方或一方必将消失）。然而，当妻子和孩子为人们共有时，当父亲或孩子们几乎不将孩子或父亲称为"我的"时，在城邦中友爱必将减少。因为少量的甜酒一旦掺入到大量的水中，将会使人们尝不出混合物的味道。由此，就会发生如下情形，即在此种政体中，几乎不需要培养由上述言辞表达的相互之间的亲近，不论是儿子亲近父亲，还是父亲亲近儿子，抑或是弟兄之间的彼此亲近。人们自身所有和所爱的东西，能使人产生爱和关切。而对根据这种方式在政治上组织起来的人们来说，这两者都不复存在了。

5. 将孩子从农人和匠师之手转交给卫士，或从卫士之手转交给农人和匠师，人们在这类事是如何发生的问题上有极大困惑。并且，给予者和转让者必定知道，他们给予的孩子是哪个，也知道他们将孩子送给了谁。

6. 并且，在这些事情中，前述恶行（如袭击、不法的爱欲行为和杀人）会更频繁地发生。卫士们给予其他公民们的孩子不复称卫士们为他们的兄弟、孩子、父亲或母亲。而由其他公民送给卫士们的孩子也不再如此称呼其他公民，因为他们担心因亲属关系而触犯这类罪行。如此我们就以这种方式结束了有关共有财产和共妻的讨论。

疏 证

1. 亚里士多德已经揭示了苏格拉底为其礼法提出的理由,即对城邦来说,最大程度地统一是最好的理由其实并不合理。并且,共妻和共子也不会产生最大程度的统一。在此,亚里士多德想要揭示从这种礼法中产生的诸多邪恶与不当,为此,他给出了六项论证。关于第一项论证,他指出,建立共妻制和共子制的人很难避免他将提到的邪恶和不当。首先,这个体系的建立必然会在城邦中产生袭击和杀人。这些事情有时出于无意(比如,当个体偶然地这样做时),有时则出于故意(比如,当个体出于仇恨或憎恨这样做时)。这里也可能会发生斗殴、谩骂、出言不逊等行为。针对父母和近亲属为这类行为较之对陌生人和关系疏远的人为这类行为更不恰当。因为自然越是使人爱他人,伤害他人就越不适当。而对不能肯定是自己的儿子的人实施伤害或造成损失较之肯定是自己儿子的人实施伤害或造成损失要更严重。

有人也据此认为,亲属关系可以赦免责任,这种事偶有发生,或者是因关系疏远,或者尤其是当血缘关系因某种罪行而被解除时。① 然而,不懂得亲疏远近的人,不认为这种关系能赦免责任。因此,当我们主张共妻和共子时,由于城邦中发生的这些恶行总是针对亲属而为,因而尤显不当。

2. 他给出了第二项论证,正如他从愤怒与仇恨导致的不恰当的事物中获得第一项论证一样,第二项论证是从强烈的爱欲导致的不恰当的事物中产生的。我们应认为,所有人都认为儿子与母亲行

---

① 亲疏远近的关系也能免除责任(亚里士多德提到了为针对亲属们的犯罪进行赎罪的赎罪仪式,阿奎那则认为上文提到的赦免是指各种赦免情形)。

男女之事,或父亲同女儿行男女之事不正当且龌龊。① 而当我们设想有共同的儿子时,这种情形将必然发生,因为可能会发生儿子同母亲行男女之事,就像与其他女子行男女之事一样。也会发生父亲同女儿行男女之事,就像同其他女子行男女之事一样。苏格拉底早已预料到这种不适当的行为,想要通过法律避免,在这种法律中,城邦的统治者规定,当母亲必然能为人所知时(至少为抚养孩子的统治者所知时),儿子不得与其母亲行男女之事,类似地,只要某个女子被怀疑为某个男人的女儿,统治者也会禁止在父亲和女儿之间行男女之事。

亚里士多德从两个方面攻击这项法律。首先,他指出,这项法律并不充分,苏格拉底只禁止儿子与母亲行男女之事,而非禁止一切爱欲,因为他并未向这个儿子表明特定的女子就是他的母亲,也不禁止其他的爱欲行为(比如搂抱和亲吻)。这些行为在亲属之间存在实属大逆不道,因为他们之间的爱欲并不恰当。其次,亚里士多德反对这项法律的理由,正是苏格拉底支持这项法律的理由。苏格拉底指出,母亲与儿子之间的两性关系之所以被禁止,只是为了避免可能从母亲同儿子之间的自然情爱中产生强烈的愉快,这大大超出了肉欲的情爱。他之所以希望避免在两性关系中产生强烈愉快,是为了防止人类受到过多的诱惑而失去自制力。因此,亚里士多德指出,只凭这个理由,而不只是因为这个女子是他的母亲从而宣称儿子们不要与自己的母亲行男女之事是不适当的。对其他亲属来说,也可以有相同论证,亲人们因血缘关系而在相互之间有令人尊重的敬意,充满情欲的两性关系将使这种敬意荡然无存。

3. 第三项论证认为,苏格拉底关于共妻与共子的法律对农民们和其他底层阶级来说,较之对城邦的卫士们(即其统治者和照料公共事务的其他位高权重者)来说要更有利。因为,如果所有公民

---

① 在此,阿奎那不加解释地用乱伦的例子替代了亚里士多德援引的同性恋的例子。

都属于同一层级,农人儿子的地位将要擢升,位高权重者的儿子们的地位将要下降。如此,在位高权重者和普通人之间就不存在爱了,就农人们和像他们一样的人服从统治者而言,友谊在他们之间得到了保持。正如《伦理学》中所讲的,一定比例的平等有利于保持友爱。[①] 服从者的身份就在低层阶级的人们中获得了保持。这些低层阶级服从于统治者,没有反叛之心。但如果服从者与位高权重者的儿子和妻子之间实现了平等,则反叛就会发生。因此,苏格拉底的法律显然会阻碍城邦中的友爱,而这种友爱原本是应该在统治者和服从者之间存在的。

4. 第四项论证说,这种法律导致的结果与优秀的立法者努力追求的结果完全违背,也有悖于苏格拉底认为的这种法律应获得确立的理由。一般来说,人们都认为友爱是城邦的至善,如果公民之间存在友爱,他们就不会反叛。立法者努力使城邦摆脱内乱。优秀的立法者想要努力实现全体公民之间的友爱。苏格拉底也说,在城邦之中,统一是最好的事。而人类彼此之间结成的统一体是友爱的结果。人们一般都这样认为,苏格拉底也这样讲过。因此,阿里斯托芬在《会饮》中说,情人们想要变成同一个自然事物,但这是不可能的,所以他们想要尽可能地成为同一。

根据阿里斯托芬的说法,或者情人们在成为同一物时两者都受到伤害,或者是在他们之一被转变为另一个人时受到伤害。但由于城邦中共享妻子和儿女,友爱必遭削弱。对于父亲在称某人为他的儿子时所表达的那种爱来说,友爱的分量是极轻的,因为他同时称城邦中的其他人为自己的儿子。对称某人为他的父亲的儿子来说也如此,他会同时称其他许多人为父亲。我们不妨设想,如果将少量甜酒掺入到大量水中,就会尝不出混合物的味道。如果往大量的水中加少许蜜,便再也尝不出任何蜂蜜的甜味。在城邦中,亲近的感情是从个体在称某人为父亲、儿子或兄弟时使用的语言中产生

[①] 《伦理学》,IX,1,1263b34。

的。如果一切年长者称一切年幼者为自己的儿子,或反过来,一切年幼者称一切年长者为自己的父亲,抑或一切年龄相当的人称彼此为兄弟,则人们对这种亲近感就会满不在乎。

之所以如此,是因为有两件事最令人类深切地关注他人和爱他人。其一是属他们自身的事,正如他此前所说的[对观第2章,第2节],人类爱己之物甚于爱共有之物。其二是个体对某人的特别的爱,这种爱指向个体至爱之人,而不是对许多人中任意某人的爱。比如,我们知道,甚至父母们较之如果他们有许多儿子时更爱独子,仿佛爱会因为爱许多个儿子而遭削弱一样。因此,如果存在例如苏格拉底通过那种法律建立起来的城邦组织,公民们彼此之间的友爱显然会遭到削弱。这是与立法者的意图相背离的。

5. 第五项论证说,苏格拉底的体系需要各人互易其子,也就是说,由于某位母亲生育的儿子们送交他人抚养,就无人知道谁是自己的儿子。但不清楚这一点如何成为可能。也就是说,农人和工匠的儿子们如何转而为贵族们(即城邦的卫士们)抚养,抑或相反。这种交换会给公民们带来极大混淆。但关于谁是自己儿子的猜测不会因此消除,因为必然会从彼此交换孩子的人那里知道谁交出或交换了孩子。因此,苏格拉底的法律非但不能实现其目的,还会带来更大的困惑。

6. 第六项论证指出,由于互易其子,他在先前提到的事,如攻击、无节制的爱欲和亲属间的杀人,尤其会在这些孩子身上发生。我们发现,由他人监护和抚养的孩子对亲属们没有当他们在亲属们的照管下长大时那么深厚的感情。他们因此会恣无忌惮地触犯针对亲属们的暴行。因为,如果他们不知道自己的亲人是谁,也就敢于触犯任何这类暴行。

最后他总结说,通过这种方式他已经对苏格拉底引入的共妻制和共子制进行了规定。

第四章　共有财产

文本（1262b37 – 1263b29）

1. 与此相关的是有关财产的思考。在最佳政体中,人们应如何安排财产?财产是否应该属于共有?针对这个问题应该撇开关于妻子和孩子的法律确立的内容来考察。在此我想追问,如果按照现有的方式各个家庭单独存在,那么一切财产及其使用属于共有是否要更好?比如,正如某些民族所做的,土地属于私有,收成由公共储藏和消耗,还是相反,土地属于共同所有,耕作也属于公共,但分配的作物却供私人使用,一如他们所说的外邦人的做法?抑或土地和作物都属于共有?

2. 如果由公民之外的其他人耕种土地,情况就有所不同,并且要简单些。如果公民们为自己而在土地上劳作,则财产安排就会产生诸多邪恶。当收获的产品和付出的劳作不相等时,付出甚多而所得甚少者就必定会指责所得甚多而付出甚少者。

3. 共同生活和共享一切人类事物是极其困难的,在这类事情上尤其如此。结伴漫游的人表明了这一点,他们中的大多数会在饮食方面喋喋不休,并因鸡毛蒜皮的事而起争执。

4. 我们也经常被在杂务中最为需要的那些仆人所冒犯。因此,共同财产有这样或那样的麻烦。

5. 眼下这种安排,如果用良风美俗和正义的礼法体制加以改进,就会有所不同,因为它将会从两者(即共有的和私有的财产)中获得善的东西。从某一方面看,财产需要共有,但从总体上讲应为个体所有。各人照料自己的财产将不会引发争执。相反,由于各人都关心自己的东西,将使产量增加。并且,由于公民的美德,这里也存在一种共同使用,谚语云"朋友分享一切"。这个体制是可能的,因为它已隐约地存在了。或者能在某些城邦中存在,尤其是在治理得好的城邦中存在。每个人都拥有自己的财产,并为朋友使用这些财产,仿佛将财产作为所有人的共有物。比如,在斯巴达,公民们使用他人的奴隶就如同使用自己的奴隶。并且,如果他们在穿过某一地区的陆地旅行中有需要,他们还使用他人的马和狗。很显然,使财产为私人所有,却为众人共同使用就比较好。决定公民们如何做到这一点是立法者的工作。

6. 并且,认为某些财产属于自身所有是一件无以言表的乐事,因为每个人都爱自身,这是出于自然的。自私当然受人谴责,谴责它也正当,自私不是真正的自我之爱,而是超出正当限度的自我之爱。正因此,我们只谴责过度贪慕金钱者,因为所有的爱都称每件事物属于自身。

7. 为朋友、陌生人抑或其他人做事或提供帮助最令人快乐。个体是以其自身的财产做到这一点的。因此,对想使城邦过于统一的人们来说,就会发生不恰当的事。

8. 此外,它们显然也取消了两种德性在城邦中的实践:其一是妇女们的自制,因自制而避免同人妻行男女之事是一种善行。其二是财产方面的慷慨。没有财产,个体的慷慨将不会表现在外,甚至没有人会有慷慨的行为,因为慷慨的行动要求使用财产。

9. 苏格拉底的立法是引人入胜和仁爱的。凡听说过此种立法的人都会愉快地接受它,认为在个体之间有一种令人惊异的友爱。但当有人基于财产并非共有这一事实谴责眼下政体中存在的邪恶时,情况却不同。我所说的是基于作伪证而在契约和审判方面引起的争执和对富人的诌媚。然而,这一切都源于邪恶,而非因为缺乏共有。我们认识到,共有和共享一切事物的人较单独占有财产的人彼此之间纠纷更甚。但我们也看到,相较单独占有财产的多数人来说,在共同财产之上起争执的人是少数。①

10. 并且,既要讨论共有一切事物的人没有遭受到哪些恶,也要讨论他们没有获得哪些好,这才是公平的做法。而这种(共有的)生活看起来是完全不可能的。

疏 证

1. 亚里士多德在反驳苏格拉底关于共妻和共子的法律之后,在此又反驳了与财产共有相关的法律。在这个方面,他做了两件事。首先,他阐述了他的目的。其次,他证明了他提议的内容[见2]。关于第一方面,他又做了三件事。第一,他将自己的目的同前述内容关联起来,宣称与之相关的事(即结果)是关于财产的考虑,即应该过最好的政治生活的人是否应拥有共有的或私有的财产。

其次,他指出,对这个问题的讨论应该与前述有关共妻问题的讨论分离开来。他认为,即便没有建立有关共妻与共子的制度,也应这样做。也就是说,认为孩子和妻子不属于共有,并认为每个人都应各妻其妻、各子其子(这一点如今已成风尚)。接下来要考虑的是,财产及其使用为一切人共有较之时下已成风尚的每个人都拥有自己的财产是否更好。

最后,他区分了公民们共有财产的各种方法。他列举了三种。第一种方法是,每个公民拥有各自的土地,但所有收成都上交公共财政,并分配给所有人。有些民族就是这样做的。第二种方式与之相反,土地及其耕种属于共有,但收成却在公民之间分配,以满足公民个体之所需。有些外邦人遵循的就是这种方式。第三种方式是,不仅土地而且收成都属共有,苏格拉底认为,法律应该建立这样的

---

① [中译按]根据阿奎那的理解,在此是指拥有共同财产的人较之单独地占有财产的人是少数。

体系。

2. 接下来,亚里士多德揭示了正在讨论的问题的真相。首先,他反对苏格拉底有关共产的法律,认为这种法律将导致邪恶。其次,他揭示了这种法律消除了哪些美好的事物[见5]。关于前者,他给出了三项论证。第一项论证是,倘若财产为全体公民共有,必然导致如下两种情形之一,即某些外邦人或公民将要耕种土地。如果其他人想要耕种土地,就会出现麻烦,因为很难招募到那么多的外邦人。但这种办法较由某些公民来农作要有利。因为后者将招致诸多邪恶。不可能由全体公民耕种土地,重要的公民要关注更重要的事务,低层公民则要从事农作。同样必要的是,在田间农作甚少的重要公民能获得更多的作物。因此,作物的分配不与农作中的活动或劳力成比例。这会产生相互苛责和纠纷。劳作甚多的低层公民会抱怨农作甚少的重要公民所得甚多,而他们农作甚多,所得甚少。因此,这项法律显然会引起骚乱,而不会带来苏格拉底想要的城邦统一。

3. 他给出的第二项论证是,许多人生活在一起共享人类拥有的物品(尤其是财富)非常困难。我们注意到,共享某些财富的人彼此之间会产生诸多争端。对一起漫游的人来说尤其如此,他们通常在为食物和饮食定额度时争执不休,有时甚至会因琐事出言不逊、大打出手。很显然,如果全体公民想要共同占有全部财产,他们便会产生诸多争执。

4. 他给出的第三项论证是,主人们在杂务中十分需要的家奴通常会冒犯主人,这是因为他们在日常生活中交往频繁所致。交往较少的人不常起纠纷。由此可见,人类彼此之间共享某物会带来混乱。他最后推断说,城邦共享财产会产生前述以及其他邪恶。

5. 接下来他表明,前述法律可能会毁灭哪些好事物,他给出了三项论证。关于第一项论证,他指出,如果城邦像眼下这样组织,使财产分配给每一公民,也会产生良风美俗和正义的法律。在善的丰富性和善带来的好处方面,苏格拉底提出的法律与这些法律之间差异甚大。两者之中都存在某种善,即不论确立私有还是确立共有,都存在某种善。倘若财产应为私有,则习俗和正义的法律就要求公民们彼此共有,如此就会产生一种出自两者的享受善的生活方式,即会产生一种出自共有和私有的享受善的生活方式。

在所有权方面,财产的确能绝对地私有,但另一方面则属共有。财产私有的结果是其管理属个人,每个公民都照管自身的财产。由此可获得两种善。其一是每个公民都关心自身的财产,而非他人的财产。当每个人都这样做时,在人群之间就不会起纠纷,而当众人都关心同一件事时则常起争端。在这个人看来应这样处理,在另一个人看来则应那样处理。其二是每个公民对自己的财产更多关心和操劳将会使财产增加。通过这种方式,尽管存在私有财产,但在使用方面则属共有。因为公民们的德性,他们能做到彼此慷慨和仁爱,正因此,谚语才说"朋友分享一切"。

为了防止这一点在人们看来不可能,他做了如下补充,即在某些治理良好的城邦中采用的就是这种法律,在那里,法律规定,某些事物在使用方面事实上是共同的。有些事物之所以成为共有,是因所有者的意志,即每个拥有自己财产的公民为了朋友的利益而放弃部分物品,他的友人们则使用他的某些物品为自己服务,仿佛物品属于共有。比如,在斯巴达城就是如此。在那里,某位公民可以使用其他公民的奴隶为自己干活,仿佛这些奴隶属于自己一样。类似地,当斯巴达人想要去同一个地方旅行并有需要时,他们也能使用他人的马和狗,仿佛它们属于他自己的一样。因此,很显然,最好是使财产为私人所有,但在使用方面却属共有。然而,私有财产的使用如何能做到共有,则仰赖优秀立法者的远见。

6. 他给出了第二项论证,指出,人们在意识到事物属于自身时产生的极大愉悦是无以言表的。这种愉悦出自人类爱自身的事实,这是他们要为自身期待好事物的原因。爱自身绝非虚荣,相反,它出于自然。有时个体因为爱自身而受到正当的谴责。但当我们称之为谴责时,它是对过度爱己的谴责,而非绝对地谴责爱己。如此,我们谴责爱钱者,尽管所有人都以某种方式爱钱,我们之所以谴责他们,是因其对钱的热爱超出了应有限度。而苏格拉底的法律却削弱了这种与拥有个体自身的财产有关的愉悦。

7. 亚里士多德给出了第三项论证,指出人类给予或提供帮助给朋友、陌生人抑或其他人令人极度愉快。个体之所以能做到这一点,是因个体拥有自身的财产。因此,苏格拉底的法律剥夺了私有财产权,也就剥夺了这种善。他最后推测说,在希望通过引入共有财产、共妻和共子从而追求城邦过度统一的人们那里会发生这些不恰当的事。

8. 接下来他也反驳了有关共妻和共有财产的制度,在此引入了三项论证。其一是希望能将城邦更紧密地统一起来的人显然破坏了两种德性的践履。一种是自制,另一种是慷慨。不与人妻行男女之事是自制。这是与妇女有关的德性。倘若所有的妻子都成为共有,则这种德性就不复存在。类似地,引入共有财产制度也取消了慷慨行为,因为我们不清楚某个人是否慷慨大方。也没有人能为慷慨的行为,因为无人拥有私人财产,而慷慨行为则要求使用私人财产。富人能施舍自己的所有物,共同拥有财产的人做不到十分慷慨。

9. 他给出了第二项论证,认为前述苏格拉底的法律只从表面上看是善的和仁爱的(即某种可在人群中促进友爱的东西抑或为人们喜爱的东西)。对此有两项理由:其一是因为,人们期待的善是从这类法律中产生的。当人们听说事物为公民们共有时,个体将会愉快地接受这一点,认为这将会导致人与人之间那种打动人心的友爱。其二是因为,人们认为这种法律可以消除邪恶。人们谴责的邪恶如今又在各城邦中横行(比如,人们在契约和基于伪证的裁判方面争论不休,又如,穷人向富人献媚)。他们谴责这些邪恶,就如同这些事情的发生是因财产不属于共有造成的一样。

然而,倘若正确地看待问题,那么,人们之所以这样做,是因人类的恶,而不是因财产不属共有。我们看到,共同占有事物的人较之拥有私产者彼此之间更是争执不断。但由于拥有共同财产者相对拥有单独财产者人数甚少,故而从共有财产中产生的纠纷就极少。然而,倘若所有人都共有财产,纠纷会更多。

10. 他给出了第三项论证,指出人们不仅应考虑共享财产和共妻的人遭到多少邪恶,也应该考虑他们因此被剥夺了多少善。立法者为了不剥夺更大的善,就应该容忍某些恶。然而,苏格拉底的法律从人们身上剥夺了如此多的善,以至于善的生活方式成为不可能。这一点已经为上述不恰当的事所阐明。

第五章　苏格拉底的第一政体

文本(1263b29 – 1264b25)

1. 在我们看来,苏格拉底的错误在于他的前提预设是错的。家庭和城邦需要以某种方式统一起来,但这种统一却不是完全的。城邦可以达到如此程度的统一,以至于它不再是一个城邦,抑或倘若它很难存续下去,它就会是一个糟糕的城邦。这就好像一个人将和声等同于单音,或者将节奏等同于单拍。正如我们此前所说,人们需要通过教育联合起来并结合成共同体。奇怪的是,一个想要引进教育体制并认为它能使城邦变得有德性的人,竟然认为像共妻、共子和共有财产这类事可以为城邦指明方向,而不是由习俗、哲学与礼法来为城邦指明方向。比如,斯巴达和克里特的立法者为了共餐制,制定了有关财产的习俗和法律。

2. 我们也不应忽视对如下事实的思考,即长时间乃至经年累月,人们都不曾听过共有财产的理念,倘若它是一种较好安排,就应早就为人所发现。所有这类事几乎都被发现了,只是尚未着手实行,那些懂行的人们并未运用它们。如果有人看到这类政体现实地建立起来,这一点将会十分清楚。人们不能造就一个城邦,而不将各种事情分隔和划分开,有些是为了共餐,有些是为了部落和宗族。因此除了明确规定卫士们不耕作之外(斯巴达人近来也想这样做),苏格拉底的法律没有确立任何其他的东西。

3. 但苏格拉底并未说,也很难说清楚,公民们以何种方式在政体中实现共有。城邦的全部人口由不同的公民团体组成,但此前他却未对此做任何规定。农人们必然拥有共有财产或私人财产,拥有共同的或属于个体的妻子儿女。如果一切事物都以相同方式属于全体公民,农人与卫士之间又有怎样的差异呢?或者说,农人们如何通过支持卫士们的统治获得好处呢?或者他们作为臣民为何要容忍这一点呢?也许农人们发现了某些与克里特的法律体系相类似的好处。克里特人允许奴隶们做任何其他事,却禁止他们进行身体训练和从军。但如果他们也像在其他城邦中那样拥有私产,这将是一个怎样的城邦?在这里,在一个城邦中必然会存在两个城邦,并且它们彼此为敌,因为它们使某些人成为卫士、成为监管者,而使农人、匠师和诸如此类的人成为公民。

4. 如此,就会发生诉讼和争执以及他说会在其他城邦中存在的其他邪恶。但苏格拉底指出,因为教育,他们无须许多管理规则(比如关于市镇、贸易等规则),但他只为卫士们提供这种教育。

5. 他使农人们成为财产所有者,却向他们征税。相较某些特定民族的仆役和奴隶而言,①农人更难治理,而且诡计多端。

6. 但这些事是否必须?他对此未做任何阐明,也未阐明与他们的政体、教育和各种法律有关的任何事。为了守护卫士们的联合,发现某些人属于哪一类公民尽管十分困难,却相当重要。

7. 倘若他使农人们的妻子共有和使其财产私有,或使其妻子及财产皆为共有,那么当丈夫们打理农活时,由谁来管理财物呢?为了证明妇人们能像男人们处理相同的事,将他们同动物相比较是荒谬的,因为动物不会料理家政。

8. 苏格拉底确立统治者的方式同样危险,因为他使相同的人来统治。即便在出生卑贱的人群中这种做法也会引起叛乱,在性情刚烈而骁勇的人群中则更易引发叛乱。但他很明显需要使用相同

---

① [中译按]此处"某些民族的奴役和奴隶",在希腊文本中为"赫洛底或柏奈斯底或其他地方的奴隶"。参见吴译本,第59–60页,颜-秦译本,第42页。尤其参见吴译本。

的人来统治,因为出自神之手的黄金总是和相同种类的灵魂混合,而不会也偶尔与不同种类的灵魂混合。他指出,只要人们出生,神就会将黄金熔入一类人,将白银熔入另一类人,而将铜和铁熔入到将成为工匠和农夫的人身上。

9. 尽管他剥夺了卫士们的幸福,但他指出,立法者应使整个城邦感到幸福。但如果大部分、全部抑或某些部分不幸福,则整个城邦就不会幸福。整个城邦的幸福不与偶数的偶性相同。如果偶数的两个部分不是偶数,偶数也存在。但对幸福而言却并非如此。倘若卫士们不幸福,其他人将如何呢?能工巧匠们肯定不会感到幸福,普通的工匠们更不会。因此,苏格拉底谈到的政体就遭遇到了这类反驳,此外,还遭到了其他同样重要的反驳。

疏 证

1. 亚里士多德通过揭示苏格拉底的法律的不当之处,反驳了这种法律。此后,他又通过指出其不充分性来反驳。在此方面,他做了两件事。其一,他证明苏格拉底的法律缺乏充分理由,其二,他表明苏格拉底的方案不充分[见5]。关于这一点,他又做了两件事。首先,他表明,由于前提错误,因而理由不充分,其次,他表明理由之所以不充分,是因为在制定法律的过程中缺乏必要的经验[见2]。

他一开始就指出,我们需要思考,苏格拉底在有关共有财产、共妻和共子的法律的问题上之所以偏离真相,是由于假设了错误的前提。也就是说,假定城邦的至善是最大可能的统一。但这一前提并不正确。因为,尽管亚里士多德此前说[对观第1章,第7-10节],对城邦和家庭来说,统一是必要的。但在各方面实现统一却不必要。倘若城邦实现了各方面的统一,就不再是一个城邦(比如,倘若每个人都从事相同的行业并居住在同一个家庭中)。统一的程度是如此之高,以至于几乎不存在任何城邦了。城邦会因此更糟,因为事物越是接近于消失,就越是每况愈下。这就正如人们为了城邦的利益而取消官职间的划分一样。他给出了一个例证,即如果有人创作了单音的曲调(即以同一个音节来歌咏),就将没有和声(音调间的婉转将不复存在)。类似地,在节律方面(即譬如三角形的形式安排)也如此,如果有人想要使歌曲只有一个节拍,就会破坏节律。因此,统一的程度过大,会导致城邦的倾覆。

然而,正如他此前所说[对观第1章,第8节],城邦中必然存在不同的部分。并且,由于接受了正当地颁布的法律的教育,城邦统一起来,成为一个城邦也是必然的。但如果有人想要用教育实现城邦的统一,就应思考,有关共妻和共子的法律是否能造就城邦的善。如果他认为能通过这种联合实现城邦的善,便是不恰当的。相反,他可以通过良好的风尚、法律和哲学(即有关这些事物的智慧)实现这一点。正因如此,他此前才说[对观第4章,第5节],斯巴达人使个人财产作公共使用。克里特的立法者也使某些东西成为共有,以支持在特定时间,为促进公民间的更密切关系举行的公共的共餐。

2. 接下来,他表明,(苏格拉底制定的法律)之所以理由不充分也是因为缺乏经验。他指出,为了正当地制定法律,务必牢记,应在历史中考察问题。经验会阐明这些法律或命令是否具有好品质。我们应考虑到,几乎一切与人类交往有关的、在概念上可能的事都是在历史过程中发现的。但这些事情中的某一些还未着手实行(也就是说,这些事中的某一些迄今为止还未在法律上获得确立)。因为它们的不适当是赫然在目的。而其他的事则是先建立起来,而后当人类认识到它们无所助益时便被抛弃在一边。

如果有人在经验中考察苏格拉底建议的城邦组织,这一点将很明显。因为唯有通过将事物划分和分离开来(比如,为各种共餐制和各不同的氏族和部落[如城市和乡村的联合]分配共同善),城邦才能存在。同样必要的是与财产有关的共同善获得分配。因此,确立这种有关财产共有的法律只能确保卫士们(即通常居住在城中的人)无须关心农事,因为他们没有田产。但尽管没有共同的田产,也可以像斯巴达人那样,规定由其他人耕种土地。

3. 接下来,他揭示了苏格拉底的法律(就其建议的内容而言)的不适当性。在此方面,做了两件事。首先,他揭示了前述法律(就其包含的内容而言)的不充分性。其次,他揭示了这种法律在结果方面的不充分性[见6]。关于前者,他引入了三项论证。第一项论证表明,前述法律在如下事实方面不充分,即无法充分地区分构成城邦的人民。他指出,苏格拉底的法律只能确保卫士们不耕种土地,土地不属于他们所有。但并未指出,通过他为在生活中共有一切(即共同占有一切事物)的人们制定的法律,究竟确立了何种城邦生活方式。并且,如果这一法律得到遵守,其他人也不能指明这一点。城邦中的人民必须由不同等级的不同人民组成。然而,苏格拉底没有指出这一区分如何存在。

需要指出的是,要么农人们与其他公民共有财产、儿子和妻子,要么有别于其他公民,农人们各妻其妻、各子其子、各自享有家财。第二种方式或可说明农人与其他公民之间的差异,不仅因为他们的所有权,也因其家世。但倘若前述事物以相同方式为农人们和其他公民共有,就没有差异来区分农人与卫士(他们都是共同居住在城中的人)。也无法分配在统治城邦的过程中有统治之责的人应得的奖赏。① 如此,他们尽管在工作,却一无所获(当今统治者获得了巨大好处,他们揽得巨财,子嗣也加官晋爵)。类似地,我们也无法对被允许来统治的人如何能维持统治权做出安排(由于之前的条件,他们被擢升到拥有统治权的地位)。由于目前习惯的做法是擢升出身显贵之人和拥有巨额钱财者担任统治之职,德行上的优异常常并不清晰,因此无法充分地将德行优异者擢升到掌握权力的地位。

---

① 阿奎那在此提出了在苏格拉底的法律中有关统治者的俸禄和资格的问题,但在此亚里士多德质疑的是有关卫士们带给农人们的好处这一问题。

但有人可能会说,考察苏格拉底的法律的人可能会即刻看到类似于克里特人所做的事。克里特人允许奴隶农作和做其他生产性事务,只禁止他们进行身体训练(即体育运动)和从中招募军队。农人和卫士的区分也许是不必要的,因为投身农事和其他工作的人是奴隶而非公民。然而,倘若像在其他城邦中那样,在苏格拉底想要创建的城邦中组织这类事,即某些公民是农人和工匠,它就不再是一个城邦,因为在一个城邦中必然会存在两个敌对的城邦。一方面是监督城邦和做其他事情的卫士,另一方面是投身劳作的农人和工匠。正如他此前所说[对观第4章,第2节],一部分人劳作,另一些人不劳而获,两群人必然对立。但如果财产不属于共有,纠纷就不会产生。因为每个人关心的是自己的田地获得耕种,不管是由他人耕种,还是由他本人耕种。当身份卑劣的农人服务于位高权重的公民,并从中获得好处时,两者就有共同的利益。

4. 亚里士多德给出了第二项论证,指出,在共享一切的城邦中(比如,苏格拉底提出的城邦),存在许多相互苛责与争执和苏格拉底认为眼下存在于其他城邦中的其他罪恶。公民们会在劳作的不平等、奖赏上的不公和其他事情上争执不休,尽管在苏格拉底看来,在共享一切的城邦中不会发生这些罪恶。苏格拉底指出,这种城邦因其教育方式无需许多法律,而只需少量的法律,即与城市设立、法庭事务、商业和其他事务有关的法律,如果不对这些事务加以安排,城邦就无法存在。但他也只为卫士们(即城邦的管理者)安排有关这类法律的教育,而不给在卫士们居住的城外的农人们安排这类教育。因此,苏格拉底的法律显然不充分,并未消除他想消除的罪恶。

5. 亚里士多德给出了第三项论证,指出,苏格拉底通过其法律将财产的分配委托给了农人,他指出,农人们应该为自由地参与其他事务的公民提供农产品。苏格拉底认为,由于农人们有这种权力,就成为其他公民们的随和且谦卑的奴仆。但也可能发生相反的事,农人们因手中掌握全部财产,极有可能给其他公民带来麻烦,他们可能会设计出各种机巧手段欺骗那些公民,而非谦卑地服侍他们。如此,苏格拉底有关共有财产和共妻的法律显然不充分,它不能实现自己想要实现的东西。

6. 接下来亚里士多德揭示了苏格拉底的法律在其他结果方面的不足。首先,他一般性地揭示了这种不足。其次,他具体地表明了这种不足[见7]。他一开始就指出,苏格拉底有关共有财产和共妻的内容对城邦来说既必要又不必要。但无论如何,苏格拉底都并未对相关的事做规定(即未对相关结果做规定),即在此应有何种政治生活安排,何种教育和何种法律,它们对以此方式共有一切的人们来说是合适的。因为很难找到有这样的民族,而能服务于前述城邦的民族又极大地不同于其他民族。因而需要用特别的法律和教育来指引他们。

7. 接下来,亚里士多德具体地揭示了苏格拉底法律的不足。首先,他在与妻子相关的问题上揭示了这一点。其次,他在与统治者相关的问题上揭示了这一点[见8]。第三,他在与城邦的普遍幸福的问题上揭示了这一点[见9]。在与妻子有关的问题上,他考察了两个要点。首先,如果妻子应由卫士和农人共享,则关于妻子的充分安排就是不可能的,不管财产属于私人或个体所有,还是属于全体共有。① 如果财产属于共有,就需要农人进行管理。如果财产属于卫士,那么除农人之外,还有谁能管理它们呢? 城中妇女们的丈夫如何能打理农活呢? 因为那些男子不能一方面与住在城里的妻子们交往,同时又在田间耕作。

其次,在与妻子有关的事情上,他指出,苏格拉底曾认为,妇女们应该和男人们处理同样的事,即耕作土地、发动战争和做男人们做的其他事。苏格拉底做了一个同动物的类比(即比较)。在这些动物中,雌性和雄性做着同样的事。但亚里士多德指出,这个比较并不恰当。因为两者不相似,野生动物根本就不过家庭生活,而在

---

① 亚里士多德所讲的是农人们的财产管理问题,这些农人一方面在乡下有农场,另一方面在城里有同他人共有的妻子,而阿奎那却认为卫士们和农人们有共同的妻子。

家庭生活中,妇女们有自身的工作,需要料理这些工作,并且不得参与政治事务。

8. 接下来他表明了在与统治者有关的事务上存在的不足,指出如果根据苏格拉底的方法确定统治者,就会给城邦带来危险。苏格拉底要求同一些人担任统治者,但这可能会在地位较低的人群中引起叛乱,而在充满活力且勇猛的人之间更易引发叛乱。后者不会轻易使自己总是做服从者,让他人总是统治。针对苏格拉底为何要规定必须总由相同的统治者统治,亚里士多德补充了一项理由。苏格拉底指出,在某些矿藏中有黄金,在另一些矿藏中有白银,在其他矿藏中则有铁和铜。同理,神仿佛在充满智慧的和美德的人的灵魂中植入了黄金,他们便可正当地统治。在另一些人的灵魂中植入了白银,这些人属于第二等级。而仿佛又在另一批人的灵魂中植入了铜和铁,这些人无论在智慧还是在美德方面都欠缺。在他看来,这部分人应该做农人和工匠。这种状态不会改变,黄金有时会植入到某一类人的灵魂中,其他时候会植入到另一类人的灵魂中。但它总是会植入到相同人的灵魂中,如此就应由相同的人来统治。

9. 接下来,亚里士多德揭示了苏格拉底的法律在有关城邦的普遍幸福方面存在的不足。苏格拉底曾指出,立法者应考虑在与有德的行为和外部的善相关的方面,哪些东西会使整个城邦感到幸福。但通过这种法律,苏格拉底却剥夺了个体公民的幸福,因为他希望公民们不拥有任何私人事物,无论是财产、妻子还是儿女。而正如亚里士多德在《伦理学》中所说,这些东西作为有用的手段可以带来幸福。① 而整个城邦,除非它的所有部分或大多数部分都能享受幸福,否则就不幸福。因为城邦的幸福不同于偶数的偶性。偶数的部分有时是奇数。比如,两个 3 是属于 6 的部分。如果城邦的卫士们不幸福,又有何人会感到幸福,从而在其上建立起整个城邦

---

① 《伦理学》,I,13,(1099a31 – b7)

的幸福呢？我们不能说,农人和普通工匠(即雇工)这群城邦最底层的人士是幸福的。因为,幸福,这个在城邦中最美好的事物,在城邦的底层无法得到保存。

在最后的总结中,他指出,苏格拉底谈论的城邦的政治生活面临着前述反驳,也面临着其他同样重要的反驳。

第六章　苏格拉底的第二政体(1)

文本(1264b26 – 1265b26)

1. 柏拉图在后期著作《法义》中,也谈到了几乎相同的事。因此,最好是略微考察一下他关于那个政体说过的话。因为苏格拉底在《王制》中通盘规定的只有极少几件事,也就是共有财产、共妻和共子如何必要以及政体如何获得组织。

2. 大规模的人口被分为两部分,其一是农人,其二是卫士。第三个群体由卫士组成,这个部分为城邦出谋划策和实施统治。但苏格拉底并未明确指出农人和工匠是否享有部分统治权,还是根本不参与统治,抑或是否应该参加到军队之中和卫士们并肩作战。他认为妻子们也应并肩战斗,同卫士们分享相同的教育。在其他事情上,他说了一些与主题无关的话。

3. 城邦的卫士们需要一种特殊的教育。

4. 《法义》中的大部分内容是讨论现实的礼法,而较少讨论政体。为了设计一个与我们的城邦更接近的社会,他逐步返回到早期政体中。除了共妻和共享财产外,他还赋予两个政体以相同特征(比如,一样的教育,都过着不需进行必需劳作的生活,都拥有共餐制)。

5. 但他在《法义》中指出,妇女们也应有共餐制,持武器的人是5000人而非10000人。

6. 因此,苏格拉底的所有对话都夸大其辞,缺乏深意,只为追求新奇,因而问题多多。但要想一切事物尽善尽美十分艰难。①

7. 就拿前述5000卫士来说,我们务必认识到,他们也许需要一个像巴比伦城那样大规模的疆域,或类似大小的疆域,以供养5000不事生产的男子。此外,还需要有数量更多的妻子和奴隶。因此,尽管设想我们所愿的东西合乎情理,却不能设想不可能之事。他指出,立法者需要在两件事情上立法:其一是疆域,其二是人口。并且,对邻近地区予以额外的关注是正当的。首先,如果城邦想要过一种政治的而非与世隔绝的生活,这就是必要的。城邦在自己的疆域内和针对外邦人的土地运用武力是必要的。如果有人拒绝过这种生活,则不管他是为了个体,还是为了全体,当外敌入侵之时,或在他们尚未入侵之时,使用武力对于威慑敌人来说也同样必要。

8. 我们需要考察一下财产的数量,看是否能通过另一种方式更清晰地规定它。因为他认为,要过得有节制,需要充分的财产。也就是说,个体应该使生活过得好,后面这种表达要更好。

9. 进言之,也可能出现如下情形,尽管能过上有节制的生活,却境遇悲惨。更好的界定是,个体过得既有节制又十分慷慨。倘若个体将两种美德分离开区别对待,其中之一就会产生太多的舒适,另一种就会产生太多辛劳。惟有这些品质才是与财富的使用有关的德行(比如,有节制地、慷慨地使用财产,而非恭顺或勇敢地使用财产),因此,这些品质必然与财产有关。

10. 根据公民的人数均分财产而又不控制出生的数量也讲不通,仿佛只要有人无法生育就会使出生率保持恒定,不管出生的人口是多少。在眼下某些城邦中这一点也时有发生,但在过去和现在的城邦中并不必然存在这种精确的平衡。

---

① [中译按]对观现有中译文,颜-秦本译为"苏格拉底的言论处处不同凡响,优雅而新鲜,孜孜以求。但我们不能指望一切都完美无缺"。而吴译本译为"所有《苏格拉底各对话》(柏拉图各篇文章)都是新鲜的,优雅而富于创见,具有高明沉着的研究精神"。

11. 眼下人们在财产之事上并未感到迷茫。因为尽管子嗣众多,财产在儿子之间还是实现了分割。但在苏格拉底的方案中,财产不能分割,也不能为子嗣继承,不管是少数子嗣还是众多子嗣,都不能通过继承获得财产。

12. 有人揣测说,我们应控制出生率而非控制财产,俾使出生人口不超过一定数额,并且,这个数目也要考虑到偶然因素,有些孩子一出生就夭折,有些夫妇没有生育能力。在出生方面不受限制(如其他城邦中所做的),必然会使公民们贫困,而贫困会引发叛乱和恶行。

13. 因此,古代的立法者之一,科林斯的菲多认为,田产应保持平等,人口也应保持在恒定幅度,尽管公民们从一开始就有不平等的土地分配额。但在《法篇》中情形相反。在我看来,我们在后面的部分应就如何更妥善地安排这些事物加以探究。

14. 柏拉图在《法义》中并未讨论与统治者有关的内容,也并未讨论统治者如何有别于臣民。他只是说,就像制毛线使用的材料有别于制麻线的材料一样,统治者也应该通过这种方式与臣民相关联。

15. 既然他允许个人拥有的全部私产增加到五倍,那么对田产为何又不存在限额呢?我们需要考虑个人拥有的房屋,防止其数量可能会给家政带来不便。因为柏拉图让每个人拥有两处房屋。而拥有两处房屋会使生活变得艰难。

疏 证

1. 亚里士多德在反驳了苏格拉底有关共妻、共子和共有财产的立场之后(共有财产在苏格拉底的政体中被视为首要事务来提议),在此讨论的是后来出现在《法义》中的其他内容。首先,亚里士多德描述了这些内容,其次,他提出了针对它们的异议[见6]。在前一方面,他做了两件事。首先,他谈到了自己的目标。其次,他探讨了这一目标[见2]。他一开始就指出,正如对共妻和共有财产的法律存在诸多异议一样,对后来出现在《法义》中的内容也有许多异议。因此最好的办法是,他在此只是简单地说上几件与苏格拉底的政体有关的事。因为苏格拉底在《王制》中只对少数几件事做了明确规定,即对共同的妻子、儿子和财产应如何分配做了明确规定。此外,他还规定了在这些事情方面政治生活的安排。

2. 由于亚里士多德此前关于共妻和共有财产已讲得够多,在此便描述了苏格拉底在政体安排方面所谈的内容。首先,亚里士多德描述了苏格拉底有关城邦的组成部分所谈的内容。其次,他也描述了后者在公民教育问题上所谈的内容[见3]。关于第一个问题,他说了四件事。首先,他指出,苏格拉底将城邦的全部人口划分为两部分,一部分是农人和工匠,另一部分是担任卫士的其余男子。苏格拉底也补充了第三个部分,即城邦的顾问官和统治者。其次,他指出,苏格拉底并未谈到农人和工匠是否应享有统治城邦的权力,也未谈到他们是否也应通过某种方式成为卫士。再次,他指出,苏格拉底认为,妇女们应担当卫士和做男子所做之事。最后,他指出,苏格拉底用大量与政体的主题无关的闲话填充其政体讨论的其余部分,插述了许多与自然学问和其他学问有关的内容。

3. 接下来亚里士多德引用了苏格拉底关于城邦教育所说的内容。在此方面,做了三件事。首先,他一般性地指出,苏格拉底认为卫士们(即城邦的居民们)应该接受特别的教育。

4. 其次,亚里士多德指出了苏格拉底的政体同其他政体一致的内容,并指出,苏格拉底在《法义》中提议的大部分内容都可在当下城邦的法律中找到。苏格拉底谈到了一种政体(即城邦生活),相较习俗,这种政体在城邦生活中引入了更多共有的内容。但通过《法义》,他逐渐获得了第二政体。① 这个政体在眼下得到了实践。

---

① 亚里士多德指出,苏格拉底回到了其他的政体,也就是《王制》中的政体,阿奎那则认为,其他政体是指《法义》中的政体。

在亚里士多德看来,除了第一政体中的共妻和共有财产,两种政体之间并无区别,一种服从这种共有制,另一种政体则不服从。亚里士多德认为,两种政体有相同的教育。例如,他指出,无论在何种城邦中,人类的生活都要受到节制和约束,而不必做必需的工作。并且在城邦中还建立了共餐制。在其他城邦中,为了使公民间的关系更密切,也遵守这种制度。但正如亚里士多德此前所说,[对观第5章,第6节]有必要确立一种完全不同的教育。

5. 第三,他也引用了苏格拉底提议的某些特别内容。其一是妇女共餐制,另一个是,城邦中卫士们的数目固定,至少1000人,至多5000人。

6. 接下来,亚里士多德反驳了前述苏格拉底提到的其他内容。首先,他反对《法义》主张的教育。其次,也反对城邦各部分的安排[对观第7章]。关于前者,他做了两件事,其一,他给出了自己的目的。其二,他揭示了他提议的内容[见7]。他一开始就指出,苏格拉底的对话夸大其辞,因为他用无关紧要的讨论来充塞有关城邦结构的讨论;分量不够,因为论证并不充分,不能得到经验的支持;①追求新奇,因为对话有悖大众风习;问题多多,因为带来了诸多麻烦。因此很难讲苏格拉底在所有问题上都讲得正确。

7. 接下来亚里士多德揭示了他此前讲过的内容。首先,他反对苏格拉底为城邦划定范围的观点。其次,他也反对苏格拉底关于差异的观点[见13]。关于前者,他做了两件事。第一,他反对苏格拉底在卫士数量方面的观点。第二,他反对苏格拉底关于他所允许的财产总量的观点[见8]。他一开始就指出,如果有人想要考察苏格拉底在城邦中确定的卫士数量,那么很明显,这种城邦需要极其广袤的疆域,就像与巴比伦相邻的疆域一样。为了获得5000卫士

---

① 亚里士多德用明快(light)一词来描述柏拉图的对话,也许是指行文流畅(lighthearted),但阿奎那却将其理解为分量较轻。这也是一种可能。在此,我关于亚里士多德的译文是为了配合阿奎那的原意。

的给养(他们从来不做其他工作),也为了给其他的部分,即为数众多的妻子和奴隶提供给养,这是必要的。因此,这种城邦的创立者需要支配广袤的疆域,做到这一点不是不可能。

但应注意,想要创建城邦的人不能因为他认为这一点是可能的而不制定法律。相反,针对所有城邦的事务都应制定法律,尤其是在两件事上,其一是疆域,不要使创建城邦的规模超出疆域能支撑的规模。其二是人口,应根据具体情况制定适合人类的法律。第三,城邦的创立者也应制定与相邻疆域有关的法律。首先,如果城邦应过政治的而非离群索居的生活(同其他城邦共同生活,在战争与和平中彼此结盟),这一点就有必要。因为这种城邦需要运用战争手段,不仅保卫自身疆域,也保卫他邦疆域,在那里,敌友活动十分活跃。其次,如果有人不赞成过战斗的生活,无论是为了个体还是为了整个城邦的公共生活,要想震慑敌人,公民们仍需整兵经武。不管敌人是否现实地侵犯了疆域,他们都要有所警戒。

8. 接下来,亚里士多德反驳了苏格拉底在给城邦规定财产限度方面所持的立场。在此方面,做了两件事。其一,他反驳了苏格拉底提议的财产自身的限度。其二,他反驳了苏格拉底的立场,因为后者并未考虑出生率[见10]。关于前者,他给出了两项论证。他一开始就指出,我们应思考是否可能采取有别于苏格拉底确定的方式,更准确地规定城邦一般应该具有的财产数量。苏格拉底指出,城邦应拥有充足财产,以使公民们过上有节制的生活。如果有人说,要想在城邦中过得好,城邦就必须有足够的财产,那么他就表达得更清晰。后一表达要更好,因为过上好生活包含了比"过有节制的生活"更多的内容。

9. 在第二项论证中,亚里士多德指出,人们可能生活有节制,却命运凄惨(即生活在赤贫中)。因此,苏格拉底前面讲的显然不充分。相反,我们认为,最好的规定是,人们应有充足的财产去过有节制的却慷慨的生活。倘若我们分别探讨这两件事,结果就会差强人意。因为,一方面,如果我们只是认为人们应慷慨地生活,他就将浸淫在与之无关的快乐中。另一方面，如果我们只说应过有节制的生活，人们就会生活于赤贫和辛劳中。为了避免这两种不尽如人意的结果，就需指出，人类应既生活得有节制，也应过得慷慨，这一表达才充分，唯有这两种德性才能使人类在资产的运用方面（即财产的运用方面）拥有好品质。

在与其他德性比较的过程中，上述内容尤其明显。不能说人们要恭顺地或勇敢地使用他们的财产，因为恭顺的德性与愤怒相关，勇敢的德性与恐惧和胆大有关，两者都不涉及财产的使用。然而，与饮食男女有关的节制（在此方面，大多数人白白浪费了资产）和与拿出和取得有关的慷慨，明显与财产的使用相关。因此可以说，某个人有节制地且慷慨地使用自己的财产。由于在这些方面，关于财产的使用会产生不正当的东西，因而与此相关，我们就应践行节制与慷慨。

10. 接下来他反驳了苏格拉底的立场，因为规定财产的量不能规定出生的量。在此问题上他做了六件事。第一，他提议说，苏格拉底所说的内容不合时宜，他指出，很奇怪，有人想要均分城邦的财产（即将它限定在特定数量内），与此同时，又未确立任何东西来限定公民的数量，反而允许在出生率方面不加限制。这就是苏格拉底的做法。

第二，亚里士多德也给出了影响苏格拉底的论证。在城邦中有许多妇女可能不能生育，因此，尽管其他妇女们子嗣众多，城邦人口仍保持恒定。近段时间以来在城邦中就发生了这种事。因此对苏格拉底来说，问题不必然出现在与男孩出生率有关的方面。

11. 第三，亚里士多德表明这一论证并不充分。在现今的城邦中，由于财产是分割的，每个公民都有自己的财产，不管养育了多少男孩都不会发生问题，每个公民担心的是以某种方式为儿子提供生存手段。但在苏格拉底的计划中，如果有权者的数量增加，由于财产不是在公民之间进行分割，被褫夺了继承权的儿子们，无论数量增加或减少，都不会获得财产。但如果城邦中有权者首先拿走了对他们及其家庭来说必需的事物,有权者的数量就会增多。

12. 第四,亚里士多德提出,必须控制出生的儿子的数量,他说,可以设想,如果出生的数量超出了财产总量,就应控制出生数量,也就是说,出生公民的总数不能超过城邦的财产能维持的公民总数。

第五,他表明,在规定该限度的过程中,人们必须遵守哪些内容。他指出,有关儿子的数量的规定必须考虑偶然事件(如婴孩的死亡和妇女的不孕不育)。也就是说,人们只会允许出生孩童的数目增长到能补偿因这些偶然事件产生的缺乏。

第六,他表明限制出生率如何是必要的。他指出,之所以必要,是因为倘若人们允许出生人口数上的无限制,则正如在那些城邦中普遍发生的,必然会使公民们沦为贫苦境地。许多只拥有从他们的父亲那里继承来的财产的儿子将沦为穷人,公民的贫困会使他们心生反叛和劣迹斑斑,因为,缺少生活必需品的人们急迫希望通过欺诈和劫掠来获得它。

13. 接下来,他反驳了《法义》中苏格拉底的有关说教。在此方面,亚里士多德做了四件事。首先,他表明苏格拉底在这些方面如何有别于其他立法者。他指出,立法者科林斯的裴多指出,有两件事应在城邦中得到遵循。首先是古代公民的家庭在财富和荣誉方面保持平等状态,尽管他们最初在田产的分配方面不平等(亚里士多德在后面的部分中[对观第8章,第2节]将会指出,它们如何被带到平等状态)。其二是保持公民数量的恒定。然而,在《法义》中我们却发现了相反情形,因为苏格拉底既未指明公民数量如何保持均衡,也未明确是什么构成了公民们在财富上的平等。相反,正如亚里士多德后面所说,苏格拉底允许某些人拥有较其他人更多的财富[见15]。但在后面部分中[对观第8章,第4-8节]将规定,在一切公民是否应该拥有平等财富这个问题上,何种方案更好。

14. 其次,亚里士多德也反对苏格拉底有关区分臣民与统治者的法律。他指出,苏格拉底的法律并未规定统治者应如何与臣民们相区分,尽管苏格拉底指出,他们之间应该有区分。正如制作毛线的材质不同于制作麻线的材质,苏格拉底指出,因为各人境遇不同,某些公民需要被擢升到享有统治权的地位,其他人仍需做臣民。但由于他提出了共妻和共子的建议,苏格拉底就无法根据出身在公民之间做区分。

15. 再次,亚里士多德反对苏格拉底在财产差异方面的立场,指出苏格拉底允许公民占有的私人财富五倍于其他公民的财富。根据相同理由,他也允许在不动产方面有同样的差异,其目的是不使所有的田产成为共有。

最后,亚里士多德也反驳了苏格拉底在家庭方面的立场,他指出,我们需要考虑苏格拉底引入的各种家庭是否会对家政管理产生不利影响。苏格拉底之所以说每个公民应有两个家庭,也许是因为儿子们彼此分家。但对一个公民来说,要使家庭大到能去居住两处房屋是很难的。同样,一个人为两个家庭支付开销也对家政管理有害无益。

第七章 苏格拉底的第二政体(2)

文本(1265b26 – 1266a30)

1. 这一整体安排的目标既非平民政体也非寡头政体,而是居于两者之间的某种政体,人们称之为公民政体。① 因为它由拿武器的人组成。

2. 因此,如果他想构建的是一种与其他城邦的政体相似的政体,那么他诚然讲得好。但是如果他希望他的政体是第二等好的政体,则他的讲法就不对。因为有人也许会偏爱斯巴达的政体,抑或是其他更有贵族味的政体。

3. 因此,有人说,最好的政体需要将各种公民类型混合起来,因而他们称颂斯巴达人的政体,他们说,斯巴达的政体包含了寡头制、王制和平民制。他们说,王权使之成为君主制的,长老的统治权力使其成为寡头制的,监察官的统治则使之成为平民制的,因为监察官出自民选。但也有人认为,监察官的统治是僭主制的,并认为,使斯巴达成为平民政体的是共餐制和日常生活的其他方面。

4. 但苏格拉底在《法义》中指出,最好的政制是由平民制和僭主制构成的,这一点讲得合情理。

---

① [中译按]Polity,译为公民政体。参见第三卷,第6章,第3节以及阿奎那的疏解。中译本中常译为"共和政体"(如吴译本),译为"公民政体"的理由参见颜-秦译本第88页。

5. 有人会认为,这些政体完全不合法,或是一切政体中最糟的。因此,将许多政体混合起来的人就说得更准确,由许多种政体构成的政体是优良的。

6. 并且,在《法义》中出现的政体不含有王制的要素,相反,它只含有寡头制和平民制的要素,苏格拉底想使政体更多地倾向于寡头制。

7. 选举统治者的方式证明了这一点。通过抽签从被选举者中挑选统治者既适合于寡头政体,也适合于平民政体。但惟有有钱的公民才被要求去参加公民大会、选举官员和履行其他政治事务的政体是寡头政体。因此这是一种确保大多数统治者是从有钱人和身份地位高的人中选出,以履行高级职务的做法。

8. 他也使议事会成员的选举成为寡头式的。因为所有成员都需要选举候选人,首先是从最高等级中选。其次,从第二等级中选出相同数目的候选人。最后,从第三等级中选出相同数目的候选人。但从第三等级和第四等级中选举候选人并不是必然要求。唯有第一等级和第二等级才需要从第四等级中选出候选人。因此苏格拉底指出,在上述情况中,在议事会中每一等级的成员数量应该相等。但来自最高等级中的选举人数量更多,也更优异,因为由于较低等级中的人没有义务参加选举,便不会去参加选举。

9. 因此,从上述内容中,并从我们接下来对这种政体的考察立即要讨论的内容中显然可以看出,我们如何能从平民政体和君主政体中构造出这一政体。

10. 选举统治者的方式,也就是选举选民中有资格的人是危险的。如果意志坚定的公民想要这么做,则尽管他们的数量少,议事会成员也通常能根据这部分人的意愿被选出。上述就是《法义》有关政体方面的事情所采取的办法。

疏 证

1. 亚里士多德在反驳了《法义》中苏格拉底有关教育的立场后，在此又反驳了苏格拉底在城邦组织方面的立场。首先，他在与平民有关的方面提出了反对意见。其次，他在与统治者有关的方面提出了反对意见[见3]。

为了证明上述说法，我们应注意，正如他在后面部分所说[对观第三卷，第6章，第1-4节]，存在六种不同的城邦组织，即由一人或少数几人或由许多人来统治各城邦。如果由一人来统治，不是王制就是僭主制。如果他能做到有德性，以臣民的共同利益为目标，就是王制。倘若他是邪恶的，使一切都为了满足自己的利益，损害臣民的利益，就是僭主制。如果少数人应该统治城邦，并且照管民众福利的人是因其美德被选出，我们就称其为贵族制（即由有德或最优异的公民统治），抑或由少数人来统治，他将使一切属于城邦的事务服从于他自己的利益，如果这种人因其财富或权力，而非因其德性被选出，我们就称这类政体为寡头制（即少数人的统治）。类似地，如果许多人来统治城邦，如果是由有美德的公民们统治，那么我们就用如下这个一般性的名称即公民政体（polity）来称呼它。但在城邦中，也许不会有那么多有美德的人，除非是在军事美德方面。因此，这种政体就是由城邦中男性卫士进行统治的政体。但倘若全体人民想要集体统治，我们就称这种政体为平民政体（即平民统治）。

因此，他一开始就指出，根据《法义》，人民的整体性组织即城邦，既非平民政体，也非寡头政体，而是存在于两者之间的某种政体。有人用一般的名称"公民政体（polity）"称呼之，这种政体由拿武器的人组成。由于苏格拉底将城邦的人民划分为两部分，其一是卫士，其二是工匠和农人。但由于农人们应待在田野之间，因此亚里士多德总结说,几乎所有居住在城中的男子都是卫士。

2. 接下来亚里士多德表明,苏格拉底在哪些方面讲得好,在哪些方面讲错了,他指出,倘若苏格拉底建立了一种为其他政体共有的组织,他也许是对的。寡头政体只属于高级阶层,平民政体只属于低级阶层,但他的政体却包含了两者之间的东西。因此,他的政体由于同这两种政体有相同的东西就更普遍。但倘若苏格拉底将这种组织形态确立为第二等好的,则他就不正确。亚里士多德指出,第一个组织形态是王制,这或者是因为它在时间上在先,最初由王来统治一切城邦,或者是因为它是最好的政体,但前提是王是善的。在第一政体之后,我们不能说,卫士的政体最好,因为贵族制(即有德者的统治)要更好。斯巴达人就是根据后面这种方式统治的,尽管其他公民仍然受着更具贵族味的统治。

3. 接下来他反驳了苏格拉底在城邦中确立的与统治者有关的组织。在这个方面,他做了两件事。首先,他陈述了苏格拉底的观点。其次,他反驳了这个观点[见 3]。关于前者,他做了两件事。第一,他提出,前述在城邦中存在的政体如果混合起来要更便利。第二,他揭示了苏格拉底是如何将它们混合在一起的[见 4]。他一开始就指出,有人说城邦的最好政体是前述政体的混合。因为,同某种政体的混合可以使另一个政体得到缓和,而如果一切公民都能参与城邦的治理,叛乱的理由就不存在了(即平民在某些事务中享有统治权,另一些有权者在另一些事务中享有统治权,王则在其他事务中享有统治权)。

因此斯巴达城邦的组织就最值得称颂,但对此有两种意见。有人说,它由三种政体组成,即由寡头制(即少数人的统治)、王制(即一人之治)和平民制(即平民统治)组成。因为斯巴达人在他们的城邦中有一个王(这属于王制);有从城邦中位高权重的人物中选出的长老(这属于寡头制);还有从平民中选出的统治者,名曰监察官(即[供养者]providers),这属于平民制。也有人认为监察官的统治属僭主制,因为他们根据自己的想法统治。但在城邦中,还有其他统治者,他们负责共餐制和其他城邦日常生活的事务(如购买食物和其他商品),持第二种意见者认为它属于平民制。

4. 接下来,亚里士多德揭示了苏格拉底如何构建混合政体,他指出,在《法义》中,苏格拉底认为,最好的政体应由僭主制和平民制构成。苏格拉底之所以这么讲,也许是因为僭主的权力会限制平民的权力,而平民的权力也会制约僭主。

5. 接下来,亚里士多德反驳了苏格拉底的看法。首先,他表明这种组织本身不恰当。其次,他表明,苏格拉底确立的制度不适合于这一混合[见6]。他一开始就表明,我们不应将前述两种政体即僭主制和平民制称为真正的政体,因为它们受制于意志的冲动,而非遵守理性的秩序。或者我们应将它们称为政体中最糟糕的政体。因此说最好的政体是由最糟糕的政体构成,这种说法显然不恰当。由此看来,将诸多政体混合从而构建城邦组织的人就做得更好,混合程度越高,政体越优良,因为许多成员都会共享城邦的治理权。

6. 亚里士多德接下来反驳了苏格拉底关于他建立的制度所持的观点,这种制度不适合于前述混合。在此方面,亚里士多德做了两件事。首先,他揭示了苏格拉底建立的制度不与前述混合方式一致。其次,他表明,它们充满了内在危险[见10]。关于第一点,他做了三件事。首先,他阐明了自己的目标。其次,他证明了所提议的内容[见7]。最后,他表明前面提及的政体混合如何实现[见9]。他一开始就指出,苏格拉底想要将平民政体与僭主政体混合起来构建政体,这种混合构成了王制的类型之一。但如果人们思考一下他确立的内容,则在其政体中没有什么内容属于王制(即从属于一人统治),相反,所有内容都属于寡头制和平民制(即属于有权力者或公民),但他的组织形态更倾向于寡头制。

7. 接下来,亚里士多德揭示了他建议的内容。首先,他在有关选举统治者的方面揭示了它们。其次,在选举议事会成员的方面也揭示了它们[见8]。他一开始就指出,从苏格拉底确立统治者的方式中很容易发现他的主张。苏格拉底认为,有些人首先应该被选出,再以抽签的方式从中决定统治者。对平民政体如此,对寡头政体来说也一样,因为选出的人不仅来自平民,而且来自上层阶级。但他也确定了其他属于寡头制的内容,召集议会是城邦中有钱人的事,他们向平民们举报选出的统治者。此外,他只希望由有钱公民来做属于城邦组织的事。类似地,苏格拉底期待寡头制,在此,大多数统治者来自有钱人,他们在城邦中身居要职。

8. 接下来亚里士多德解释了,在议事会成员的选举中,苏格拉底如何倾向于寡头制。① 他说,苏格拉底将公民划分为四等级,由其中某些人选举议事会成员。第一等级中的全体成员都必须进行选举,第二等级中只有某些人才进行选举,这些人在数目上与第一等级中的选举者相等。他们有义务进行选举。接下来从第三等级和第四等级之中会有相同数目的人被选出。但并不要求这些等级中全体有资格选举的人都参加选举,只有第一等级和第二等级的人才能从第四等级中选举议事会成员。因此,苏格拉底指出,从城邦的每一等级中都产生同等数目的议事会成员。但不必然如此。毋宁是,通常从最高等级中选出更多和更富有的议事官,因为等级较低的阶层并不都参加选举,他们没有义务这样做。

9. 亚里士多德接下来指出,他刚才讨论的内容,以及他接下来考察混合政体时将要谈到的内容,② 可以阐明如何从平民制和王制中确定这类政体。

10. 接下来,他指出,苏格拉底确定的选拔统治者的方式是危险的。他认为,苏格拉底确定的选拔统治者的体系,即统治者从之前选出的选举者中进行选拔的体系,对城邦来说是危险的。最初选出的人(统治者正是从这些人中选出的)相对城邦的全部人口来说

---

① 阿奎那有关议事会成员选举过程的描述与亚里士多德的描述在少数细节方面有出入,亚里士多德的拉丁文十分含糊,这也许就是存在差异的原因。

② 《政治学》,IV,9(1294a30 – b41)。

只是小部分。腐蚀他们要比腐蚀整个城邦容易。倘若有人想要永远把持权力,即便数量少,统治者也总是能根据这些人的意愿被选出,因为他们会相互选举并轮流掌权。

在最后总结中,他总结指出,《法义》中与苏格拉底的政体相关的内容就是前述那么多。

第八章　法勒亚斯的政体(1)

文本(1266a31 – 1267a21)

1. 还有其他一些政体,有些是未受教化的民族建立的,另一些是由哲学家和政治领袖们提出的,但他们描述的政体都与时下既有的政体相接近,而不同于柏拉图的政体。除了柏拉图,不曾有人提出过共妻和共子抑或妇女共餐制的政体,其他人都从生活的基本需要出发建立政体。

2. 在有些人看来,有关财产的良好安排是非常必要的,他们认为,一切叛乱的产生都与财产相关。卡耳克冬的法勒亚斯首次得出这个结论。他说,公民们的财产必须平等。他认为,城邦在创建之初想要实现这一点并不难。并且认为,尽管已确立起来的城邦想要实现这一点很难,但通过嫁妆就能迅速地实现这一点,即要求富人们只拿出而不收受嫁妆,穷人们只收受而不拿出嫁妆。

3. 柏拉图在《法义》中指出,应该有权在某一限度内获得财产,但正如我前面所说,任何公民不得拥有超过最低限额五倍的财产。

4. 通过这种方式立法的人应牢记(如今他们总是忽视这一点),规定财产总量的人也应规定出生的人口数。倘若孩子的总数超出了财产总量,则法律必将废弛。倘若法律能够得到维持,则大量的富人将会沦为穷人,这是错误的,因为不需要有这些想叛乱的人。

5. 因此,甚至有些古代人也似乎承认,平均财产在城邦中意义重大,比如说梭伦制定的法律。而在另一些古人那里,有一项法律禁止人们任意获得土地。类似地还有一些法律禁止出卖财产。比如,在洛克里城就有一项法律,规定除非想出卖自己财产的人能证明在他身上发生了明显的不幸,否则不得出卖财产。进一步地,有一些法律要求保持先辈们传下来的地产。由于废除了这些法律,结果就使琉卡斯的政体过度平民化,因为公民们再也不可能因为特定的财产资格获得统治权力。

6. 财产的平均数量如果过大,公民们的生活就显得奢侈,如果过少,公民们就生活在赤贫中。因此,很明显,立法者使财产变得平均还不够,相反,还要使其适中。

7. 倘若有人能为所有公民安排适度的财产量,也依然无济于事。使欲望适度较之使财产适度更必要,但除非法律能给予公民们以充分的教育,否则这一点将是不可能的。

8. 然而,法勒亚斯也许会说,这就是他本人的意思,因为他认为在城邦中有两件事应该平等,这就是教育和财产。但这究竟是一种怎样的教育呢?说教育应该对所有公民一视同仁根本无济于事。尽管有一种一视同仁的教育,却是一种使公民们过度热衷财富、名位或同时热衷于两者的教育。

9. 进言之,人们之所以彼此不合,不仅因为财产不均,也因为名位不均,尽管产生两种不均的方式相反。大多数人之所以不愉快是因财产不均,有才能的人之所以不愉快是因名位,如果每个人获得的名位都一样的话。因为不论是恶人还是好人都想要有名位。

10. 人们不只是因为要追求生活必需品而针对财产实施犯罪(法勒亚斯认为,财产的平均是一剂良药,这样人们就不会因饥寒而偷盗,而乐享其成,不欲求过多)。倘若想要的东西超出了生活必需,他们就会将犯罪作为缓解欲望的手段。他们不仅会出于此一原因犯罪,如果他们想要无痛苦地安享快适,也会因此犯罪。究竟什么是这三种情形的疗救之法呢?对第一种情形而言,财产和享乐的量必须适度;对第二种情形而言,要求有自我克制;而对第三种情形而言,如果人们能在自身中体会到沉思的乐趣,就只能在哲学中寻求疗救之法了。而其他的疗救之法都依赖他人。

11. 人类所犯的最严重的罪行起因于追求卓越，而非因为追求必需之物。人类不会为了不受天寒而去做僭主。因此，杀害一个僭主较之杀掉一个窃贼更显荣耀。如此，法勒亚斯的政体采用的方法仅对轻罪有效。

12. 进言之，不仅需要规定与公民们和平相处有关的事务，而且对于与邻邦和外邦民族的关系也要加以安排。需要建立一种军事上强大的政体。但法勒亚斯并未谈到这一点。

疏　证

1. 亚里士多德在讨论苏格拉底或柏拉图的政体之后，继续讨论了一个名叫法勒亚斯的人提出的政体。在这个问题上，亚里士多德做了三件事。第一，他描述了法勒亚斯提出的城邦组织。第二，在法勒亚斯讲得对的地方，他表示了赞同[见5]。第三，在其有缺陷的地方，他予以了反驳[见6]。关于第一点，他做了两件事，其一，他将这个政体与后来谈到的政体同苏格拉底或柏拉图的城邦组织关联起来。其二，他描述了法勒亚斯的城邦组织[见2]。

因此，亚里士多德一开始就指出，在苏格拉底或柏拉图的政体之外，还存在其他政体（即城邦组织）。纯朴又未受教化的民族创建了某些政体，哲学家和城邦生活之中的智者和专家则创建了其他政体。人们设想的某些政体从未在任何城邦中存在过，但在此也有其他政体，特定的民族借此组织起他们的城邦生活。较之同先前提到的苏格拉底或柏拉图的政体，这些政体之间的关系，以及它们同对城邦而言是正当的事物之间的关系要更密切。先前考察的苏格拉底的第一政体涉及共妻、共子和共有财产，第二政体则关系礼法，后者是柏拉图后期作品中的内容。正如此前阐明的，其他立法者并未得出苏格拉底第一政体关于共妻、共子和共有财产的结论，或是要求任何与属于第二政体的共餐制相关的事[对观第6章,第4节]。相反,立法者从更为根本的事情出发构建他们的城邦。

2. 接下来亚里士多德描述了法勒亚斯确定的政体。在此问题上,亚里士多德做了四件事。首先,他揭示了多数立法者的目标。指出,对某些立法者而言,最必需的是确定财产(即公民的私有财产)的正当秩序。财产最有可能导致城邦中的叛乱,这是立法者关注的重点。

其次,亚里士多德揭示了法勒亚斯在此问题上确定的内容,他说,法勒亚斯是第一个在这个问题上做判断的人。法勒亚斯想要使公民的财产平等。他说,这在城邦建立之初不难办到,因为财产能在公民之间平均分配。而在已建立的城邦中(在此公民们的财产不均)要实现这一点就非常艰难。但可以通过嫁妆使财产迅速恢复到这一水准,即使与穷人联姻的富人拿出嫁妆而不收取嫁妆,使穷人只收受而非拿出嫁妆,直至所有人的财产实现平等。

3. 再次,他揭示了在这个方面,柏拉图是如何以不同的方式来要求的。柏拉图认为,任何公民都无权占有超过最低限度财富五倍的公民财富。但在与私有财产有关的方面,我们需要理解这一点,因为他使不动产成为共有。

4. 最后,亚里士多德揭示了所有立法者的不足。他们并未认识到这一点,他们确定了关于财富总量的额度,就有必要在儿子的数目上规定额度。这个额度可能是,没有人能生育超过一定数量的后代,或者在孩子超过特定数量之后,多余的男子就要被送出去建立其他城邦,抑或采取其他办法。因为,倘若所生育的儿子的量超过了分配给每个男子的财富量,则有关财富平等的法律就必定落空。比如,如果拥有平等财产的公民中,有一位生育了四个儿子,另一位只生育了一个儿子,他们的儿子就无法通过继承获得平等的财产。

除了法纪废弛,还会产生其他恶果。当有钱公民的财产在许多儿子之间分割时,出身富有的人将会陷于贫困。这是一种危害,对城邦的和平而言,有必要使可能产生叛乱之心的富人的儿子们不陷于贫困,因为他们可能成为劫掠者,倘若每个公民拥有的财富量不受限制,这一点就不会发生。随着儿子数量的增加,每个人都会费尽心思地增加财富。因此,或者不对财产定额度,或在对财产定额度的同时在儿子的数目方面也要附加限制。

5. 接下来,就法勒亚斯给财产规定额度而言,亚里士多德对前述安排表达了赞赏,以防止他看起来因为前面提及的缺陷而拒绝这种安排。他之所以赞成这一限制,出于如下理由:首先,他是在古代立法者的权威基础上表达这一赞赏的,他认为,有些立法者承认,使公民们拥有平等的财产能产生巨大力量,从而维护城邦的幸福。七贤之一的梭伦,就是那个为雅典城制定礼法的人,将其他民族也遵守的东西确定为法律,规定人们只能在特定额度内占有土地,而非随心所欲地占有土地。类似地,在某些城邦中,也有法律禁止公民们出卖财产。自古以来,在卡拉伯利亚的洛克里城就有一项法律,规定除非能证明自己遭遇了极大不幸(如为敌人俘虏,或是遭逢类似的事),否则不得出卖财产。类似地,也有法律规定,城邦自古以来的地产要完好无损地保存。所有这些措施都是为了使公民们的财产达到平均。

其次,亚里士多德通过一系列不恰当的结果得出了相同的结论,他指出,倘若在城邦中不对财产规定限制,政体就将过分平民化(即过分偏向普通平民)。由于每个公民有权任意购置财产,地位等级较低的人便因此擢升,地位等级较高者将因此下降。由于在公民身份方面产生的这种额外的混淆,来自特定等级中的公民将不会被遴选为统治者。

6. 接下来亚里士多德反驳了前述安排:首先指出它忽视了某些内容;其次指出它对于财产的平均分配并不适当[对观第9章,第1节];最后指出它关于工匠的规定也不适当[对观第9章,第5节]。在前一方面,他做了三件事。第一,他表明法勒亚斯忽视了公民教育方面的事务。第二,他表明法勒亚斯忽视了城邦和平方面的事务[见9]。第三,他指出法勒亚斯忽视了与城邦生活有关的事务[见12]。

关于第一点,他给出了两项论证。首先是公民之间有一种财产方面的平等。但平均的财产既不能太多,如此公民们就太过奢侈,会败坏风尚,也不能太少,如此公民们的生活就过于拮据,无法实现互助。两者都对公民们的良好教育不利。因此,法勒亚斯作为立法者显然尚有不足,他只是做到使公民们的财富平等,但还需要规定一个适中的财产量,俾使公民们既不过分地追求快适,也不被迫生活得太过寒碜。

7. 亚里士多德给出了第二项论证,在此方面做了两件事。首先,他给出了这一论证,指出,即便有人要求全体公民拥有适度的财产,亦不足以给公民们带来好生活。灵魂适度的内在欲求较之规制外部财产更有必要,前者使公民们不欲求过度之事,后者使公民们不拥有过多的财富。但惟有运用适当的法律充分地教育人,欲求才能变得适度,但法勒亚斯并未提议过这种法律。因此他就并未充分地讨论与公民教育有关的事。

8. 其次,亚里士多德也排除了法勒亚斯可能提出的反驳,在对上述论证的回应中,后者也许会指出,城邦两者都需要,既要财产平等,也要教育平等(即采取同样的教育塑造全体公民)。但面对这一可能做出的反驳,亚里士多德指出,法勒亚斯务必指出,对塑造全体公民必要的教育究竟包含何种内容。仅仅指出教育应该一视同仁还不够。相反,塑造公民的教育应该做到使人不希望超出他人,无论是在财富上,还是在名位上,抑或同时在这两个方面。由于法勒亚斯忽视了这种教育,他就不是一个合格的立法者。

9. 接下来亚里士多德表明,法勒亚斯也忽视了与城邦和平有关的事务。在此方面给出了三项论证。首先,公民们之所以拉帮结派,既因财产不均,也因名位不均,但两者的不均方式不同。较低阶层的人民关注财富而非名位,会因财富不均而彼此不和。才华出众、在德行方面卓异于众人者,会因平庸之辈获得了与他平起平坐的地位而挑起事端。因此,立法者应规定名位之事,即规定有些名位只应授予善良之士,其他名位即便是邪恶之徒(即无德之人)也能享有。如此,城邦才会有和平。由于法勒亚斯忽视了这一点,就没有详尽讨论对城邦和平来说正当的事。

10. 亚里士多德的第二项论证如下。人类针对他人犯罪的最首要原因是为了获得生活必需品,法勒亚斯认为,要想弥补此一不足就要使公民之间的财产平均。所有公民都获得生活必需品,人们才不会为免于饥寒而劫掠。但人们并非只出于此一原因而犯罪。为了享受快适的生活而不使欲望得不到满足,人们也会针对近邻犯罪。如果某些人对世俗生活的必需品有更大欲求(即在希腊人的通俗用语中,对必需品有更多热衷),若他们想要的东西超出生活所需,他们也会犯罪,采取暴力或欺诈手段巧取豪夺他人财物,将其作为缓解欲求的手段(满足其欲求)。人们出于这后一种原因而犯罪,也因某些人希望享受快适的生活,而不遭受痛苦。因此他们也针对如下这类人犯罪,因为他们担心这些人会压迫自己而给自己带来痛苦。

因此,对城邦和平来说,立法者有必要炮制良药,防治这三种犯罪的根源。对为了获得生活必需品而犯罪的人来说,适量的财产和为获得生计的适度劳作是疗救之法,因为自然只需少量事物便能获得满足。而能节制人类心中对快适生活的欲求的自制,对出于对快适的欲望而犯罪的人则是良药。对第三类人来说,即对为免受痛苦而犯罪之人来说,可以运用哲学来疗救。这一疗救之法与能享受无痛苦的快适的人有关,能使人类不因困厄过于痛苦。但在前两类情形中,人类能互帮互助。由于法勒亚斯忽视了后两种疗救之法,只为第一种犯罪给出良方,就未能给出应给予的东西。

11. 亚里士多德给出了第三项论证,指出人类为了获得财富与名位的优势,而非为了获得必需品,最容易犯罪。比如,僭主之所以实行僭政,显然是为了获得前述优势,而不是为了免于饥寒。由于僭主在城邦中犯下重罪,就会赋予诛杀僭主的人士以莫大荣耀。此种荣耀不会授予杀害盗贼之人。法勒亚斯并未针对僭主的罪行提出任何良方。他的城邦组织只对反对轻罪有用,而无益于反对重罪。

12. 接下来亚里士多德表明,法勒亚斯的城邦组织在城邦生活方面也不充分。既然需要在城邦中建立与公民们和平相处有关的制度,也必须建立与城邦同其邻邦或异邦人和平相处有关的制度,由于某些邻邦人或异邦人是需要反戈一击的敌人,在城邦中必须建立军事力量方面的组织。但法勒亚斯并未注意到这些问题,很明显他没有充分地建立起城邦的组织形态。

第九章　法勒亚斯的政体(2)

文本(1267a21 – b21)

1. 对财产而言也如此。财产不仅要足以应对外来危险,对内部的使用来说也应充足。因此,其总量不应大到令最强大的邻邦觊觎而所有者无力击溃进犯者的程度。也不应过小,以至于所有者无法发动战争抵御力量相当或同类的敌人。法勒亚斯在此方面未做任何规定,但必须注意,财富的富足好处多多。最佳限度莫过于财产不应过多,免得因富庶招致势力较强的城邦发动劫掠战争,而是要做到仿佛公民们没有那么多财产。当奥托弗拉达特想要围攻阿塔奈斯时,尤布洛斯要他考虑攻克所需的时间,并估算围攻所要耗费的成本,他建议不如接受一笔少量赎金,立即放弃围攻。这番话得到了奥托弗拉达特的赞同,最终取消了围攻。

2. 为避免公民争端,平均财富是有效的,但不是最有效的办法。卓异之士认为自己配享更多,对此不免义愤填膺,出于这个原因,他们总是会带来麻烦和引发叛乱。

3. 并且,人类邪恶的自然难以满足。一开始一点钱就使人满足,当这成为祖传的正当时,他们就想要更多。无休无止是欲望的自然,这是多数活人想要满足的。因此,不是均分统治者的财产,而最好是确保人们出于自然不去贪求,出于自然是邪恶者无法做到这一点。对于后者,若是施加规制,也能达到效果,但不可待之不公。

4. 法勒亚斯在财产平等这件事上的做法也不正确。他只做到使不动产平等。但在此还有其他财产,如奴隶、耕牛、金钱和被称为个人资财的多数物品。因此,人们应追求在所有物品方面做到平等或适度,抑或一切财产都应毫无限制。

5. 从法勒亚斯提议的法律中还可以看出,如果所有工匠都是公共奴隶,而非属于城邦的增加部分,他建构的就是一个小型城邦。但倘若需要从事公共劳作的公共奴隶,就应采取埃比丹诺斯地方的办法和狄奥芬托在雅典采取的办法。因此,从前述内容中就可判断,法勒亚斯关于政体的讲辞哪些正确,哪些错误。

疏 证

1. 亚里士多德在反驳了法勒亚斯政体在公民教育、城邦和平和城邦公民方面忽视的内容之后,在此反驳了法勒亚斯在财产方面做出的不充分规定。关于这一点,亚里士多德给出了四项论证。首先,他指出,法勒亚斯并未对财产进行充分规定,尽管他在公民之间为财产规定了限度,规定所有人应拥有平等的财产,但并未规定城邦应拥有多少财产。这方面的限制,既应考虑城邦的用度,主要与衣、食相关,也应考虑防御外来危险。如此就应考虑与城邦的财富总量相关的两件事。第一,财产不应过多,以至于诱使更强大的邻邦觊觎它,以至于公民们无法抵御邻邦的进犯。第二,财产也不能过少,否则就不足以备战,公民们就不能抵御同他们势力相当或类似的敌人。

因此,我们务必承认财富对城邦是有利的,这将使公民们拥有充足的财产,既能用于城邦生活的开销,也能发动战争。财产总量的最佳限度不应过多,否则就会很容易使公民们起意发动反对他们的更强大敌人的战争,因为财产十分富足。然而,依然要有充足的财产,这样才能稳妥地发动战争,反抗没有如此多财产的人,从而能够防御他们。①

---

① 尽管对亚里士多德的拉丁文本的这种理解是可能的,却不符合尤布洛斯的例子出现的语境。

抑或我们可从另一角度来理解。关于公民财产的限度应该是,不轻易使势力较强的城邦艳羡公民们富足的财产,发动针对城邦的战争,而要使其认为公民们没有太多财产,不值得为劫掠它而发动战争。他补充的例证证实了这一点。当名叫奥托弗拉达特的统治者想要围攻一个叫阿塔奈斯的城邦时,智者尤布洛斯(一名智慧的顾问官)要求他考虑攻克这座城邦所耗的时间,并估算在此期间内攻城的用度。如果奥托弗拉达特发现他攻陷城邦之后的所得要少于他在围攻期间的花销,他就会放弃攻城计划。统治者同意了这个建议,取消了围攻。但倘若能获得更多财富,他就不会取消围攻。因此前述针对财产的限制能给城邦带来好处。但法勒亚斯忽视了这一点,他并未对城邦的财产进行充分规定。

2. 亚里士多德给出了第二项论证,他说,公民们拥有平等的财产,在某个方面对城邦有利,有助于避免内部产生公民争端。但若引发争端的事件由上层而来,这一防止底层人士发动公民骚乱的机制就不重要了。如果城邦中的卓异之士(即显贵和有德之人)获得的东西与他人一样,但其实他们理应得到更多,他们便不免义愤填膺。正如平等者得不平等之物有悖于正义一样,不平等者得平等之物也有悖于正义。这就是为何较高阶层中时常动荡不安和派系林立的原因。正义维系着城邦的和平,对正义的冒犯会招致叛乱。因此,法勒亚斯在财产事务方面的规定也不充分。

3. 亚里士多德的第三项论证说,人类的意志即便能在必需品方面获得满足,但邪恶的欲望却难以满足。首先,对一无所有的人来说,拥有少量的钱财就已足够。而当他获得或通过继承得到较多金钱之后,正如我们时常所见,他便会得陇望蜀、索取更多。之所以如此,是因欲望的本性趋向于无限,不仅要追求生活必需品,还要追求一切能给人类带来快乐的事物。这些事物是无穷无尽的。由于大多数人为满足自身的欲望孜孜以求,就可以得出,他们的欲望无法获得无限的满足。由于有人想要他人的东西,就会在城邦中引发叛乱。因此,立法者就需要规制这些事物的源头,也就是欲望,而不只是规制财产。

然而,实现这一点对善人和对恶人来说采取的方式各异。立法者需要制定如下体系,即出于自然是正义的人(出于自然有美德的人)不去贪求(觊觎他人的财产),他通过使自身养成爱正义的习惯做到这一点。对恶人来说,则应制定法律,以使他们不能偷窃他人的财产,尽管他们想要这么做。对此两件事是必要的:其一,在城邦中恶人应受抑制(使他们处于较低阶层),如此他们就不能伤害他人。其二,针对恶人也不能行不义,因为不义使人类伤害他人。由于法勒亚斯忽视了这种教育,他就不是一个合格的立法者。

4. 亚里士多德给出了第四项论证,指出,法勒亚斯在有关财产平等方面的讲法也不充分,因为他只做到在不动产方面,即土地所有权方面使公民们的财产平等。但存在另一种类型的财产(即奴隶、动物、金钱和其他称为个人资财的生活物品)。法勒亚斯在这些事物的平等方面并未发表意见。但我们不仅要在不动产方面还要在个人财产方面确立平等,根据其他方式对个人财产作出安排,或者是不对它们设立限度。相同的论断不仅适用于不动产,也适合于个人财产,因为城邦的骚乱来源于这两方面。

5. 接下来亚里士多德反驳了法勒亚斯关于工匠的安排。他说,根据法勒亚斯提议的有关工匠的法律,只能建立一个小型城邦。法勒亚斯希望所有工匠都为公众工作,根据公民的需要分配产品,因此,工匠仿佛是城邦的奴隶,而并未补充到城邦公民全体中。如此一来城邦可能很小,因为如今我们认为城邦的优异部分也包括工匠。但正如在埃比丹诺斯城和立法者狄奥芬托在雅典确立的,在城邦中要有公共的劳作者从事公共劳作。

在最后总结中,亚里士多德指出,人们可从前述内容中得知,法勒亚斯的政体哪些是好的,哪些有弊端。

第十章　希波达莫斯的政体(1)

文本(1267b22 – 1268a15)

1.（欧鲁丰之子）米利都的希波达莫斯发明了城邦划分,还建立了城邦的外围①。由于热衷名位,他特立独行,过着与众不同的生活,在人们看来,此人行为怪癖,留着长长的须发。不仅如此,无论冬夏总是穿一身廉价且暖和的衣裳。他也希望被人看作是在自然整全方面的专家。他是第一个未从过政、未做过实务家,却想在最佳政体的事上表态的人。

2. 他设计了一个拥有10000男性的城邦,将其划分为三部分:其一为工匠,其二为农人,其三为卫士。

3. 他将城邦疆域划分为三部分:其一用于祭祀,其二为公用,其三为私用。祭祀用的土地是指所得收成皆归于神的土地。公地则是为卫士提供生活所需的土地。私田指农人的土地。

4. 他也认为,只有三种法律,与之相关产生三种诉讼,即与侮辱、损害和杀人有关的诉讼。

5. 根据法律他设立了最高法庭,下级法庭的一切明显有误的裁判都应上诉到这个法庭。在这个法庭之中做法官的是选举出来

---

① ［中译按］此处有疑问,原文为suburbs［外围、邻区］,颜－秦译本中说得具体,即"比雷埃夫斯港",参见颜－秦译本第53页,吴译本讲得更具体,"为拜里厄斯港(即比雷埃夫斯港)完成了整齐的道路设计",参见吴译本,第75－76页。

的长老。

6. 他认为,法庭的判决不能简单地通过收集法官①的选票来决定。每个法官都有一块石板,如果要做有罪判决,就在上面写有罪;倘若要做无罪判决,就使石板留白;如果要做部分有罪、部分无罪的判决,②就要在石板上将这一点清楚地记载。希波达莫斯认为,他那时的法律是糟糕的,因为在那些情况下强迫法官给出确定的判决就违背了他们就任时的誓言。

7. 他进而制定了一项与发现对城邦有益的事物的人相关的法律,规定他们应该获得荣誉。此外,又规定战死沙场者的孩子应由公共财政抚养,他认为,这件事迄今为止在其他地方还未在法律上获得规定。但实际上,在雅典和其他地方,眼下已采行了这项法律。构成政治体三个部分的人民选举所有统治者。被选出的人负责公共事务、与外邦人有关的事务和与孤儿有关的事务。这些就是希波达莫斯有关城邦组织方面的最主要的,也是最值得一评的事务。

疏　证

1. 亚里士多德在考察法勒亚斯的政体之后,开始讨论希波达莫斯的政体。在此方面,他做了三件事。首先,他解释了立法者的背景。其次,描述了希波达莫斯建立的政体[见2]。再次,在某些具体事情上,他对其进行了反驳[对观第11章,第1节]。关于第一方面,他做了三件事。第一,他叙述了希波达莫斯在政治事务方面的设计,指出他想根据公民的不同等级对城邦进行划分,也建立了(即开拓了)城邦的外围,并发现了应如何开拓城邦疆域的各种外

---

① [中译按]英译文为 juror－judges,直译为陪审法官,吴、颜－秦译本均译为审判员。但吴译中有一处注明审判员(陪审员),参见吴译,第79页。

② [中译按]原文为 if the juror－judge's verdict was qualified。

围。希波达莫斯为欧鲁丰之子,来自米利都。

第二,亚里士多德解释了希波达莫斯的生活方式,指出希波达莫斯贪慕名位,在私人生活中做了许多特立独行的事,而这些事不同于他在公共生活中所做的事。比如,他行为古怪,如留长长的须发,穿低廉的衣衫,无论冬夏都穿暖和的衣衫。

第三,亚里士多德解释了希波达莫斯的兴趣。希波达莫斯希望探究事物的本质,他是第一个没有参与政治生活,却想对什么是最佳政体下判断的理论哲学家。

2. 接下来,亚里士多德描述了希波达莫斯政体有关城邦组织的规定。首先描述了与希波达莫斯发明的城邦划分相关的安排。其次描述了与诉讼相关的安排[见4]。再次描述了与公民教育相关的安排[见7]。关于第一方面,他做了两件事。其一,他揭示了希波达莫斯如何划分公民人口。其二,他揭示了希波达莫斯如何划分城邦财产[见3]。他一开始就指出,希波达莫斯规定城邦的最佳人口数是10000名男子,并将其划分为工匠、农人、卫士三个部分。

3. 接下来他表明希波达莫斯如何划分城邦财产,指出,希波达莫斯将城邦的全部土地(即疆域)划分为三部分。他将一部分用于祭祀,从该部分得来的物品供人类用于对神的崇拜。他希望第二部分用于公共生活或共同生活,用来供给卫士。最后他想使第三个部分成为私有,在农人之中分配。

4. 接下来,亚里士多德描述了与诉讼相关的政体安排,做了三件事。首先,他指出,希波达莫斯认为,只有三类法律,对应三种在诉讼中争执的事端,即侮辱、损害和杀人。侮辱是对他人的口头谩骂,损害指导致他人财产受损,杀人则指侵害他人人身。

5. 其次,亚里士多德指出,希波达莫斯设立了最高法庭,一切没有得到正确裁判的案件都可以上诉到这个法庭。希波达莫斯想使这类裁判交由专门选出的长老处理,长老们不仅明辨,而且有德。

6. 最后,希波达莫斯还规定了他希望审判过程遵守的程序。尽管许多法官都能给出裁判,但他认为,法官们对即将给出的裁判不能交换意见。相反,每个法官都应在即将给出的判决方面独立思考,并在书写板上载明自己的看法。如果法官认为应给出有罪裁判,只需记载有罪。如果认为被告应被判无罪,就无须记载。而倘若在他看来,被告部分有罪、部分无罪,就应在书写过程中载明。如此,根据所有书面陈词就会确定多数人的意见。他认为,时下的法律要求法官们在投票前交换意见是错误的。法官们在给出意见时要受誓言约束,而在多数人不同意某位法官的意见时,倘若该法官不敢给出自己的观点,集体讨论就会迫使他背弃誓言。

7. 接下来,亚里士多德描述了希波达莫斯有关公民教育的安排。他描述了希波达莫斯的四项法律。第一项法律规定,能发现有利于城邦的事物的人应得享名位。

第二项法律规定,在战场中为城邦献身者的儿子应由公共财政抚养。希波达莫斯认为这一点尚未在其他城邦中获得确立,但其实那时在雅典和其他城邦中这项法律已得到实行。

第三项法律涉及统治者的选举,规定要使全体人民选举统治者。希波达莫斯认为,人民由城邦的上述三部分构成,即由工匠、农人和卫士构成。

第四项法律涉及统治者的职责,规定被选举为统治者的人应负责与城邦的公共财产、外邦人、孤儿和其他无权者有关的事务。

最后,亚里士多德总结指出,他已经讨论了希波达莫斯规定的大部分内容和最值得一提的内容。

第十一章　希波达莫斯的政体(2)

文本(1268a16 – b22)

1. 人们首先质疑的是公民人口的划分。工匠、农人和卫士都参与统治。农人没有武器,工匠既无田地也无武器。他们几乎是拥有武器者的奴隶,因此不能共享官职。因为将军、内防官员和最高统治者,都要从手持武器的人中选出。但没有共享政体[权力]的人如何能对政体表达忠诚呢?

2. 有武器者应较其他两方势力更强,但除非他们人多势众,否则这一点就难以办到。而如果他们人多势众,又为何要与他人共享政体[权力]和共同主导统治者的选举呢?

3. 并且,农人对城邦来说又有何用处? 工匠是需要的,每个城邦都需要他们。正如在其他城邦中一样,他们可通过技艺养活自己。而农人们倘若要为卫士们获取食物,就会合情合理地成为城邦的一部分。但在希波达莫斯的政体中,农人们拥有和耕种私田。

4. 倘若卫士们自己耕种公田养活自己,就和农人没有区别,而这种区别正是希波达莫斯想要的。倘若由个体农民和卫士之外的其他人耕种公地,就会出现城邦的第四个部分。这个部分并不共享城邦的一切,而是被摒弃在政体之外。如果有人认为耕种私田的人和耕种公田的人是同一群人,那么他们之中无论哪一种人都没有足够的收成来维持两个家庭。为何他们不直接从同一块土地和同一份地产中既为自己又为卫士们提供给养呢? 所有这些事情显得极其混乱。

5. 关于诉讼判决的法律也不尽如人意。他认为,即便指控清楚明白,法官也应做出区分。① 但这会使审判官变成仲裁官。这发生在由许多仲裁官来仲裁的案件中,因为他们商议各自的决定,但这并非法庭的做法。大多数立法者都做了相反规定,要求法官们不得商讨案件。

6. 其次,如果法官们认为,应对损害给出赔偿,但数额较原告主张的要少,在此情况下,判决如何才能免于混乱?假如原告主张 20 米那②,法官只支持 10 米那的赔偿,或者某位法官认为应赔多,另一位法官认为应赔少,一个认为应赔 5 米那,另一个则认为应赔 4 米那。法官显然会经历这种事。有些法官认为应全额赔付,另一些则认为应一文不赔。究竟应采取何种方法来权衡意见呢?

7. 倘若控告以清晰的字句提出,那么,任何人都不能认为不加区分地对被告给出有罪或无罪判决的法官违背了誓言。因为拒绝原告请求的法官不是说原告得不到赔付,而是说 20 米那不是他应得的赔付。相反,如果被判有罪的被告认为他不该赔付 20 米那,却又被判处赔付这么多,做出这种判决就触犯了伪誓罪。

疏 证

1. 亚里士多德在阐述了希波达莫斯的政体之后,在此反驳了它。首先,他反驳了希波达莫斯确立的公民划分。其次,他反

---

① [中译按]原文为 qualification,参见第 10 章,第 6 节。这里是指部分有罪、部分无罪的判决。颜－秦译本中只按字面译出,而吴译本中则译为"审判员也应该做出分别量罪、等级处罚的断决"。

② 原文为 minae,minae 为希腊货币单位,相当于一磅白银。

驳了希波达莫斯有关诉讼的主张[见5]。再次,他反驳了希波达莫斯确立的有关公民教育的内容[对观第12章,第1节]。关于第一方面,他做了两件事。第一,他反驳了希波达莫斯有关城邦的划分。第二,他也反驳了希波达莫斯有关财产的划分[见4]。关于前者,他做了三件事,他反对城邦各部分的划分:首先是有关工匠的划分,其次是有关卫士的划分[见2],最后是有关农人的划分[见3]。

因此,他一开始就指出,希波达莫斯政体的首要难题是与公民人口有关的划分。由于希波达莫斯想使工匠、农人和卫士共享治理城邦权力,但农人们只有田产而无兵刃,工匠们既无田产亦无兵刃,这种安排只会使工匠们彻底沦为卫士的奴隶。自身没有财产(他们只使用财产)的工匠们进行劳作,服务城邦,尤其是服务卫士们,后者在城邦的名位中占据更多份额。工匠们不能在每一公职中拥有份额,因此,倘若将军、国内防务官和其他重要的统治者都从工匠中遴选,就不适当。惟有更适合被遴选的卫士才应在每一公职中拥有份额。由于工匠在城邦政体中没有份额,他们便不爱这一政体。这是动乱的根源。因此,在与工匠相关的问题上,希波达莫斯未能做出恰当的规定。

2. 接下来,亚里士多德反驳了前述与卫士们相关的安排。卫士们较其余的两个部分,即农人和工匠,在等级上更高贵(更有权力)。其职责是捍卫城邦的至上,不仅抵御外敌进犯,而且抵御内部骚乱,只有在他们更强大时才能完成这两项工作。除非他们人多势众,否则这些工作就难以完成。而倘若卫士们在人数、德行和所起的作用方面都超过了其他两部分,就没有必要使工匠和农人参与统治。使统治者源自卫士才必要,因为通常前述工作取决于他们的选择。将这种选择授予他人实属不必。因此,很明显,希波达莫斯就不当地区分了卫士和作为城邦组成部分的其他人。

3. 接下来,亚里士多德反驳了前述有关农人的区分,指出,前述安排并未阐明农人们如何有利于城邦。很明显,在为城邦提供各类私人财产方面,工匠们对城邦而言是必要的。并且,正如在其他城邦中发生的,他们能使公民的生活向好的方向发展。抑或我们可以懂得,工匠们可通过自己的技艺来养活自身(即保存自身),而无须农人们提供给养。然而,卫士们的职分决定了,一旦离开他人,他们便无法养活自己,因此需要他人提供给养。如果农人们被指派为卫士们提供食物,就会合乎情理地被认为是城邦的组成部分,因为整体中的部分需要为其他部分的善提供所需,而根据前述安排,农人们拥有和耕种私田,只能为自身提供好处。因此,希波达莫斯认为农人们属于城邦是不恰当的。

4. 接下来,亚里士多德反驳了有关财产的划分。希波达莫斯认为,城邦财产部分属于公共,用来为卫士们提供所需。因此,我们应思考,谁来耕种这些公田,公田应通过如下方式之一来耕种。其一是由卫士们自行耕种,如此,他们既是卫士也是农人。但希波达莫斯想要将他们区分开来。因此这个区分是无效的。

其二是由卫士和农人之外的其他人来耕种。这些人既种私田,也种公田。如此会出现城邦的第四个部分,他们并不属于城邦的政体,而且,由于希波达莫斯只允许从前述三部分中选择统治者,这个部分将会被完全摒弃在城邦外。

其三是农人们既种私田也种公田。但如此城邦土地产生的供给就会不足,因为要使单个农人为两个家庭提供必需品而耕种如此多的田地,并管理产出的收成相当难。而考虑到这第三种方式,将财产划分为三部分乃是画蛇添足,不如一开始就将全部田产交与农人打理。亦即,每位农人从分配给他的田地中,既为自己的家庭谋福利,也为卫士们谋利益。因此,希波达莫斯在上述划分方面所讲的东西会引起极大混淆。

5. 接下来,亚里士多德反驳了希波达莫斯确立的前述与司法判决有关的政体安排,即规定司法判决不能通过权衡法官的意见来确定。在此问题上，亚里士多德做了两件事。第一，他反驳了这种法律。第二，他反对希波达莫斯为这一法律给出的理由[见7]。关于第一点，他给出了两项论证。首先，他指出，希波达莫斯制定的与判决相关的法律十分糟糕。通过这项法律，希波达莫斯认为，应该由法官们给出独立意见，每个人都载明事关案件真实的内容。如此，希波达莫斯就要求法官们独立思考应给出何种意见。但许多法官可能会共同探讨特别的案件，他们可在家中同其他法官一起讨论即将给出的判决意见。结果，他们就不会在法庭上（即在公共法庭上）就判决的问题交换意见。

然而，这一点十分危险。因为，很容易发生如下情况，即某位法官在私人场合而非在有众人聆听的公开场合同其他法官商讨，会诱使其他法官给出与他原来认同的判决不同的判决。于是，许多立法者都做了相反规定，规定法官只能在法庭上交换意见，不得在私下场合讨论案件。因此，看起来，前述法律是危险的，并与其他立法者的法律背离。

6. 亚里士多德给出了第二项论证，指出，通过前述方式给出的判决会引起混乱。对独立思考的法官来说，他不认为应判处被告赔付原告主张的赔偿额。原告也许想要被告赔付 20 米那，而法官认为被告只应支付 10 米那。抑或某些法官认为被告应赔付更多（如 5 米那），另一些法官则认为应少赔（比如 4 米那）。如此，法官们就会经历相同的事（即在载明各自的意见之后交流案情）。这就仿佛他们没有独立地载明各自的意见，因为有些法官也许会在原告主张的一切方面判决被告有罪，而其他法官不会这样做。因此，除了相互交流案情，还有什么办法对不同观点进行讨论呢？如此一来，前述法律就不能避免它想避免的东西，即权衡法官的意见。因此很明显，这些做法多此一举。

7. 接下来，亚里士多德反驳了希波达莫斯为这项法律给出的理由，即是出于不违背法官的誓言。他指出，倘若法官关于判处某人有罪的意见可以权衡，就没有人能够使给出意见的法官触犯伪誓罪,尽管原告的指控形式上正当,但法官却不认为它有效。法官也许会做出如下判决,即被告不是一文不赔,但只应赔付 20 米那,尽管原告主张的赔付要更多。如果被判有罪的被告不认为他应赔付 20 米那,却被迫赔偿这么多,这样的判决才触犯伪誓罪。因此,出于上述原因,就不应制定这项法律。

第十二章　希波达莫斯的政体(3)

文本(1268b22 – 1269a28)

1. 进言之,制定一项规定应授予发现有利城邦之事的人以名位的法律是危险的,尽管表面上看似合理,听起来也不错。因为它包含着造谣中伤和可能发生的反对城邦的内乱。它还导致了另一个问题,需要另作探讨。有人质疑说,倘若有其他更好的法律,就应废止古法,这对城邦有何利弊呢？如果变法不能带来好处,我们就很难轻易赞同希波达莫斯的主张。它可能会引诱人们将废止法律与政体视为公益。

2. 既然讲到了这一点,那就最好展开来谈。正如我们之前所说,在此还有一个问题。变法似乎大有好处,因为在其他学问中(比如,医学、体育和一般意义上的技艺和能力都与古时的做法大不一样),改革有利可图。既然我们认为治国术也属于这些学问,这种讲法显然也适合它。

3. 有人会说,在历史上有证据证明这一点。古时的法律极其粗陋而野蛮。比如,希腊人习惯随身携带兵刃,相互买卖妻子。在某些地方,流传至今的古法荒唐而可笑。比如,在库墨有一项关于杀人的法律,规定倘若有证人指认某人杀害了自己的亲属,则被告有罪。[①] 况

---

① 我在文本中添加了 of one 这个词([中译按] If a number of witness should be procecuting the murderer of one who is a relative of theirs, the （转下页）

且,人们通常追求的是善的东西,而非传统的东西。

4. 我们的先祖,不论是土生土长的,还是大灾难后的幸存者,极有可能同当今的普通人和愚蠢之人相似,人们在谈到土生土长的人时也这样说。因此,墨守成规并不适当。

5. 最好不要墨守成文的法规,好像它们亘古不变一样。正如在其他技艺中,要想对政治组织进行详尽规定是不可能的,因为人们要用一般性的术语来立法,而行动与具体事物相关,从上述材料中可知,有时某些法律需要加以变更。

6. 对采取其他方式思考的人来说,(习俗和陈法)需要得到最大的尊重。倘若变法只能得到极小改善,则轻易养成废除法律的习惯只会带来危害,因此显然应容忍立法者和统治者所犯的过错。变更法律的好处不会超出养成不服从统治者的习惯带来的危害。

7. 将治国术同一般意义上的技艺相比是错的,改变技艺不同于变更法律。法律在习俗之外便无能力确保服从,而想要养成一种习俗要花费漫长的时间。如此轻易地变旧法为新法会削弱法律的力量。

8. 进言之,如果有一些法律被改变,是否所有的法律和属于每一政体的东西都要发生改变?再者,是任何人都可以变更法律,抑或只有少数人、一部分人能这样做?这些会产生巨大的差异。我们暂且将这方面的思考搁置一旁,留待其他场合来谈。

(接上页) defendant is guilty),如果要使文本与阿奎那的疏解一贯,这个补充就是必要的。因为如果不做这个补充,这个句子([中译按]If a number of witness should be procecuting the murderer who is a relative of theirs, the defendant is guilty)就是说,被告的亲属支持某项控告,在此情形下要求判处被告有罪的法律不合理。但判处被害人的亲属作不利证明的被告有罪却并非不合理。并且,被告的亲属支持控告这个表述与现存希腊文本中控告者的亲属支持此项控告的表述明显不合([中译按]颜-秦译本译为:如果原告能够出示他自己亲属的某些证据,那么被告就得判罪。吴译本译为:只要控告者提出几个本族或近亲属作证人,就可判定被告的重罪)。

疏 证

1. 亚里士多德在反对希波达莫斯有关各种划分和司法裁判的政体安排后,在此,他在后者要求的教育方面提出了反驳,即在关于如下法律方面提出了反驳。这项法律规定发现了有益于城邦的事物的人应获名位。在此方面,亚里士多德做了两件事。首先,他反驳了这一法律。其次,他提出了几个问题[见2]。他一开始就指出,政治体要想确立前述法律并不安全,尽管这一法律初看起来和听起来好。倘若这种法律碰巧得到确立,那么当有些人认为某一发现有用,其他人持相反意见时,会产生造谣中伤。它也会导致政体的变更,而改变城邦的某项法律有时会改变城邦的整体状态。

这项法律也会给我们带来另一麻烦(带来另一问题和另一种思考),有人会问,如果发现了良法,废止古法对城邦来说是否便利抑或带来伤害?对于发现新事物的人应获得荣耀这个意见,人们很难轻易认同。并且,对城邦来说,在废除古法是否带来便利这回事上也缺乏共识。当某些人因追求名位而被鼓动着去发现新东西时,也许想要废除法律和整个政体。这相当危险,因此,这项法律并不恰当。

2. 接下来亚里士多德提出了一系列问题。首先,他问道,变法是否必要。其次,如果法律应该变更,由谁变更,如何变更?[见8]关于前者,他谈了两点。第一,他给出了一些论证,以揭示变更法律是必要的,第二,他给出了相反论证[见6]。关于第一点,他提出了四项论证。首先,他指出,由于人们很少评论变法之事,因而他建议,应对此作更充分的说明。正如他此前所言[见1],这件事提出了一个问题,即对某些人来说,如果发现更好的法律,最好废除旧法。我们看到,在其他学问中,变更先人信守的东西带来了很大好处。例如,在医学中,越是后来的医师发现的东西就越多,他们改变了前辈医师们遵循的东西。在体育中也有同样的事发生(即体育训练,裸体者训练的场所称为体育场[gymnasia],这个词从 gymnos 中得来,gymnos 在希腊文中指裸体者)。因此我们认为,在其他技艺和实践能力中也如此,其中也包含治国术,这是一种引导城邦的技艺。因此,如能带来更好的东西,在城邦中也需改变先人信守的古法。

3. 亚里士多德给出了第二项论证,他指出,人们可以从其工作中(即其行动结果中)理解变法原因。我们认识到,古代的法律极其粗陋和野蛮(即非理性和奇特)。比如,古希腊人规定了一项法律,允许买卖妻子,并规定随身携带铁做交易媒介,因为那时还未使用其他金属①。类似地我们可以设想,如果某些法律依旧保持古代的模样,它们就都是愚蠢的。比如,在某地有一项关于杀人的法律,规定如果被害人的亲属指控某人为谋杀者,而且被告面临着许多证人的指控,就可以认定他犯了谋杀罪。这完全违背理性(这也许是导致决斗的原因)。况且,人们在立法过程中,应使好的东西得到遵守,而非恪守先人遵循的东西。因此如能利用较好的新法,改变旧法就适当。

4. 亚里士多德给出了第三项论证。为理解这个论证,我们需要考虑,正如《物理学》②和《论天》③中阐明的,亚里士多德认为,世界的存在是永恒的。而且,从古史中也可得知,人们从某个时候起就开始居住在地上,而这似乎与世界的永恒性背离。为了解决这个问题,亚里士多德引入了如下观点,即某几次洪水或其他灾难频繁地造成了大地的普遍毁灭,而后又开始有人居住在地上。这可能通过两种方式发生。

一种方式是人类从地底长出。有些人认为,各民族本来以相似

---

① 亚里士多德提到的铁是指武器,而非指交易的媒介。
② 《物理学》,VIII,1-4(250b11-255a21)。
③ 《论天》,I,22-27(279b4-283b22)。

的方式从地底下长出,就像我们认为田鼠从地底下长出一样。但这种讲法并不恰当,因为自然是通过特定原因和手段产生其结果的。惟有精液才能产生完整的动物。因此我们相信惟有神的力量能造人,自然不能从地底下产生他们。

在第二种方式中,人类在一次普遍的毁灭中保存下来,他们或是生活在山区,或是生活在其他地方。比如,我们认为,诺亚在大洪水中通过方舟得到保存。① 而在希腊俄古革斯王时代发生的大洪水中,生活在山区的丢卡利翁人得以保存。但不论通过何种方式发生,正如有关丢卡利翁时期从地底下长出来的人的著名故事所讲,最初的人不过是平庸之辈(属于并非卓异的类型),并且极度愚笨。因此,继续生活在先人的法律和法令之下并不恰当。

5. 亚里士多德给出了第四项论证。有人可能说,改变愚蠢的先人的习俗是合乎时宜的,但贤人制定的法律不应变更。为了排除这一反驳,他回应指出,如果成文法始终未变,它就不是良法。我们懂得,任何人,甚至是贤人,都无力做到细致入微,完备规定好与城邦组织有关的一切,对其他技艺来说,这一点也不可能。因为,贤人用一般性的术语撰写法律,而无法考虑到一切具体的东西,但行动却与具体事物相关。因此,贤人无法完备无缺地就指导特定行动的各方面做出规定,当发现更好的事情时,改变法律就不失为好方法。上述论证表明,我们有时理应改变法律。

6. 接下来,他讨论了相反论证。首先,他揭示了问题的真相。其次,他对上述论证之一进行了分析[见 7]。他一开始就指出,如果采取另一种方式思考这个问题,则在改变古法这件事上就有诸多令人担忧之处,哪怕以更好的新法取代之。可能发生如下情况,即创新的东西带来的好处极少,而养成废除旧法的习惯却极其糟糕。我们显然应容忍统治者和贤人们在制定法律时的瑕疵与不足。希望通过变法获得更好东西的人通过变革法律和政体获得的,不如公

---

① 《创世纪》,6:14 – 8:14。

民们养成不遵守统治者的法律和命令时失去的多。

7. 接下来他分析了引出相反论点的论证。指出,这个例子是从技艺中获得的,尽管在技艺中,变革带来了好处。但这门技艺的变革却使我们误入歧途,因为改变某项技艺不同于变革法律。从属技艺的东西是从理性的力量中获得效果的,但除习俗之外,法律无力说服臣民们相信遵守法律是好的。习俗只能通过漫长的岁月演化得来,轻易变更法律的人会削弱法律的力量。

这就是对另一个论证的回应,他们认为,有些法律,也就是那些拙劣的法律,有时应被改变,这是对的,但不是要轻易地变更法律。

8. 接下来他提出了另一个问题,指出,如果法律在某个时候应改变,就应追问,是否所有法律和任何政体中的法律都应改变,是否由任何人抑或某些特定个体改变它们,在此方面,哪种做法要好些根据具体情况会有很大不同,因此暂且将它放在一边,留待日后再谈。①

---

① 亚里士多德后来并未回到这一思考上来。

第十三章　斯巴达的政体(1)

文本(1269a29 – b6)

1. 有关斯巴达的政体和其他政体有两点考虑。第一，与依据法律确立的美德秩序相对照，在这些政体之内是否存在好的东西或糟糕的东西。第二，在这些政体之内是否存在与所提议的政体的前提与方式违背的内容。

2. 人们同意，所提议的政体的福祉要求对从事必需劳作的人实行教育。但要想理解这一点如何可能却十分困难。比如，帖撒利亚的底层人民时常反叛上层人士。斯巴达的奴隶也同主人作对，他们仿佛总是想静候时机袭击身处不幸的主人。但在克里特人那里却没有发生过这类事。之所以如此，也许是因为，尽管与他们相邻的城邦彼此之间战争不断，但他们却从未想过要和有反叛之心的克里特人结为盟友。对这些邻邦来说，这样做不能带来好处，因为他们在家园之外还有财产。但与斯巴达相邻的城邦，无论是阿耳戈斯人、梅西尼亚人还是阿卡狄亚人，都是它的仇敌。帖撒利亚的底层人民一开始就反对上层人士，因为这些上层人士忙于同邻邦交战。这些邻邦是亚该亚人、佩尔海比人和马格奈西亚人。看起来即便没有导致麻烦的其他原因，也需要对如何对待底层阶级加以关注。如果赋予这一阶级过多自由，他们就会犯罪，认为自身能与主人平起平坐。而倘若受到了糟糕对待，他们就会心生叛意，憎恨主人，因此，很明显，碰到这类事的人没有找到解决奴隶问题的最佳办法。

3. 进一步来讲,妇女的放纵不仅对政体选择有害,也不利于城邦的幸福。由于男人和女人都是属于家庭的部分,我们显然应认为城邦几乎可以均等地划分为两部分,即男人和女人。在没有对妇女做出正确安排的地方,就有必要认为,城邦中有一半人失去了法度。

4. 在斯巴达就发生过此类事。斯巴达的立法者想要保存整个城邦,他们对男性做了这方面的规定,却未对妇女们做规定,于是,妇女们放荡不羁、极尽奢华。

5. 在这种政体中,财富必然受到关注,如果男子与妇女们分居禁欲,一如在军队和好战民族中采取的做法,抑或如果人们以男子同性恋为荣,则财富所获得的关注尤甚。第一个发明阿瑞斯和阿芙洛狄忒结成配偶的神话的人讲得好,好战的男子都好色,无论是男色还是女色。在斯巴达即如此。在斯巴达政体中,妇女们操持许多事务,但在妇女担任统治者与受妇女支配的统治者之间有何区别呢? 结果都一样。

6. 胆大妄为在日常生活中并无用处,而只对战争有益,在此方面,斯巴达的妇女造成了最恶劣的后果。当忒拜人入侵斯巴达时,这一点就显露出来。不像其他城邦中的妇女,她们百无一用。她们引发的混乱较敌人带来的混乱更甚。

7. 斯巴达妇女的放纵其来有自。斯巴达的男子在与阿耳戈斯人、阿卡狄亚人或梅西尼亚人的战争中长期离家在外,返家回乡后,又接受军事生活的训练(这产生了诸多美德)。他们愿意服从立法者琉喀古斯。据说琉喀古斯也曾试图使妇女们服从法律,但却遭到反对,只好放弃这个企图。这就是事件的来龙去脉。很显然,她们是这一弊端的根源。但在此,我们思考的是是非对错问题,而非谁要得到原谅或责难。正如前文所说,上述两方面的糟糕品质都使政体自身变得不合时宜,热衷于金钱。

8. 有人也批评财富不均。有些人拥有万贯家财,其他人则不名一文,于是土地落入少数人之手。

9. 在此方面法律也规定得糟糕。立法者一方面正当地禁止买卖当下的财产，另一方面又允许想这么做的人放弃财产或将财产遗赠他人。不论哪种方式都将产生相同结果。几乎五分之二的土地落入妇女们之手，因为在此有许多嗣女，并且陪嫁丰厚。最好的做法是禁止给予陪嫁，或使其数量较少或适中。那时的法律规定，公民可将嗣女嫁给任何他看中的男子。如果某人在生前没有在此事上表达过意愿，则可通过遗赠的方式将她嫁给任何他看中的男子。①

10. 尽管斯巴达的土地可以维持1500名骑兵和30000名重装步兵，但公民人口却不足1000人。他们的历史表明，他们在这方面的制度是有害的。城邦由于缺少男子而无力承受战败，因此一蹶不振。据说在斯巴达先王统治时期，他们的政体向其他民族敞开。如此一来，尽管有经年累月的战争，也不缺少人力。据说斯巴达曾一度有10000名士兵。不论这些说法是否准确，最好是通过平均财产为城邦提供足够的男力。

11. 但在此，为了鼓励人口增长，规定了一条相反的法律。立法者为了增加男性人口的数量，鼓励公民多生子嗣。他们制定了如下法律，规定生养三个男孩的父亲可以免服兵役，生养四个男孩的父亲可免征赋税。但很明显，生养的子嗣越多，土地就必须因此而分割，这必然将产生许多贫困的公民。

疏 证

1. 亚里士多德在讲述贤人创建的政体之后，又开始讨论在各城邦中可以观察到的其他政体。首先讨论的是斯巴达的政体，或所

---

① [中译按]此句意思不明，吴译本作"这个女人的合法保护人也可以把她嫁给他所选中的任何男子"，颜－秦译本作"他的继承人可以随意嫁出嗣女"。

谓拉栖代蒙的政体。其次,讨论了克里特的政体[对观第 15 章,第 1 节]。最后,讨论了迦太基的政体。因为人们称颂这些城邦的政体。关于斯巴达政体,他做了两件事。第一,他讲述了考察这些政体的方法。第二,他讨论了斯巴达政体[见 2]。

因此,他一开始就指出,关于斯巴达和其他政体有两点考虑。其一是考察在其内部以法律的形式确立的东西是否与美德秩序吻合。这是每项法律的目的。如果法律不与美德相关,就不是真正的法律。其二是考察在根据政体的前提和方法组织起来的政体中,是否有与所建议的内容违背的内容。比如,如果立法者想要确立平民政体,却规定了适合寡头政体的法律,就属这种情形。寡头政体与平民政体针锋相对。因此,有人拒绝这门学问中的某些内容,或者因其与真理不合,或者因其与某项命题不合。

2. 接下来他讨论了斯巴达的政体。他首先讨论了公民们占有的东西。其次,讨论了公民组织[对观第 14 章,第 1 节]。关于第一方面,他做了三件事。第一,他探讨了与奴隶有关的内容。第二,讨论了与妇女有关的内容[见 3]。第三,探讨了与财产有关的内容[见 8]。他一开始就指出,所有人都声称,过正当的政治生活的城邦为从事必需劳动的人(即奴隶或从事必需劳动的仆人)提供教育,①使他们接受正确的教育有好处。但我们很难理解这一点何以可能。

接下来他表明这之所以必要,是因为一旦他们接受了不良教育,就会产生不恰当的事。帖撒利亚的穷人们时常攻击富人。类似地,拉栖代蒙(即斯巴达)的奴隶们也总是对主人抱有敌意,这些奴隶们一直静静等待,等到厄运降临到主人头上时,便去进袭他们的主人。那时主人们便无法镇压他们,奴隶们便可进袭处在厄运中的

---

① 我认为,阿奎那对亚里士多德拉丁文本的读法是对的,但倘若如此,它就不同于希腊文本的通俗读法。

主人。

但在克里特却没有发生类似的事。这或许是因为，尽管与之相邻的城邦间战争不断，却没有城邦同远方民族交战，①因为这太不方便。这些城邦在城和家的周围还有田产，倘若要发动远征，就无法照料这些田产。由于克里特人并无邻邦（即居住在附近岛上民族）同他们作战，厄运也就很少威胁他们。而一旦厄运降临，奴隶们和底层人士就会静候时机攻击他们。

拉栖代蒙人（即斯巴达人）的所有邻邦都对他们充满敌意。正如韦格蒂乌斯在《兵法简述》中说，②斯巴达人崇尚兵经之艺。雅典的哲人们也提到过这一点。阿耳戈斯人、梅西尼亚人还有阿卡狄亚人都是它的敌人（从一开始也有奴隶们反对帖撒利亚人的起义，那时帖撒利亚的公民们正在与邻邦亚该亚人、佩尔海比人和马格奈西亚人交战）。因此，厄运时常威胁着斯巴达人，他们的奴隶正等待时机攻击他们。

因此，很明显，奴隶和其他从事必需劳动的人需要接受教育，但他接下来讲，想要做到这一点不容易。他说，在关照奴隶这件事上，关于我们应如何对待他们或与之共同生活，如果不是说没有办法，也是困难重重。一方面，如果人们善待他们，他们就会变得傲慢无礼、败坏礼法，认为自己能与主人平起平坐。另一方面，倘若主人虐待他们，他们便心生憎恨，静候时机进袭主人。因此该如何对待奴隶是一个难题。在对待奴隶的问题上，人们应该走中间道路，既不使其受到不公正的对待，也不与之过分亲近。因此，从前述内容中，

---

① 阿奎那对于亚里士多德的拉丁文本的读法是可能的，但不可信。这段文本讲述的是对城邦内部斗争的干涉，而克里特人的邻邦如果这样做，便容易遭到报复。

② ［中译按］［古罗马］弗拉维乌斯·韦格蒂乌斯·雷纳图斯著，《兵法简述》，袁坚译，解放军出版社，1998，参见中译本第151－152页，"曾几何时，拉西第梦人，随后是罗马人舍弃了其他的学问，惟兵法是尊……他们深信，余者无不系连于此，借此能够获致一切"。

他总结得出,受奴隶攻击的斯巴达人在治理奴隶的问题上并未找到最佳办法。

3. 接下来他讨论了斯巴达有关妇女的政体安排。在此问题上做了四件事。第一,他表明在城邦中妇女应接受良好的教育。第二,他揭示了斯巴达人在此问题上的做法[见4]。第三,他揭示了斯巴达人做法中的不当之处[见5]。第四,他揭示了斯巴达人这样做的缘由[见7]。他一开始就指出,在斯巴达,有关妇女的法律十分散漫,她们在城邦中并未受到适当的教育,这在两方面产生了恶果。首先,妇女的放纵对政体选择来说有害。正如他后面所说,她们目无法纪,最终导致了政体变更[见5]。其次,对妇女疏于管教也不利于城邦幸福,她们目无法纪,会在城邦中产生许多不恰当的东西。他通过如下事实表明了这一点,即他在卷一所言,正如家庭的各部分包含男人和女人[对观第一卷,第一章,第6节和第11节;第二章,第2节],由许多家庭构成的城邦整体也就有需要划分为男人和女人的部分。不论在哪个城邦,如果妇女们没有得到良好的安排,那么就可以说法律并未就城邦的中道进行了充分的规定。

4. 接下来他揭示了斯巴达人在此问题上使用的方法,因为在那里妇女们目无法纪。尽管立法者想要使整个城邦获得存续(能抵御令人愉快东西的侵蚀),并且在男人方面正确地实现了这一点,但在妇女方面却失败了。斯巴达的妇女们贪图各种无节制的享受,极尽奢华。

5. 接下来,他揭示了由此导致的恶果,并指出如下四点。第一,在这种政体中,妇女们极尽奢华,男人们必然看重和追求财富,以满足妇女的享乐。这种享乐需要耗费巨大成本。但极度重视财富会严重败坏城邦风习,因为城邦的一切物品都可以买卖,这将对城邦的生存有害。

亚里士多德揭示了第二种不当。他说,如果大多数公民被迫与妇女们长期分居禁欲,他们就会做令人羞耻的恶行,即同性恋,正如在士兵、卫士等人那里发生的一样。① 那个发明了阿瑞斯是阿芙洛狄忒丈夫的故事的人讲得合情理,因为卫士们(即军人们)精力充沛且好色,不论是男色还是女色。《问题集》中说,长久在外远征的骑兵们性欲旺盛,因为在骑行过程中的热量和运动使他们体验到了性爱的感觉。② 闲散也常使他们性欲旺盛。对斯巴达人来说就是如此,因为立法者使他们过分地不近女色。

他认为,第三处不当是,由于斯巴达的妇女们过着享乐的生活,她们变得妄自尊大,想对一切事务指手画脚,以致在与城邦治理有关的诸多事情上也要掺和。但妇女们自己来统治与接受她们支配的统治者统治,两者之间并无分别。妇女们傲慢自负,统治者就受制于她们。无论怎样都会产生相同的结果,由于妇女们缺乏理性,城邦的治理便十分糟糕。

6. 第四处不当在于,斯巴达的妇女们在追求享乐方面既傲慢自负又胆大妄为。在城邦的日常生活中,胆大妄为毫无用处(即对国内事务毫无用处),胆大妄为只对战争有用。然而,即便在战争中,妇女们的胆大妄为也有害。这一点在斯巴达人同忒拜人的交战中表现得十分明显,在那场战争中,妇女们不愿意做其他城邦中妇女们所做的事,百无一用。相反,男人们在战场上杀敌,妇女们则希望能操纵一切,她们带来的麻烦较敌人带来的麻烦要多得多。这些事情都表明,妇女们的放纵对城邦来说有害。

7. 接下来他揭示了前述做法的原因,指出,之所以在斯巴达早些时候发生过对妇女们管教松弛的事,是有缘由的。斯巴达人崇尚军事精神,在海外发动了经年累月的反对阿耳戈斯人、阿卡狄亚人

---

① 阿奎那对于亚里士多德的拉丁文本的解释意指男人与女人分居禁欲,这是正确的,但与现存的希腊文本不合。但拉丁文本并非像阿奎那所说的那样,宣称禁欲会导致同性恋。现存的希腊文本中也没有说凯尔特人崇尚这种习惯。

② 伪亚里士多德,《问题集》(*Problems*),IV,11(877b14 – 16)。

和梅西尼亚人的战争。妇女们常年独居在家,生活随心所欲,并未接受男人们的管教。而接受管教正是男人们在诸多方面都有美德的原因。男人在军事义务之外,表明他们愿意服从立法者,他们已过惯了军事生活,而这种生活有着诸多美德。这种生活需要最大限度的服从,而与享乐生活保持距离,要求能在劳作和痛苦的事中持之以恒。后来,斯巴达的立法者琉喀古斯想要使妇女们回到接受法度的正确教育的道路上来,但因为妇女们已养成陋习,因而遭到了她们的全盘反对。琉喀古斯不得不中止了这种企图。

这就是为何会在斯巴达发生那些事的原因,也是为何妇女们在斯巴达势力强大的原因。尽管这件事在情理之中,斯巴达人对此并无过错,因而可得谅解,但我们考虑的不是谁应获得原谅或不应受到非难,我们的目的不在乎称颂和指责,而是想要揭示哪些安排正确,哪些错误。很显然,斯巴达人在有关妇女的问题上所做的糟糕安排对斯巴达政体来说是内在地不适宜的,正如亚里士多德所说,它使公民们的灵魂增强了对金钱的贪慕[见5]。

8. 接下来他讨论了斯巴达政体在财产方面的安排。首先,他驳斥了斯巴达政体在财产方面的安排,指出这种安排对城邦有害无益。其次,他表明,这种安排有悖于城邦的目标[见11]。关于前者,他做了三件事。第一,他指出,在斯巴达人那里,财产分配不均。第二,他揭示了之所以如此的原因[见9]。第三,他指出此种情况将导致哪些弊端[见10]。因此,在讲述斯巴达政体中我们应该反对的有关奴隶和妇女们的安排后,在此,他一开始便指出,我们也要因其忽视了财产不均的问题而指责它。在斯巴达人中,有人拥有万贯家财,有人则一贫如洗,几乎全部土地沦为少数人之手。

9. 接下来他揭示了产生不均的原因,他指出,这是法律安排糟糕所致。斯巴达的立法者规定,公民们不得买卖财产,无论什么理由,都不得变卖财产或从他人那里购买财产。为使财产平均,立法者这样做是对的。但做法不正确,因为他并未充分地实现这一点。他授权公民们在生时放弃财产,但在临死时可将财产遗赠给中意的人。这种做法造成的财富不均一如买卖财产导致的不均。因此,倘若将斯巴达土地划分为五部分,就有两成归妇女们所有。这不仅是因为许多妇女在丈夫死后继承了大量财产,也因她们在出嫁时获得了大量嫁妆。倘若没有嫁妆或嫁妆较少或适中就要好些,但斯巴达人却有权在遗嘱中指定他中意的任何人做继承人。并且,若在生之时不愿指定继承人,也可将财产分配给他中意的任何人。①

10. 接下来,亚里士多德揭示了这种平等带来的伤害,指出,尽管斯巴达人的土地(即疆域)足以供养1500名骑兵和30000名重装步兵,但人数却很少,财产也属于少数人,以至于城邦中仅有1000名卫士。他们的历史也表明前述安排糟糕透顶。因为它使城邦不能经受一场严峻的外敌入侵,而走向覆灭。

他指出,为使兵员充足,在古代他们就竭尽所能地扩大政体,相传斯巴达(即斯巴达人)的军中竟然有10000名携带装备的士兵。这就是传说的内容。不论此事是否属实,但财产的平均能为城邦带来男子却是可取的。采取其他方式则不能实现这一点。倘若财产转移到少数人之手,其余人就会因贫困而抛弃自己的城邦。

11. 接下来他表明,前述财产不均有悖于立法者的意图。立法者提议的有关生养的法律也与前述政体安排违背,可能会导致财产不均。立法者想要使城邦中公民众多,通过使人们免于承担公共义务鼓励斯巴达人生子。法律规定,生养三个儿子的男子可享受豁免(即不服兵役),即不被强制去守卫城邦。生养四个儿子的男子可免缴一切赋税和其他费用。但很显然,如果前述有关财产划分的规则得到遵守,那么若生育的儿子众多,城邦中就必然会出现许多穷人。而正如他此前所说,这对城邦有害无益。

---

① 在嗣女的安排这个问题上,阿奎那显然误解了亚里士多德的原意,而亚里士多德的拉丁文本在这个问题上的态度是明确的,尽管也有其他的两可之处。

第十四章　斯巴达的政体(2)

文本(1270b6 – 1271b19)

1. 斯巴达的监察官制也有弊端。这种统治权能控制许多重要事务。所有监察官都出自平民，极端贫穷者通常也能占据该职，由于贫寒，这类人容易收受贿赂。早前这种事就经常发生，最近在安德罗斯人那里也发生了类似事件。某些监察官因收受贿赂而腐化堕落，当他们大权在握时必然颠覆整个城邦。

2. 由于他们位高权重，与僭主旗鼓相当，他们便迫使斯巴达诸王将统治人民的权柄让渡于他们。如此政体就将遭受损害，贵族政体将沦为平民政体。这种统治权将城邦紧密地结合起来。平民因为能分享最重要的统治权而心满意足。这一点不管是由于立法者的主动作为，还是因为好运气，都有益于人事。因为城邦所有部分都想要使政体获得保持，并且想要使各部分保持完好。君王们之所以抱有这种观点，是因为它会带来荣耀。卓异之士之所以抱有这种看法，是因其在长老院中拥有席位，统治的权柄是对美德的奖赏。平民们之所以这样看，是因为监察官从所有平民中选出。

3. 监察官应从一切平民中选出，却不是采取时下的办法来选。这种办法过于幼稚。

4. 监察官只是寻常之人，却有权决断城邦的大是大非。较好的做法是他们根据规则和法律，而非根据个人意见行使决断的权柄。

5. 不仅如此，监察官们的生活方式也与城邦的目的不符。他们的生活方式在某些方面极其宽纵,另一些方面又过于严苛,以至于令人难以忍受。于是他们便秘密地违反法律而沉浸在受禁止的肉欲享乐中。

6. 斯巴达人在长老统治权方面的规定也有弊端。长老充满正义感,在男子气方面有充分的教养,人们也许会说,长老制对城邦有利,但由终身任职的长老做重要决定又不免令人担忧。由于躯体渐老,心智也渐弱。当人们通过这种方式接受教育时,甚至立法者本人也怀疑他们是否够优秀,这是冒险之举。担任该职的人希望被视为捐助者,他们拿出许多公共事物,却不能给城邦带来好处。因此最好让监察官接受监督,而眼下这种监督付诸阙如。监察官们对一切统治者进行监督,这就赋予了他们过大的权柄,但在此,我们并不主张采取这种监督形式。

7. 遴选监察官的方法也极其幼稚。使想凭官职扬名的人获得官职是错误的。对配享统治权的人来说,不论他是否愿意,也应使其获得官职。但立法者想要产生一些同政体其他部分类似的东西,因为他使公民们欲求名位,并将这一点也用于长老的遴选方面。只有欲求名位者才想统治他人,而人类遭遇的大部分故意造成的不正义通常是因为爱名位和爱金钱。

8. 在王制方面,城邦是有一个王好,还是没有王好,是另一问题。相反,我们在此讨论的是,根据他本人的生活来选王,而非采取斯巴达式的办法来选是否要更好。斯巴达的立法者十分清楚,要想产生卓异之士是不可能的,他不相信有足够善良之人。这就是他们要派遣互有敌意的联合使团的原因,也是他们认为诸王之间的不睦有利于城邦的原因。

9. 最初的立法者在共餐制(也被称为友谊餐制)方面的立法也做得不够好,共餐本应如克里特那样由公共费用开支。但在斯巴达,每个人都必须承担,尽管有些人家境贫寒无力承担。因此,结果就与立法者的意图相悖。他希望共餐制中含有平民制的内容,但法律确立的不是平民政体,因为,家境贫寒者要想参与其中极端困难,但政体却规定无力支付者不得参加政体。

10. 其他人正当地指责了与海军统帅相关的法律,因为它导致了公民骚乱。诸王是军队的永久统帅,而设定海军统帅意味着另立新王。

11. 有些人也会反对立法者的预设,柏拉图在《法篇》中就这样做过。斯巴达的法律只涉及部分德行,即与战斗有关的德行。这一德行有益于统治。只要在战争时期,斯巴达便无比繁荣,而一旦霸权建立,它便开始衰败,斯巴达人不懂得如何利用闲暇或运用不同于军事的、更重要的办法来培养美德。这绝非小错。尽管在他们看来(这样看也正当),军事策略之外的美德能给战争带来好结果,但却错误地认为,好结果较美德更好。

12. 斯巴达人在公共财政方面也管理不善。尽管城邦的财库空虚,却要进行范围极广的战争。他们在缴纳税赋方面也未尽职责。尽管斯巴达人拥有大量土地,却不要求缴纳相关费用,结果就与立法者的设想背离。他制造了一个贫困不堪的城邦,并且使纯朴的人民热衷金钱。至此,关于斯巴达政体已讲得足够多了,这些就是人们最反对的内容。

疏 证

1. 亚里士多德在讨论斯巴达政体有关公民的所有物,即奴隶、妇女和财产的安排之后,在此讨论了涉及公民自身的相同政体的安排。首先,他讨论了统治者;其次讨论了平民[见9];最后讨论了卫士[见10]。正如他此前提及的[可观第7章,第3节],在斯巴达有三种统治权。其一是监察官(即管理者),他首先对此进行了讨论,其次是长老,他接下来讨论了它[见6];最后讨论的是城邦的王[见8]。

他从五个方面首先就有关监察官的统治提出了异议。第一,他对组成监察官的人的条件提出了异议。他指出,斯巴达人在此方面安排极度糟糕。统治者拥有对城邦中重大事务的支配权(比如宣战和促成和平、遴选卫士等)。但所有监察官都从平民中选出,因此有时出身贫寒的人也碰巧被选中。但这种人因贫寒而易收受贿赂,并且容易因为收受礼品而腐化堕落。在过去这类事件时常发生,近来在监察官处理的与安德罗斯人有关的事务中也发生了这种事。监察官被他们奉送的金钱所腐蚀,因此,只要监察官有这种权力,就会使城邦面临危险。

2. 第二,他也反对监察官在前述统治权方面权力过大。他指出,监察官的权力太大,简直与僭主相当,如此就会削弱王权,迫使君王允许平民违反法律、自行统治。① 这样一来,整个城邦就会堕落,因为它已从贵族政体蜕化为平民政体。但从某一方面来讲,这种统治权是有益的,因为它能维持城邦的和平。由于平民们享有最高统治权,便不会引发公众骚乱。这种好处是通过有关这些事件的经验产生的,不论它是立法者追求的,还是凭靠机运发生的。为了使政体得以保持,城邦中的所有阶级都应希望城邦继续存在,并且,城邦中的任何部分都应满意于城邦的现状。在斯巴达就是如此。君王们之所以接受这一政体,是因为他们在其中得享荣耀。卓异之士(即有德之士)之所以接受,是因其在长老会议中拥有席位(因其等级显贵),统治权是对德性的奖赏,除了有德之人,其他人不得染指。平民之所以接受,是因监察官们拥有统治权,而所有平民都可能担任监察官。

3. 第三,在选举程序方面,他也反驳了前述监察官的统治权。尽管从平民中选任监察官值得称赞,但选举过程却十分幼稚,它们也许是通过抽签或其他不适当的方式来遴选的。而如他所说,如此一来,统治权有时就会为穷人所把持[见1]。

---

① 阿奎那在此说平民自行统治,但亚里士多德的拉丁文本似乎是说使监察官统治平民。现存的希腊文本说的是君王们不得不奉承监察官。

4. 第四,在有关监察官的裁量权方面,他也反驳了监察官的前述统治权。他指出,任何监察官都享有针对重大问题的裁量权,这是错误的。最好是依据专门的法令和法律来裁判,而非根据他们的个人智慧来裁判。

5. 第五,在监察官的生活方式方面,他也对前述统治权提出了反对意见。他指出,他们的生活方式(即衣食住行方面的习俗等)与城邦的目的不符。他们的习俗在某些方面太过散漫(如在衣着或闲暇方面),另一些方面又规定了严格的法律(如在食物和两性关系方面),这也许是为了使之不过于懦弱。这样一来,他们就无力遵守规定给他们的法律,沉溺于受禁止的肉欲享乐而秘密地违背法律。因此,他们的生活方式就有悖于城邦的目标。

6. 接下来他在有关长老的统治权方面也反对前述政体。首先反对长老的权力,其次反对他们被选拔出来的方法[见7]。他指出,斯巴达人在长老统治权方面做出了不恰当的安排,因为长老们终身任职。人们也许会说,如果能找到正直的(有德行的)、在男子气方面(即在男性美德和行动力方面)有充分教养的长老,使其终身任职就有利于城邦。然而,即便他们拥有完备的德行,对城邦来说,某些人把持对于与城邦息息相关的重大事务的决定权,也不免令人担忧。年老不仅削弱体力,一般也会削弱灵魂的能力。人类在年老时会失去年轻时拥有的强有力的意志和生机勃勃的精力,因为,服务于理智的感性能力变弱了。

因此,更令我们担忧的是,以斯巴达人的方式接受德行培养的人获得了终身统治的权力,就连立法者也不认为他们是完全的好人。他们并不能给城邦带来一切。这些人为了赢得好感而对平民颇显慷慨,会将公共物品分发给他们,而不给城邦带来好处。因此最好使他们服从监督,即如果认定他们缺乏(能力),就应辞退他们。但眼下这种监督付诸阙如。他们之所以服从监督,是因为监察官的统治权超过了其他统治者的权力,也就是说,如果所做的裁判不公正,他们就会阻止其他统治者的裁判获得执行。这是监察官的独特价值。但在此我们考虑的是另一种监督，即有权辞退其他统治者，这是眼下的监察官所做不到的。

7. 接下来他在长老选举方面反驳前述长老的统治权，他通过两项论证实现了这一点。关于第一点，他指出，斯巴达关于长老的选举十分幼稚。斯巴达人规定，配享这一统治权的人可担任这一官职。这个安排极其糟糕。除非有人想要担任这一官职，否则没有人因此而被提升到统治权的位置。但对配享统治权的人来说，无论他是否想要担任官职，也应被提升到统治权的位置，因为他们关切共同利益甚于自身利益。

他提出的第二项论证认为，通过这种关于长老选举的安排，立法者想要使公民们成为爱名位者，正如有关政体的其他部分的安排一样（如监察官的选举），或立法者所做的其他塑造此类公民的事情一样。立法者在长老选举中显然是这样做的，只有当个体愿意统治他人时，才会追求这一职位，这就是爱名位。除非某人想要追求官职，否则就没有人会去掌握统治权，惟有爱名位者才能统治，并因此所有人都会被鼓动着爱名位。这对城邦而言极度危险，因为在城邦中之所以发生最严重的故意造成的不正义（如暴力、抢劫等），是因为爱名位和爱金钱。因此，这种安排对城邦而言显然有害。

8. 接下来他在有关君王的统治权方面驳斥了前述政体。他指出，稍后他将会考察对城邦来说只有一个王好是没有王要好。① 假如有一个王好，不使王终身统治便会造成不良后果，正如在斯巴达发生的情形那样。相反，最好使每个王享有终身统治权。为了通过王的权力有效地维护城邦存在的条件，设立一个王对城邦来说有好处。但除非这个王能终身任职，否则他就不敢冒犯他人，他人对王也怀较少恐惧，这一点就无法实现。在监察官方面则是另一回事。他们是为了审慎议事而被选出来的。

为何斯巴达的立法者规定王不得终身任职？在他们看来，使任

---

① 《政治学》，III 8 - 17(1281a11 - 1282b6)。

何公民成为完全的好人(具有完全的美德)是不可能的。他们不信任公民,不相信他们有完全的德性。因此,当斯巴达人向外邦派遣使团和信使时,他们挑选彼此为敌和互为对手的人前去,假如其中一方想要做与城邦的善相悖的行动,就会被另一方阻止。类似地,他们认为,倘若彼此继任的王之间意见不睦,则城邦就会获得安全。因为他们会纠正其他王犯下的过错。①

9. 亚里士多德接下来在有关平民的事情上,即在与城邦共餐制相关的问题上反驳了前述政体,他指出,法律在共餐制方面并未做出恰当的规定。较好的做法是由城邦的公共财政为共餐的集会提供开支,就像克里特人那样,而不是像斯巴达人那样,从个人的口袋中拿钱。在斯巴达,即便家境贫寒者也要承担费用,这将会伤害无法提供费用的贫困者。在此方面,其结果将与立法者的意图背道而驰。他们本想将共餐制确立为平民制的(即对平民有利),也就是说,在共餐期间能与民休息。但共餐制的法律却给平民们造成了极大伤害,因为如此一来,平民们就不容易参与统治。斯巴达有一项法律规定,拒不缴纳费用者不得参加政体,他们因此无法成为统治者或在选举统治者时发出自己的声音。

10. 接下来他在与卫士有关的方面也反驳了前述政体。首先,讨论了海军。其次,一般性地讨论了所有卫士[见11]。最后,讨论了他们的薪俸[见12]。他一开始就指出,有人在海军统帅的问题上对斯巴达的法律展开了正当的批判,因为它是公民骚乱之源。尽管斯巴达人有一位统帅军队的几乎永久性的王,但立海军统帅(即指挥舰队的权力)仿佛另立新王,出现了两个王,是分裂之源。

11. 接下来他在与所有卫士有关的方面反驳了前述政体,他指出,人们可以正当地批驳立法者的预设(即他认为的整个政体追求的目的)。柏拉图在《法义》中也批评过,斯巴达人的法律只关乎某

---

① 阿奎那误解了亚里士多德文本中关于终身任职的句子,并错误地认为斯巴达的诸王并非终身任职。

种德行,即与军事有关的德行,这些德行在统治他人时有益。它们在战事方面获得了良好安排,但在与政治治理相关的安排上却极其糟糕。结果,他们在战争中获得了保存,但在获得统治权之后却面临着诸多危险。他们不懂得如何享受闲暇(即生活在和平中),他们在较发动战争更重要的事上显得生疏。这并非小错。

斯巴达人正确地认为,在处理战事方面,拥有德行相较军事策略更好。正如《伦理学》中所说,①有德之人在继续战斗是一种美德时决不吝惜生命,但卫士们在克服重重危险之后,却失去德性,因为他们不相信,在战争的考验和投入之外还有其他事务。斯巴达人错误地认为,人类在战事中借以获得正确安排的德行是最好的德行,但其他德性,即行动方面的智慧和正义其实要比勇气更值得称颂。战争自身是追求和平的,而非相反。

12. 接下来,他在有关卫士们的薪俸和公共财政方面也反驳了前述政体。指出,斯巴达(即斯巴达人)在公共财政方面并未作出良好的安排。城邦财政虚空,却不得不大范围举兵。不仅如此,在此类开支所必需的事务方面,个体公民们也管理不善,没有公共机构负责从个体手中征收赋税。相反,公民们可自行决定缴纳多大份额。之所以这样规定,是因财产丰足,可以拿出部分财产而无不利负担。但结果却与立法者追求的优点背道而驰,当他们想要尽可能地获得城邦所需和维持自身时,城邦却财库空虚,并且使淳朴的民众(即普通平民)对金钱充满热望。

在结尾部分,亚里士多德总结说,上述提到的斯巴达政体的内容是人们所反对的。

---

① 亚里士多德,《伦理学》,III,16(1116b15 – 23)。

第十五章　克里特的政体

文本(1271b20 – 1272b23)

1. 克里特政体与斯巴达政体十分类似。在前者那里有少数安排和后者的安排差不多,却不及后者详尽。

2. 据说,斯巴达政体在诸多方面都仿效克里特政体(古代的许多事都不及离我们较近的年代中的事情那么详尽)。又据说,琉喀古斯在放弃加里洛斯王的摄政一职后,去了海外,由于斯巴达人与克里特人之间素来交好,就在克里特生活了很长时间。在克里特殖民定居的斯巴达人接受了当地居民制定的法律。当地人甚至现在仍以米诺斯先王最初制定法律时采取的办法适用法律。

3. 这个岛屿地理位置极佳,适合于统治希腊人。因为它雄踞于整个爱琴海之上,而几乎全体希腊人环居在爱琴海海边。这个岛毗邻伯罗奔尼撒,横跨亚细亚的特里奥宾地区和罗得斯岛。因此米诺斯取得了海上霸权,征服了好些岛屿,并在另一些岛屿上建立了殖民地。最后他侵入西西里,死在加米可附近。

4. 克里特与斯巴达有相似的城邦组织。在斯巴达由农奴来垦殖,在克里特则由非公民的常住民来垦殖。① 这两个城邦都实行共

---

① [中译按]据颜－秦译本(参见颜－秦译本,第42页,注释1;第64页,注释1),斯巴达的农奴称 heilootees[赫洛底],或作 heiloos,来自拉科尼亚的一个奴隶城希洛斯城,克里特的农奴称 perioiloi[柏里奥科],字面译为"住在四边的人",吴译本译作"边地住户"。参见吴译本,第95页;或边区居民,(转下页)

餐制。古时斯巴达人和克里特人都称男子共餐制,而非友谊共餐制①。这就表明风尚是自克里特传来的。此外,两个城邦的政体安排也相似,斯巴达的监察官与克里特所谓的科斯摩(cosmoi)拥有相同的权力,但前者有五名,后者为十名。斯巴达的长老和克里特称为布利(boulē,即议事员)的长老相同。克里特人最初也实行王制,后来废止,而由科斯摩在战争中行领帅之责。全体公民都要参加公民大会,但公民大会只拥有批准长老和科斯摩意愿的权力。

5. 在共餐制方面,克里特人的安排较斯巴达人的安排要优。在斯巴达,如前所述,个体根据人头缴纳特定数额的费用,如果不缴纳,法律就禁止他们参与政体。但在克里特,政体的安排更有利于平民。从公地中产出的作物和家禽以及非公民的常住民缴纳的税收,部分用于祭祀和公共的宗教仪式,部分用于共餐。因而一切男人、女人、成人和小孩都能吃公粮。克里特的立法者明智地想了许多办法,节减共餐费用,并鼓励男子间的恋爱,从而使男人和女人分开,控制人口(男性间的恋爱是好是坏,我们将在后面来谈)。很显然,克里特人在共餐制的安排方面较斯巴达人做得好。

6. 有关科斯摩的制度较监察官的制度要糟。两种统治权的共同缺陷在于它们都一视同仁地进行选举。但它对斯巴达政体有益,对克里特政体却有害。在斯巴达,监察官从所有人中选出,平民们也可掌握重要的统治权,他们也想维护整个政体。而在克里特,公民们只是从特定长老中遴选科斯摩,而非从全体人民中选,而长老又是从做过科斯摩的人中选出的。

7. 有人会说,针对克里特长老制说的东西也适合斯巴达长老制。不受监督、失去年龄优势却终身任职,根据他们的个人意见而

(接上页)参见吴译本,第83页,第94页,注释1。英译本译作 resident noncitizens,兹据英译本字面译出。

① [中译按]男子式共餐制即"安德内亚"(andreia),意思是"男子的",友谊共餐制即"菲狄提亚"(phiditia)。

非根据法令统治,在在都十分危险。

8. 即使人们对未能分享科斯摩的权力心平气和,也不表明这个体系秩序良好。由于克里特人居住在远离城邦的岛上,科斯摩没有谋取利益的机会,这就有别于斯巴达的监察官制。

9. 针对上述弊端他们想出了一种不恰当的、强制的和非常态的补救方法。有些阴谋家,也许是其他的科斯摩,也许是普通平民,时常将科斯摩赶下台。科斯摩亦可自行离职。但由法律来调整这类事好过由人类意志来治理,因为后者的治理并不安全。

10. 一切可能性中最坏的是没有科斯摩掌权。由于克里特人不希望用判决反对位高权重者,他们通常要求中止科斯摩的权力。

11. 或者,至少清晰的是克里特的安排包含着政体的雏形,但这种政体基于权力,不是真正的政体。有权势的人惯于操纵朋友和平民来建立君主政体,从而引发内乱、彼此敌对。一种情况是城邦在时光流逝中走向解体,另一种情况是政治联合的分裂,这两者之间有何分别? 处于此一状态的城邦,一旦想要进犯它的人势力强大,就会面临危险。但正如我们此前所说,克里特的地理位置是它获救的良方,它使克里特远离被驱逐的命运。此外,非公民的常住民也能与克里特人和睦共处,而农奴则常常背弃斯巴达人。克里特人从不参与海外征服。但近来外部战争也降临到这个岛上城邦,从而暴露了他们法律的弱点。至此,有关克里特的政体已讲得够多了。

疏 证

1. 著者在讨论了斯巴达政体之后,又开始讨论克里特政体。首先,他将后者同前者关联起来。其次,反驳了克里特政体[见 7]。关于前者,他做了三件事。第一,他一般性地明确了两个政体间的关系。第二,他说明了存在此种关系的原因[见 2]。第三,他具体解释了这些关系[见4]。他一开始就指出,克里特政体在某些地方与斯巴达政体类似,但在其他地方又不同,在少数存在差异的地方,克里特政体较斯巴达政体安排要好。但在多数地方,克里特政体都不及斯巴达政体发展得充分(即相对城邦的良好条件来说不那么有利和适当)。

2. 接下来他说明了为何会存在上述关系,首先他指出,这是因为,斯巴达政体源出克里特政体。其次,他说明了克里特政体作为源头的理由[见3]。他一开始即指出,前述事情之所以发生,是由于在许多方面斯巴达政体都以克里特政体为模本,后者更古老。在许多地方,克里特政体的安排都比较糟糕,我们认为,古代思想家发现的多数事情不及后世思想家发现的那般详尽(即缺乏细致的区分)。据说,琉喀古斯在为斯巴达人制定政体之后,就离开了加里洛斯王统治的斯巴达王国,由于斯巴达人和克里特人素来交好,就在克里特生活了很长时间。由于这种友好关系而定居克里特的斯巴达人就接受了长期居住在那里的人们订立的法度。因此我们认为,克里特居民们适用法律的方式与斯巴达人适用法律的方式相同,它们是由克里特王米诺斯创立的。

3. 接下来亚里士多德给出了一项理由,说明古希腊人的法律为何源自克里特。他指出,克里特岛因其地理位置,非常适合统治希腊人,全体希腊人都围海定居。克里特岛毗邻希腊海岸,与称为伯罗奔尼撒的半岛(今称亚该亚)毗邻。此外,在其对面便是亚细亚,与亚细亚的特里奥宾地区和罗得斯岛紧邻。因此,克里特王米诺斯就获得了希腊周边的海上霸权,用武力攻占有人定居的岛屿和在无人定居的岛上设立殖民地,并在这些地方推行法度。最后,他进入西西里岛,死在加米可附近(即在乌尔卡诺山或埃特纳山附近,这是两座喷火的山)。

4. 接下来亚里士多德具体解释了上述关系,首先指出,两种政体在哪些地方一致;其次表明,克里特政体在哪些地方更优越[见5];再次表明它在哪些地方更拙劣[见6]。他一开始就指出,两种政体在三个方面相关联和相一致。第一,他们有相同的农耕制度,斯巴达的农奴和克里特的非公民的常住民(即居住在岛上的农业居民)都须从事农耕。

第二,他们都有公共共餐制。斯巴达如今称之为友谊餐制,这个词源于 philos[即爱欲]。之所以建立这种共餐制,是为了维护公民间的友爱。他们早前称之为有男子气的共餐。安德内亚一词源自 anēr[即男子],因为只有男子才能参加这种共餐,女人则被禁止参加。克里特人一直使用这个名称。因此很明显,斯巴达人的风尚源自克里特。

第三,在政体的安排方面也彼此一致。斯巴达的监察官与克里特称为科斯摩(即贵族)的监察官制拥有相同权力,但人数不同。斯巴达的监察官制由五人构成,科斯摩由十人组成。类似地,在斯巴达和克里特,长老的成员数和权力都相同。不同的是克里特称为布利(即议事会),在克里特最初设有王制,此后这一制度遭到废止,而将战争指挥权交给了科斯摩。克里特人也有公民大会(即平民大会),但只享有批准长老和科斯摩所做决定的权力。

5. 接下来他解释了克里特政体优越的地方。他指出,克里特人的共餐制较斯巴达人的共餐制要好。正如他此前所说[对观第 14 章,第 9 节],在斯巴达,参与共餐的个体要以人头缴纳相应费用,否则不得参与政体。但克里特的做法更为平民化。公共财产即农产品、耕牛和耕种土地的非公民的常住民缴纳的税收,部分用于宗教仪式,部分用于共餐开销。结果,男人、女人、成人和小孩都能吃公粮。

其他安排对克里特政体也合适。立法者明智地规定,公民们在共餐时要节约,这不仅对个体有利,也对城邦有利。此外也要避免人口过剩,防止人口超出能供养他们的资源的限度。他想使男人不与女子过分亲密,因此甚至允许男人之间卑劣的爱欲。亚里士多德接下来还要思考这一规定的好坏。① 尽管如此,很明显,克里特有

---

① 亚里士多德并未回头来思考这个问题。

关共餐的安排较斯巴达的安排好。

6. 亚里士多德在接下来揭示,克里特政体在哪些方面不如斯巴达政体,他指出,克里特有关科斯摩的安排要比斯巴达关于监察官制的安排糟糕。两者有同样的缺陷,即不加区分地招募个体(招募既非卓异也无德行的男子)来行使这一统治权。但斯巴达人的规定稍好,监察官可从任何等级的公民中选出,由于享有最重要的统治权,他们就会正当地欲求此种政体获得保存。另一方面,克里特人是从长老或做过长老的人中来选科斯摩的,而非从公民的任何等级中选,与之相似,克里特人也从曾做过科斯摩的人中挑选长老,根据亚里士多德接下来的讲法[见9],这些人可获许自行辞职。因此平民们无法享有科斯摩的统治权。

7. 接下来他反驳了克里特的政体,首先反驳了克里特人的法律。其次,也反驳了克里特人在政体方面采取的补救措施[见9]。关于前者,他做了两件事。第一,他反驳了他们的法律。第二,他回应了某种异议[见8]。在如下两件事上,他既不赞同克里特政体,也不赞同斯巴达政体[对观第14章,第2、3、4和6节]。其一是科斯摩和长老终身任职,不受监督(即不因过错而被迫辞职)。他们拥有的统治权因此超出了应有的程度。其二,他们并非根据法令(即成文法),而是根据自己的想法(根据自己的决定和选择)统治。这对城邦来说极不安全,因为爱憎会使他们滥下判断。

8. 接下来他回应了某种可能提出的异议。这种异议认为,克里特人从未发生过公民内乱,这是其政体优良的标志之一。他回应指出,没有共享统治权的克里特人之所以并未发动内乱,并不表明他们的政体优良。正如他此前所说,这是因克里特人居住在远离其他民族的岛上,没有同邻人发动战争[对观第13章,第2节]。因此,克里特的科斯摩与斯巴达的监察官就不同,既不征收赋税,也不在战事上花钱。人民并不十分在乎是否拥有统治权。

9. 接下来他反驳了克里特人防范危险的方案,他首先列出了各种方案。其次,他反驳了这些方案[见11]。关于前者,他做了两件事。第一,他阐明了防范邪恶统治者的克里特方案。第二,他对防范统治权的方案进行了解释[见 10]。他一开始就指出,克里特人运用的防范前述错误(即缺少对统治者的监督)的方案并不恰当。这种方案是压制性的和僭主式的,而非政治性的,也不为城邦的公共秩序所认可。它是违背理性的和强制性的。有些克里特人,不管是统治者还是私人性的个体,常常阴谋作乱,强迫科斯摩退位。这里还有另一种方案,即科斯摩可自行辞职,但最好使这类事件接受法律的规范,即科斯摩应根据既有的法律而非个体的意见被辞退或辞职。根据个体意见行事并非稳妥的标准(即安全的治理),因为人的意志通常是不合理和不公正的。

10. 接下来他阐述了防范科斯摩官职自身的方案。他指出,在一切方案中,最糟糕的莫过于,当科斯摩想要作出反对有权势个体的决定时,克里特人通常会废止科斯摩(即中止科斯摩的统治权)。克里特人曾一度中止过此种统治权。这种情形之所以最糟,是因为它不仅反对个体,也反对整个官僚体系或统治权,而城邦从整个官僚体系与统治权中获得了大量好处。

11. 接下来他反驳了前述补救方案。指出,中止科斯摩的制度就其出自平民的普遍同意而言,拥有政体的特征,但它是通过平民的权力行使的强制,并将通往僭主制而非迈向真正的政体。憎恶科斯摩的人常常鼓动平民和朋友站在他们一边,建立君主制,由他们中的某个人而非所有人来统治。而一旦不能实现这一点,就会导致反叛,引发争端。而在一段时间之后,就无异于城邦的倾覆和政治联合的解体,倘若公民们不是生活在和平中,城邦就不复存在了。城邦自身就会解体,甚至在解体之前,想要进犯城邦的强敌也会带来威胁,一旦公民们彼此对立,在抵御外敌的过程中便不能联合,而且,某个派系有时还会向敌人求援。

但正如他此前所说[对观第 13 章,第 2 节],由于其地理位置,克里特政体不曾受外敌进犯的威胁,克里特人生活在远离其他城邦的岛上,距离使他们免遭驱逐之险(即不会害怕敌人将他们逐出自己的疆域之外)。① 对此他给出了两项证据。其一是非公民的常住民的生活状况在克里特得到持续。在他们之间存在友好交往的风尚。然而,为克里特人提供服务的外邦人无法同他们长期共处,因为外邦人不能同他们共享统治权。克里特人不想拥有来自外邦的统治者。② 其二,外邦的进犯者近年来也将战火烧到了克里特,此时,克里特的法律显然不够优良,以至于难以维持政体。相反,他们之所以能保存下来,是因为没有同其交战的敌人。

在最后总结中,他指出,关于克里特的政体,他已讲得够多了。

---

① 阿奎那关于拉丁文本的解读看似合理,却与关于现有希腊文本的常规读法不合。
② 在这一点上,阿奎那误解了亚里士多德的拉丁文本,尽管他对文本的解读从理论上讲是可能的。

第十六章　迦太基的政体

文本(1272b24 – 1273b26)

1. 迦太基人在诸多方面较其他城邦的人能更好地安排自身的政治事务,并在某些具体的地方与斯巴达政体安排得极其相似。克里特、斯巴达和迦太基,这三个城邦的政体在某些地方彼此类似,但极大地不同于其他政体。迦太基有许多优良的制度,其政体优良的标志之一就是平民们对其制度感到满意,城邦中从未发生过严重的内乱,也未出现过僭主。

2. 迦太基政体的团体共餐制①与斯巴达政体的友谊餐制相似。它的104人长官委员会也与斯巴达的长老制对应,但其成员更优秀,因为迦太基人遴选的是有德行的成员,斯巴达人则一视同仁地进行选举。此外,迦太基人的王和长老也与斯巴达人的王和长老对应。

3. 最好不要从唯一的家族中选王,也不要一视同仁地选。倘若某个家族在德行上卓异非凡,就应从中选王,而非根据尊长选择。在重大事务方面享有支配权的人,如果来自较低阶层,就会引起较大祸害,在迦太基城邦中就发生过这种事。在迦太基政体中的那些事之所以遭人指责,多是因为它们犯了之前提到的政体所犯的过错。

4. 就与贵族政体和公民政体的前提相关的内容来说,在迦太基,有些内容偏向平民,有些偏向寡头。当王与长老们意见一致时,他们

---

① [中译按]Hetairia,或作 hetaireia,意指按同伴关系组织共餐,也指政治宗党和社团,参见颜-秦译本,第67页,注释1;吴译本,第100页,注释1。

可决定是否将某些事务交予平民处理,倘若意见不一,就交由平民决定。一旦将事务交予平民处理,就不仅允许平民听取首领们的决定,也允许他们自行决定。并且,如果平民们愿意,还可拒绝首领们的提议。但在其他两个政体中并非如此。对寡头政体来说,有一个五人委员会,由其支配重要事务,选举替任,并选举长官,也就是最高权力机构的成员。并且,五人委员会成员的任期相较其他官员的任期要长。他们在其他官员就任之前和之后都统治,这是寡头政体的做法。但我们应该认为,它是一种贵族政体,因为他们不卖官鬻爵,也不通过抽签或其他方式选出。他们能裁判一切诉案,而不像在斯巴达,某些统治者裁判这一类案件,另一些裁判另一类案件。

5. 有一种普遍看法认为,迦太基的贵族政体将触角延伸到寡头政体中。迦太基人认为,应选择既有德行又有钱的人担任统治者。没有这些手段的人既不能进行优良的统治,也没有闲暇统治。如果选拔有钱的统治者是寡头政体的做法,如果根据美德来选择统治者是贵族政体的做法,则迦太基的政体组织形式就属第三类。因为在他们选拔官员尤其是选拔最高官员、王或军队统帅时,既要求有美德,也要求有财富。

6. 应该将这种对贵族政体的偏离视为立法者的过错。从一开始就必须懂得,如何让最优秀的人拥有闲暇,不使其屈尊降贵,不论他是作为统治者,抑或是作为个体公民。

7. 尽管为了闲暇需要考虑财富,但使最高官职即王和军队统帅之位可以花钱买到,却是错误之举。迦太基的法律使人们重财富而轻美德,整个城邦都追求金钱。当权者看重的东西必然为政体中其他人所看重,而无论在何地,若美德不是最高荣耀,政体就不能稳固地根据美德统治。如下讲法是合理的:卖官鬻爵者,一旦花钱搞到统治权,就会习惯从自己的投资中捞好处。倘若贫困而诚实的人也想谋取利益,不诚实的人在花钱捞取官职后不这样做就毫不奇怪。因此,应让最有能力进行统治的人当政。

8. 立法者最好能使贫寒而有德者当政,但务必为统治者提供闲暇。

9. 由一人掌数职是错的(迦太基人却这样做),由一人做一事效果才最好。立法者应对具体做法进行规定,不能要求一人既当乐师又做鞋匠。在城邦规模不算小的地方,由许多人共同分享官职在政治上更明智也更民主。正如我们在前面所说,由相同的人做某项工作就会更加公共化(communal),也会将工作做得更出色和更有效率。这种情形在陆军和海军中表现得很明显,在此,统治和被统治的关系在各等级中都得到了贯彻。

10. 尽管这种政体是寡头式的,但迦太基人在追求财富的过程中,通过定期向外邦输送人口,较好地避免了公众骚乱。因而他们解决了这个问题,使政体得以恒久。但这需要运气,因为本应该通过立法者的规定避免内乱。倘若发生不幸,臣民们发起叛乱,法律就无法做出补救以恢复安宁。上述就是斯巴达、克里特和迦太基这些我们正确地加以重视的城邦的政体。

疏 证

1. 亚里士多德在讨论斯巴达和克里特人的政体之后,讨论了迦太基政体。在此方面做了三件事。首先,他称赞了后一政体和其他政体。其次,他揭示了迦太基政体与其他政体之间的一致[见2]。最后,他反驳了迦太基政体中的某些内容[见3]。他一开始就指出,迦太基人在政治上过得好。在诸多方面,尤其是在同斯巴达政体相类似的方面,较其他政体优越。克里特政体、斯巴达政体和迦太基政体彼此相似,但极大地不同于其他政体。迦太基人制定了诸多优良的制度,他们的政体得到了良好的组织,其标志之一是,平民们也对此种政体感到称心,没有严重的平民叛乱,政体也没有蜕化为僭主政体。

2. 接下来他揭示了迦太基政体同斯巴达政体的一致之处。首先是迦太基人的团体共餐制即斯巴达人所称的友谊共餐制。其次,他揭示了在城邦治理方面两种政体间的一致。迦太基人的104人委员会的统治权类似于斯巴达长老制的统治权。但在此问题上,迦太基人在权力安排上更优良,在斯巴达,长老的选举一视同仁(可从任何人中选,甚至从缺乏德行的人中选)。迦太基人则只挑选有美德的公民担任统治之职。类似地,迦太基人和斯巴达人一样拥有王制,他们的长老制(即有才德的人或贵族的统治)也与斯巴达的长老制对立。

3. 接下来他通过之前提及的两种方法反驳了迦太基政体[对观第13章,第1节]。第一,他之所以反对该政体,因为它没有良好地被确立。第二,之所以反驳,是因其与立法者的目的不吻合[见4]。他一开始便指出,最好从一切有德者中选王,而非从某一家族中选王。倘若从某一家族中选,该家族就应该是通常能产生优秀人物的家族,而非随便哪个家族。如果某一家族在德行上优于其他家族,就应从中选王,并且最好是通过选举而非通过尊卑有序(比如长子继承)来选。如果采取其他方式,较低等级的人就可能把持王位。倘若较低等级的人被组织起来,享有对重大事务的决定权,就十分危险。这会给城邦带来极大伤害,实际上,出身较低等级的王已在诸多事情上给迦太基城邦带来了伤害。他也从前述内容中总结出,既然三种政体类似,就有共同的东西应受指责。因此,我们还需理解其他方面的内容。

4. 接下来他基于如下事实反驳了迦太基政体,认为它偏离了原初的目的。在此方面,他做了三件事。首先,揭示了这种政体在某些方面偏向平民政体,在另一方面偏向寡头政体。其次,表明,它更偏向寡头政体[见5]。最后,他反驳了迦太基人防范这一点的方案[见10]。他一开始就指出,尽管立法者的初衷是想建立公民政体①或贵族政体,但有些法律偏向人民(即平民),另一些偏向寡头。

---

① 公民政体(polity)作为一种具体的政体是一种中道的平民制(或者说,是一种有秩序的或有限的平民制)。它是一种有别于单纯平民制的共和制。

迦太基人规定,当王与长老意见一致时,有权决定是否将某些事务提交给平民决定。倘若意见出现分歧,平民们就有权决定在这些事务上该如何办理。类似地,当王与长老们意见一致,将事情交由平民处理时,平民就不仅有权倾听建议并批准之,也有权判定相关建议的好坏。倘若平民们决定这么做,他们就会拒绝相关建议,而这在其他两个政体中是不可能的。因此,平民有权规定哪些事情是统治者应当做的,这种安排属平民政体。

另一方面,他们拥有五人执政团(由五人组成的委员会,有权参与处理城邦重要事务),惟有这些统治者才能选择替任,类似地,也惟有他们有权选举前述104人委员会[见2]。这些重要职官的任期相较其他职官的任期要长,因为可以连任①,其任期是不断延长的,这一点在重要程度较低的职官那里是不可能的。这属于寡头政体。

他们的政体中也有贵族制的内容,统治者是选出的,而非花钱搞到的。不仅如此,他们是因德行选出的,而不是采取抽签或其他方式选出的。他们并未脱离贵族制,但他们的政体中也有寡头制的内容,比如,由最重要的职官审理诉讼,而不像在斯巴达,由不同统治者审理不同案件。

5. 他接下来表明,此种政体更倾向于寡头制,这体现在两方面(第二个方面他稍后才谈[见9])。关于前一方面,他做了两件事。首先,揭示了这种政体在哪些方面倾向于寡头制。其次,他对此予以了反驳[见6]。他一开始便指出,迦太基政体原本想要成为贵族制,但在大多数人看来,它更倾向于寡头制。他们认为,所选拔的统治者不仅要有德,也要有钱。他们推理说,贫困者不能实施优良的统治,他们没有闲暇处理国务。因为他们的统治者没有获得从公共财政中拨发的俸禄。倘若有德行的贫寒窘迫之人被选做统治者,他

---

① [中译按]此处为意译,原文为:since predecessors were associates in the ruling power of their successors,直译为:"前任同其继任者一同掌权"。

们便会忽视国务,想要获取维持生计的手段。但选择有钱人担任统治者是寡头制的做法,只有选择有德行的人担任统治者才属于贵族制,选择既富有且有德行的人担任统治者显然属第三类政体。迦太基人所建立的政体正属此类。在选择最重要的职官如王和军队统帅的过程中,迦太基人既重财产,也重美德。

6. 接下来,他反驳了前述论证。首先,他反驳了激励迦太基人(建立上述政体)的理由。其次,他也反对这种政体安排本身[见7]。他一开始就指出,立法者应当对偏离贵族政体承担责任。从一开始就必须留意,有德行的卓异之人如何能享有闲暇而为有德行的行为,不因从事粗鄙工作屈尊降贵,这一点不论是在他们拥有职权时,还是过私人生活时都必要。这就是说,为了支持有美德的人,立法者有必要为美德设立奖赏。

7. 亚里士多德在接下来出于两个理由反驳了上述安排。首先,他表明,这一政体安排是危险的。在选择统治者的过程中,如果为了使统治者有闲暇,不用劳作也能维持生计,而将财富考虑在内,就会产生糟糕的结果:最重要的职官,即王和军队统帅之位都可以花钱搞到。也就是说,之所以授予官职,是因被授予官职者有钱。他也指出,这一点之所以恶劣,是因这项法律将使整个城邦追求金钱而非美德。如此公民们就会以为,在统治者眼中有利的事物对他们也有利。无论在何种城邦中,美德都不是最高的荣耀,统治的荣耀不只是同美德相关,人们无法根据美德一贯正确地统治。因为统治权是通过财富得到的,并基于财富获得嘉奖,如果公民们花钱搞到官职,就习惯性地想要去赚钱。如果说贫而有德者一旦在位①便想赚钱谋利,那么,德性程度较低的人在花费巨资将官职买到手之后却不想这样做,实在说不过去,根本就没这种可能。因此我们不能问,即将就任的官员是否有钱,相反我们要问,能成为优秀官员的人(即根据德行来统治的人),无论贵贱,是否应授予重要的官职。

---

① "在位"(when in office)是隐含在亚里士多德的上述引文之中的。

8. 其次,他之所以反对前述法律,是因为他忽视了更合适的补救办法。倘若立法者能做到无论贵贱,偏向有德的穷人来统治,并为了使他们在任期内享受闲暇,从而加以补救,就会更好。

9. 亚里士多德在接下来讲述了上述政体安排倾向于寡头制的第二个方面,他说,迦太基人由同一个体执掌多个统治权或职官的做法是错的,由一人干一件事能使事情做得更好。倘若由一人办数事,必然会对其他事或全部事情起妨碍。立法者务必不将多件事情交由一人办理(比如,不能命令某人既当乐师又当鞋匠),除非城邦的规模小,方能避免使之为害,否则,从政治上讲,由众人担任不同的职位,而非由一人掌数职就更明智也更民主(即与平民政体相吻合)。因为由一人掌数职是寡头政体的做法。这样做会更好,正如他刚才所说,由同一人来办一件事将会使事情办得更好,也更有效率。因此不得强迫某人去做太多的事。我们在海军和陆军中也发现了这一点。因为各负其责,无论是统治还是被统治,一旦服从者要对他人负责时,在某些方面必将延伸到军中的各个角落,甚至延伸到最低的层级。

10. 接下来他反驳了迦太基人针对偏向寡头政体的前述倾向给出的补救。他指出,尽管迦太基政体属于寡头制,迦太基人却发现了防止平民叛乱的最佳办法,他们定期派遣某些平民去治理臣服于他们的城邦。如此平民们便日益富裕,他们也因此使政体得到了保存和持续。然而,臣服于他们的城邦之所以不反叛,只是因为运气。公民们的忠诚应出于立法者的规定,而非出于运气。一旦厄运降临,臣民起而推翻他们的统治,则迦太基人的法律就无法应对反叛问题。

在结尾部分,亚里士多德总结说,我们可以公正地看待前述与斯巴达、克里特、迦太基政体相关的事。

第十七章　其他政体

文本（1272b24 – 1273b26）

1. 有些对政体发表意见的人①并没有参与公共生活，而是一介平民，方才我们已谈到其中几乎全部值得评论的内容。其他人则或在自己的城邦，或在外邦担任立法者，这些政治上活跃的人物，有的只是起草法律，其他人，如琉喀古斯和梭伦，也还创建政体。他们不仅制定法律，还创建政体。

2. 我们已讨论了斯巴达政体。有人认为，梭伦是一位勤勉的立法者。他废除失衡的寡头制，解放受奴役的平民，在自己的城邦中创建平民制，也塑造优良的政体。这个政体在战神山上设有一个有寡头制倾向的议事会；而在选任统治者的过程中有贵族制的因素；与此同时，在司法活动中存在平民制的因素。梭伦的改革没有触及既有内容，没有触及议事会成员和统治者的选任，但形成了一种平民政体的要素，即从全体公民中选任法官组成法庭。

3. 因此有人指出他犯了如下过错，即赋予抽签产生的法庭控制一切事务的能力，将会破坏政体中的其他要素。因为当赋予法庭权柄时，他偏向平民政体，就像偏向某位僭主，从而使政体转变为当今的平民政体。埃菲阿特和伯里克利限制了战神山议事会的权力，此后每位平民领袖都通过这种方式使政体逐渐转变成为当今的平

---

① ［中译按］Commentators on regimes，直译为"政体评论家"，在此从颜-秦译本提供的译法。

民政体。

4. 但这是出于偶然,绝非梭伦本意。波斯战争期间,平民们在公民大会中集会,选任海军统帅,为攫取权柄精心谋划,他们接受了拙劣的领袖,而不接受政治上的明智者。梭伦似乎赋予平民以最紧要的权力,即对统治者行使选举权和监督权,而一旦这些权力失控,平民将成为奴隶与敌人。他也规定,一切统治者都出自贵族和富人(五百麦第姆诺户、轭姓户和称为骑士的第三等级),而非出自第四等级,即雇工等级。

5. 扎琉科斯是西洛克里人的立法者,卡塔那的加隆达斯为自己的城邦和意大利以及西西里附近的卡尔基诺城邦立法。有些人想要猜测奥诺马里克托何以会成为第一个技艺娴熟的立法者。尽管他是洛克里人,却在克里特接受训练,能技艺娴熟地统治那里的人民。泰利士曾与他一同生活,琉喀古斯和扎琉科斯聆听过泰利士坐而论道,加隆达斯也曾就教于扎琉科斯的席前。但人们的这些传言与年代顺序不符。

6. 此外,还有科林斯人费洛劳斯,他曾为忒拜人立过法。此人是巴奇亚家族成员,也是奥林匹亚赛会获胜者狄奥克里斯的情人。狄奥克里斯为躲避母亲哈尔琼尼的情爱离开科林斯,前往忒拜,他们在忒拜共度余生。如今人们仍可见他们的坟茔。两座坟茔彼此相望,但其中一座背对着科林斯。① 相传他们早就对墓地做了安排,狄奥克里斯的坟茔背对科林斯,这样从他那里就无法望见科林斯,这是为了永不见伤心地,而费洛劳斯的坟茔面向科林斯,为的是日日能够望故乡。这些就是他们生活在忒拜的缘由。

7. 费洛劳斯在许多事项上和在生养后代的事项上制定了法律,忒拜人称他制定的法律为与嗣养有关的法。这一法律的特点是,规定了生养的限度,使其能维护产业的数量。加隆达斯的立法

---

① [中译按]英文原文为:but only one from the Corinthian side,直译为,从科林斯那边望来,只能看到其中一座坟茔。

除了惩戒伪证者,没有特别之处,他是第一个立这种法的人。人们称颂他立法简明,甚至超过了当代的立法者。财产不均也为费洛劳斯关注。① 柏拉图立法的特色在于共妻、共子、共有财产以及男子和女子共餐制。他还制定有关宴饮的法律,规定由头脑清醒者主持宴会,此外也对军事训练进行了规定,要求士兵们能尽量做到双手使用武器,这一点有极大用处,而不是空着一只手不用。此外,还有德拉古的法律,但他是在给既存的政体制定法律。除了惩罚的严酷之外,这些法律没有什么特别值得注意的地方。毕达柯斯也是立法者,但他从未创建过政体。他立了一条特别的法,规定实施暴力行为的醉酒者,应接受较针对清醒者更严厉的惩罚,因为醉酒者造成的伤害远甚于清醒者造成的伤害。他考虑的是带来的好处,而不是对醉酒者宽大为怀。瑞格昂加布利亚的安德罗达马斯为色雷斯的卡尔基人立法。他制定的法律与杀人和继承有关,但这些法律中并无值得一提的内容。至此,我们就考察了主要的政体和某些人提到的政体。

疏 证

1. 亚里士多德在考察各种政体之后,在此讨论了政体创建者与立法者。在此问题上,他做了三件事。首先,他讨论了他们之间的差别。其次,他也讨论了那些创建政体的人[见2]。最后,他也对立法者予以了规定[见5－7]。他首先指出讨论政体或立法的人之间有区别。第一项区别与出身有关。有些人只是一介平民②,并不参与政治活动。他们并非任何城邦的立法者。这些人如柏拉图、

---

① [中译按]此处疑有误,根据吴、颜－秦译本,希腊文本中为"法勒亚斯",而非"费洛劳斯",参见吴译本第110页,颜－秦译本,第73页。
② [中译按]直译为"私人性的公民"(private citizens)。

法勒亚斯和希波达莫斯等。他在前面部分中已经讨论了这些人所讲的值得注意的内容[对观第1-12章]。另一些人在政治上十分活跃,他们为各城邦订立法度,不论是为自己的城邦,还是为异邦。第二项区别与他们流传后世的东西有关。有些人制定了具体的法,却不曾创建政体,另一些人既创建政体(即治理城邦的组织),也制定法律。譬如琉喀古斯和梭伦。前者创建了斯巴达政体,后者创建了雅典政体。

2. 接下来,亚里士多德讨论了政体的创建者。此前他已讨论过琉喀古斯创立的斯巴达政体[对观第13-14章]。接下来还将考察梭伦创立的雅典政体。在此问题上,亚里士多德做了三件事。首先,他展示了梭伦政体的具体内容。其次,他展示了某些人如何批评梭伦[见3]。最后,他为梭伦做了辩护[见4]。他一开始便指出,有人认为梭伦是优秀的立法家。梭伦废除极端和过度的雅典寡头制,解放受富人们严苛统治压迫的平民,在城邦中确立平民制,并且良好地组建了政体(城邦的治理结构)。他在政体中赋予平民以份额,在战神山(即阿瑞斯的领地,雅典的宗教场所)创设城邦议事机构,战神山议事会是一个寡头组织,成员从有钱有势的公民中选出。但统治者的选拔方式却属于贵族制。他从平民中选拔法官,设立法庭(即司法权力),法庭是属于平民政体的(即属于普通民众的政体)。梭伦并未废止已有的内容,并未废止寡头式的议事会和贵族制的有关统治者的民众选举。但当他构建法官出自全体公民的法庭(即陪审法官)时,他就新设了一种属于平民的统治权。

3. 亚里士多德接下来展示了人们如何批评梭伦。有人指责当他设立法庭时,废除了之前的政体。这一官职通过抽签选出,即陪审法官从平民中通过抽签选出,却拥有决断一切事务的权力。他们认为,梭伦废止了之前的政体,因为,在城邦赋予那一官职以权力的过程中,由平民选任的法官将城邦的全部统治权转移到平民之手,而平民会暴虐地压制地位较高的人。政体由此会沦为雅典出现过的那种混乱无序的平民政体。埃菲阿特和伯里克利是平民选出的法官,正是他们首次颠覆了古已有之的战神山议事会,自此之后,平民领袖们极大地提升了平民权力,直至政体转变为后来的平民政体。

4. 接下来,亚里士多德为梭伦做了辩护,他指出,梭伦立法的缺陷出于偶然,绝非有意为之。当波斯王入侵雅典时,雅典人认为自己无力捍卫疆土或抵抗对城邦的围困,他们的妻室财产都安置在雅典的其他城邦。于是他们就离弃了自己的城邦,将战火从陆上烧到海上。因此,在波斯战争期间,人们召开公民大会,选任海军统帅(即舰队司令),并使用阴谋诡计攫取权力,结果迎来了一位邪恶而非优秀的统帅,由他执行人民的意愿。

然而,梭伦只将最必要的权力即选择统治者和纠正错误决定的权力赋予平民,他其实并不想将一切权力都交予平民。亚里士多德指出,平民们有必要享有选择统治者和纠正错误的权力,倘若在未得平民同意的情形下要求他们顺从统治者,而无法纠正统治者的错误决定,他们将会沦为奴隶。由于不能容忍奴隶制,他们就会与统治者为敌。但梭伦规定,首先,一切统治者都应从优秀的人士中挑选(从贵族和富人中挑选)。①其次,应从属于中间阶层的五百公民中挑选,他称这部分人为麦第姆诺户(似乎是指仲裁者)和轭姓户,他们是团体或工匠的头领,能将平民联合起来。最后,应从骑士阶层中选,他们属于第三等级。第四等级,即最底层的等级,是雇工等级,不享有统治权。因此,很显然他将统治权的大部分都赋予了德行较高的人而非平民。创立平民政体并非为他所愿,而是有违他的目的。

5. 接下来亚里士多德对立法者进行了规定,首先揭示了他们都是何种人,为谁制定法律。其次,他揭示了他们都起草了何种法律[见7]。关于前者,他做了两件事。第一,他讨论了意大利的立法者(意大利曾一度被称为大希腊区[Magna Graecia])。第二,他

---

① 阿奎那认为,贵族和有钱人构成了第一等级,麦第姆诺户和轭姓户一起构成了第二等级,但亚里士多德的文本却遵照了梭伦关于四个等级的划分。

讨论了希腊的立法者[见6]。他一开始就指出,为西洛克里人(洛克里是与西部希腊相对的卡拉布里亚地区的城邦)立法的是一位名叫扎琉科斯的立法者。卡塔那人加隆达斯也是一位立法者,不仅为自己城邦的公民们制定法律,也为意大利和西西里周边卡尔基诸城邦制定法律。

亚里士多德向我们揭示了上述立法者在立法技艺方面都接受了谁的教导。他说,有些人猜测说,一位名叫奥诺马利克托的人是诸城邦中第一位技艺娴熟的法律专家。尽管他是洛克里公民,却在克里特接受法律教养,此后又技艺娴熟地治理当地的平民。据说他有一个叫泰利士的同伴,斯巴达的琉喀古斯和洛克里的扎琉科斯曾聆听过泰利士坐而论道。人们又说,卡塔那的加隆达斯曾就教于扎琉科斯的席前。但人们在叙述这些事时并未正确地考虑过事件发生的年代,因为上述说法不符合年代顺序。

6. 接下来亚里士多德谈及希腊地区的立法者,他说,有一位叫费洛劳斯的科林斯公民,曾为忒拜人立法。他也指出为何费洛劳斯要从科林斯去忒拜,他说,费洛劳斯原本是巴奇亚家族人(即能追溯到巴奇乌斯的那些人),并与奥林匹亚赛会的获胜者狄奥克里斯结为好友。在狄奥克里斯离开科林斯之后(也许是因犯错而遭到驱逐),费洛劳斯意识到狄奥克里斯的母亲,一个叫哈尔琼尼的妇人,对自己的情爱,从而就与狄奥克里斯一道前往忒拜(哈尔琼尼对费洛劳斯可能有养育之恩)。① 两人在忒拜共度余生,如今仍可见他们的坟茔。两座坟茔彼此相望,从一座可看到另一座,但从科林斯那边望过来,只能见其中一座而看不见另一座。他们之所以这样设

---

① 亚里士多德的原文说,狄奥克里斯的母亲对他也许有一种乱伦的情爱,而不是说她与费洛劳斯的情爱。并且说正是这一点才迫使狄奥克里斯离开科林斯。阿奎那在没有文本根据的情况下,认为狄奥克里斯是因犯罪遭到驱逐,并认为,哈尔琼尼可能对费洛劳斯有养育之恩,也请留意阿奎那称狄奥克里斯为费洛劳斯的朋友,但亚里士多德的原文中却称其为费洛劳斯的情人。

计自己的坟茔,为的是狄奥克里斯永不再见科林斯,仿佛是因他曾遭受过它带给自己的遭遇,想要永远避开它。但科林斯人却能看到费洛劳斯的坟茔,因为费洛劳斯并未遭受过他们带来的遭遇。这就是他们定居忒拜、为忒拜人立法的缘由。

7. 接下来,亚里士多德陈述了每位立法者具体制定的法律,他说,费洛劳斯在许多事情上都为忒拜人立了法,尤其是在有关生育儿子的事上立了法,规定在生育特定数量的儿子后,不得继续生育。忒拜人称费洛劳斯制定的法为嗣养法,他匠心独运,制定了有关生养儿子的法,以保证资产数量的恒定。也就是,儿子的数目应与维持人口必要的公民数目相同,将属于某个人的土地分割为若干份毫无必要。

加隆达斯除了制定作伪证为犯罪的法之外,并无其他建树,他是第一个考虑立这种法的人。但人们称颂他,是因为相较其他立法者,他更详尽地解释了法律所需的东西,而非因为他具体规定的内容。然而,费洛劳斯却制定了一项独特的废除财产不均的法。

在柏拉图制定的法中有四项特别规定。第一,规定了共妻、共子和共有财产的法律。第二,确立了女子共餐制。正如其他城邦中存在男子共餐制一样。第三,他制定了反对醉酒的法律,规定惟有神志清醒者才能主持宴饮(即共餐)。第四,规定在军事活动中,士兵们应通过实践和练习变得双手灵活,使双手在战争中都能发挥作用。

接下来亚里士多德也谈到德拉古的立法,德拉古为已存在的政体起草法律,但除了规定如行为不当导致程度较大的损害,应给予更严厉的惩罚外,这些法律并无独特建树。

还有一位名叫毕达柯斯的立法者,他并未创建政体,但制定了一项独特的法律,规定醉酒者为暴力犯罪时,须接受较清醒之人更严厉的惩罚,因为醉酒者能产生较清醒者更大的伤害。他考虑的是利益,即必须消除醉酒的危害,而不是考虑到醉酒之人应得宽恕,因为他们不能控制自己的行为。

另有一位名叫安德罗达马斯的立法者,他是瑞格昂加布利亚的公民,他制定了有关惩罚杀人和继承的法,但他立的法并无特色。

在结尾部分,亚里士多德总结说,我们已考察了有关最佳政体(如斯巴达、克里特和迦太基等地的政体)应该考虑的事,也考察了其他人提出的政体。

如此就结束了第二卷。

卷三

第一章　公民资格

文本（1274b32 – 1275b33）

1. 无论是谁，只要他想探究各种政体是什么，如何存在，就必须首先考察城邦是什么。眼下人们还处在犹豫不决的状态，有些人说是城邦实施了某项行为，另一些人则认为是寡头或僭主而非城邦实施了某项行为。但是，我们认为政治家和立法者的全部工作都与城邦有关，而政体即是居住在城邦内的人们的组织。

2. 由于城邦和其他由许多部分构成的整体一样，都由部分构成，因此，很显然，我们应该首先考察公民，因为城邦由诸多公民组成。我们需要追问，应该称谁为公民，并思考谁是公民。人们通常提出了与谁是公民有关的一系列问题，而并未采取相同的方式解释它。在平民政体中是公民的人在寡头政体中通常并非公民。

3. 因此，我们需要将通过诗的破格①而以其他方式获得公民称谓的人置于一旁不加考虑。单纯居住于某地不能使某人成为公民，因为外邦人和奴隶也居住在城邦内；只享有起诉或被起诉的法律资格的人也不享有公民资格，因为所有缔结契约的人都能利用这种资格。外邦的居民们不能充分地参与司法体系，他们需要雇人代为诉讼，因此，他们并不充分享有共同的（公民）资格。如此，我们就以

---

① ［中译按］原文为：by poetic license，直译为：诗的破格（如次序倒装，词义变更等）。颜－秦译本和吴译本皆译为"偶然"（或"偶然的机会"）。根据阿奎那接下来的疏证，还可以理解为"以诗的方式"。

一种有限的方式将因年龄而尚未入册的年轻人和从积极义务①中脱身的年长者称为公民,不是绝对的公民或最大可能的公民,而是补充了年龄尚轻、年龄较大或其他条件(只要其含义清晰,使用何种说法无所谓)。我们在此探讨的是绝对的公民,而未附加任何限制,因此,对低贱的人和被驱逐的人也可提出并回答这类问题。

4. 只有参与到司法裁判和统治事务中,才能规定某人是绝对的公民。有些官职只限定有一个任期,或只在某些固定的任期结束后方能允许另一个任期。另一些官职,比如陪审法官或公民大会的成员,并无固定任期。因此,有人可能会说,这些人并非官员,没有统治权。但这并没有什么分别,因为这个论证只与名称有关。陪审法官和公民大会共有某些东西,却没有一个名称用来称呼这些共有的东西。为定义起见,我们不妨规定应使用"未作明确规定的官职"这个名称②。我们也因此就将公民定义为通过这种方式担任官职的人。这种公民定义最适合所有我们称为公民的人。

5. 然而,不应忽视,当个别事物在种类上有差异时,有些事物最优,另一些则次之,其他的又次之,就个别事物属此种情形而言,不存在或几乎不存在为所有事物共有的东西。我们也看到,政体之间在种类上彼此不同,有些政体优于其他政体,后者较前者层次较低,因为,糟糕的和蜕变的政体相对于优良政体来说等而下之(在后面我们将解释政体在何种意义上是蜕变的)。在不同的政体中,公民的含义也不同。在平民政体中称公民的人是最主要的公民,在其他政体中也有公民,但不必然如此。在这些政体中,平民没有地位,这些政体只看重临时的公民集会,而不看重公民大会,并且,统治者分部门处理案件。比如,在斯巴达,不同的监察官在不同时间处理各类

---

① [中译按]原文为:active duty,在此取直译,颜-秦译本中译为公共生活("从公共生活中隐退"),吴译本则理解为服役("已过免役年龄")。

② [中译按]原文为:unspecified office,颜-秦译本为:"不确定的官职",吴译本为:"无定期(无定职)的职司"。

契约案件,长老处理杀人案件,其他部门处理其他案件。在迦太基也有类似设置,但在迦太基,有些统治者可审理全部案件。

6. 针对我们提出的公民定义有一种异议。在其他政体中,公民大会和陪审法官成员都是特定的而非不确定的统治者。这些特定的立法者中,某些人或全体被赋予或是对全部事务,或是对部分事务的审议权和司法权。这就清楚地表明谁是公民。因为当某人享有审议权和司法权时,可说他是城邦的公民。严格地讲,城邦由足够数量的追求自足生活的公民构成。

7. 人们在实践中将公民定义为父母双方都是公民的人,而非一方是公民的人(父亲是公民,或母亲是公民)。有人主张要追溯到前几代人(如二代、三代或更多)。这些事情也许能在政治上迅速地得到判定,然而,有人会问,之前第三代或第四代人又如何成为公民?(因此,勒昂提尼的高尔吉亚就说——也许是出于犹疑,又或是出于嘲讽——正如灰浆由泥灰匠造出,拉萨里人由拉萨里的建城者们造出,因为拉萨里是由拉萨里人建造的)答案很简单,根据上述定义,只要先人们参与了建城活动,他们便是公民。因此,不能将"追溯到作公民的母亲或父亲"这一标准适用到最初的居民或建城者身上。

疏 证

1. 在第二卷考察了他人流传下来的政体之后,亚里士多德开始讨论他的政体观。讨论分两部分。首先,他揭示了各类政体。其次,他告诉我们,最佳政体是如何确立的。① 前者又分两部分。第一,他区分了各种政体。第二,具体讨论了它们中的每一种。② 而

---

① 《政治学》,VII,1(1323a14)。
② 《政治学》,IV,1(1288b10)。

第一部分又分为两部分。其一,他规定了一般意义上的政体的内容。其二,他区分了各种政体[见第5-6章]。前者又分两部分。首先,他谈到了自己的目的。其次,他讨论了他所建议的内容[见3]。关于前一点,他做了两件事。第一,他揭示出为了讨论政体,需要对城邦进行反思。第二,他表明,为了对城邦进行讨论,人们需要反思何谓公民[见2]。

他一开始就指出,要想反思政体的性质和种类(好与坏,正义与不正义),要首先思考何谓城邦。他通过两项论证证明了这一点。其一是人们在此问题上尚有疑问。有人主张行为(比如,僭主的行为或城邦富人的行为)属于城邦,其他人则主张行为属于寡头(即富有的统治者)或僭主,而不属于城邦。倘若只让有钱人来统治,是否存在城邦就大有疑问。由于存在这个问题,我们就需要回答它。第二个论证是,讨论政体和立法的人们的总体目标都与城邦有关,因为,政体不是别的,而是居住于城邦中的人们的组织。

2. 接下来,他通过两项论证表明,需要规定与公民有关的事。第一项论证是,在由部分构成的事物中,应首先考察部分。城邦是整体,它是由作为部分的公民构成的,是公民的集合。要想懂得城邦是什么,需要思考何谓公民。第二项论证说明,关于上述问题尚存疑问,并非人人都认可同一类人为公民。在平民享有统治权的平民政体中是公民的人,在有钱人进行统治的寡头政体中有时不被认为是公民,因为,在寡头政体中,平民们不享有统治权。

3. 接下来他对提议的内容进行了讨论,将其划分为两部分。首先,他揭示了何谓公民。其次,他表明何种德性能成就好公民[对观第3章,第1节]。关于前者,他做了两件事。第一,他对何谓公民进行了规定。第二,与此相关,他提出了某些问题[对观第2章,第1节]。在第一个方面,他又做了两件事。其一,他表明,何谓公民涉及事情的真相。其二,他排除了错误的定义[见7]。关于前者,他又做了两件事。第一,他提出了某些方式,个体可以借此成为公民,但不是成为绝对意义上的公民。第二,他揭示了何谓无条件的公民[见4]。

他一开始就指出,我们应暂时地不考虑那些以诗的(poetical)方式(即通过比喻或类比)被称作公民的人,因为他们不是真正的公民。首先是因其住所而成为公民,然而,我们不会仅仅因为他们居住在城邦内而称之为公民,因为外邦人和奴隶也住在城邦内,但严格而言,他们不是公民。

其次是因服从城邦的管辖而称其为公民,即因参与到城邦的司法体系中,有时获得了对己有利的裁判,有时得到对己不利的裁判(如被判有罪)而称其为公民。这甚至对那些缔结契约的人也适用,但他们并非同一城邦中的公民。在某些城邦中,来自外邦的居住民不能作为公民充分地参与司法体系。倘若他们希望提起诉讼,需要雇用保证人(即保证他们服从法律的人)。因此,外邦居住民显然不能充分参与到共同的司法体系中去。严格来讲,他们并非公民,尽管人们可在某种受到限制的意义上称其为公民。

类似地,在第三种方式中,我们称儿童为公民,尽管他们尚未作为公民登记入册,也称年长者为公民,尽管他们已失去公民身份,① 不再履行公民职责。因此,我们就在有限的意义上而非绝对的意义上称未及年龄的孩童、已过公民身份所要求之年龄的年长者为公民。即使补充其他的一些条件,也是如此。在此我们想要表达的内容一目了然,因为在此追问的是何谓绝对意义上的公民,而没有必要在界定和解释公民一词时做任何补充。

对第四种界定公民的方式,也有相同的问题和回答,第四种方式与被驱逐者和卑贱之徒(即声名较差的人)有关。这类人在某种意义上是公民,但不是绝对意义上的公民。

4. 接下来,他表明严格而言何谓公民。在此方面,他做了三件事。首先,他提出了一个公民定义。其次,他解释说,这个定义并不

---

① [中译按]原文为:they have now been dropped from rolls of citizens,直译为:他们的名字如今已从公民名册中除名。此处为意译。

对每种政体有效[见5]。第三,他揭示了如何修订这个定义,使之适合于每一政体[见6]。他一开始就提出,没有什么东西能够较如下事实更好地界定何谓绝对意义上的公民,即可参与城邦法庭,审理与某些事务相关的讼案,享有城邦的统治权,也就是说,在城邦的事务方面享有某些统治权。

但我们应注意,存在两类官职。有些官职规定了固定任期,有些城邦不允许同一人两度担任同一官职,或在特定时期之内不得两度担任同一官职(如在一年任期之后,在三年或四年之内不得再任该职)。另一类官职没有任期限制,个体在任何时候都能履职(比如,陪审法官,即有权审理特定讼案的人和有权在城邦集会中投票的公民大会成员)。也许,有人不会称陪审法官和公民大会的成员为统治者,认为他们不能只因能在集会中投票或审理案件而担任官职。但就眼下的问题而言,这一点毫无影响,因为这一异议只关乎官职名称。而对陪审法官和公民大会的成员来说并无通用名称,因此我们提出了一个词,即"未作明确规定的官职"。我们认为,享有此种统治权的人即公民,严格来讲,这是关于公民的较好定义。

5. 接下来,他表明,此种公民定义不适合所有政体,他指出,很显然当个别事物在种类上有差异时——某些事物根据自然最优,其他事物则次之,其余又次之(即在等级上处于较低层级),它们之间并无共同的东西,正如在两可之事中不存在共同的东西一样,抑或在它们中少有共同的东西(即在某种程度上共同的东西)。正如他在下文要指出的[对观第6章,第1—4节],政体之间在种类上彼此不同,有些政体优异,其他则次之,蜕化的和违反正当秩序的政体根据自然相较优异的政体处于较低层次,正如在一切种类中,完善的东西根据自然要优于有缺陷的东西一样。接下来,他还将会指出,这些政体如何与正当秩序相背离[对观第5章,第7节]。因而,在不同的政体中需要有关于公民的不同思考。

因此,前述公民定义主要属于平民政体,在此种政体中,任何平民都有权审理某些案件和成为公民大会成员。但在其他政体中,任何公民有时也可能享有这类权力,尽管并不必然如此,因为,在某些政体中,平民不像公民那样享有一切权力。这些政体也不认为公民大会(即平民的正式集会)重要,而只看重为特定目的召集的会议。只有被划分进不同群体的人才有权做决定。比如,斯巴达的监察官可以审理与契约相关的案件,但不同的监察官,这个监察官或另一个监察官,在不同的时候审理不同的案件。长老审理杀人案件,其他官员审理其他案件。对迦太基人来说也如此,由于某些特定官员有权审理一切案件,普通公民就不能参与到司法体系中。因此,前述公民定义在这些政体中并不合适。

6. 接下来他修正了前述公民定义,指出,这个定义可同一切政体中共同的内容关联起来,因为,在不同于平民政体的政体中,公民大会成员和陪审法官成员不是在不确定的任期内履职的,相反,他们是在固定任期内履职的。这些人的一部分抑或全体有权审理案件和在公民大会中议事,不管是处理部分事务,还是处理全体事务。这就可以揭示出何谓公民。公民不是参与法庭和公民大会中的人,而是能担任立法或司法职务的人。不能担任这类官职就不能参与到政体之中,因而不是公民。

最后,他从前述内容中推出,城邦不过是这类人的集合。严格来说,其人数众多,足以自足(即过自足的生活)。正如他在第一卷中讲[对观第1章,第1节],城邦乃自足之联合。

7. 接下来他排除了某些人使用的公民定义,指出,有些人通过习俗规定,双亲都是公民,而不只是一方是公民,即父亲或母亲一方是公民,生育的后代才是公民。其他人对成为公民提出了进一步的要求,即要求公民的祖祖辈辈、一代又一代都是公民。如果人们想要这样从政治上(即通过城邦习俗)界定公民和笼统地(即在做适当考察前)界定公民,问题就会是,那人的第三代、第四代先人又如何成为公民?根据前述定义,不能说,除非他能将自己的公民血统追溯到第三代或第四代先人,否则他就不能成为公民。因为,这会导致无穷后退。

在此问题上,他援引了勒昂提亚的高尔吉亚的说法,在前述定义上,这位西西里人说过一些睿智的话,但不清楚他是出于不确定,还是出于嘲讽说的。他说,正如灰浆由泥灰匠造出,拉里萨的公民们也是拉里萨的其他公民造出的(即生养的)。正是这些人使他们成为拉里萨公民。然而,这个说法太过简单,也没有道理,如果人们是根据方才提到的定义才参加到政体之中的,那么即便他们不是由公民们生养,我们也必须说他们是公民。否则,他们所给出的定义就不适用于最早建城和在城邦中定居的人。先人们不是城邦公民的后裔。由此可得,先人们不是公民,其后代也不是公民,这一结论显然令人奇怪。

第二章　政体的变革

文本（1275b34 – 1276b15）

1. 但在政体变革之后加入到某一政体中的人，比如加入到克勒斯泰尼在驱逐僭主后在雅典建立的政体中的人，提出了一个更重大的问题。因为他将许多外邦居住民和外邦奴隶也编入到各部族中，问题不在于这些人是不是公民，而在于他们作为公民是否正当。

2. 在这件事上，人们会提出进一步的问题，假如不正当与虚假是一回事，不正当地成为公民的人是否可称为真正的公民呢？但我们看到，有些统治者的统治是不正当的，但我们还是说他们在统治，即便统治不正当。我们此前已根据统治权界定了公民，如我们所言，拥有统治权的人是公民。因此，我们显然应该承认，这类人也是公民。

3. 成为公民的方式是否正当这个问题与我们之前提到的问题有关。有人会问，（倘若寡头政体或僭主政体转变为平民政体）何时城邦做出了行动，何时并未行动。在政体变革之后，有些人不想履行僭主所订的协议，因为它是由僭主而非城邦订立的，或并不尊重其他这类事物，他们认为，这些特定政体是为私人利益而非为城邦的利益存在的。因此，如果政体转变为平民政体，那么类似地我们就可以说，这种政体的行动与寡头政体或僭主政体的行动一样，都属于城邦。

4. 这个问题从属于另一个问题：如何能说城邦是同一个城邦而非其他城邦？从表面上看，这个问题与疆域、人口有关。疆域和人口都可被分割，一部分人居住在这块地方，另一部分居住在另一块地方。因此,我们不应过分看重这个问题,我们是在不同含义上使用城邦一词的。正是这一点在某种程度上使这个问题不那么重要。类似地,何时我们应该认为存在一个居住在同一疆域中的人的城邦呢? 不是因为城墙,尽管可用它将整个伯罗奔尼撒围起来。也许巴比伦和每一个只包含一个种族而非一个城邦的城就是这样(据说在巴比伦沦陷后的两天里,这个城中有一个部分居然还不知道它已沦陷)。对这个问题还是留待以后思考为好。政治家不应忽视城邦的规模,不应忽视居民的数量,也不应忽视是一个种族有利还是多个种族有利等问题。

5. 即便有了居住在同一地方的相同人口,也仍有一个问题,我们是否应该说,只要居民们属于同一种族,则尽管代代相继,城邦仍然是同一个城邦。类似地,我们习惯说,尽管江水来回,但河还是这条河,源头也依然是那个源头。

6. 抑或应该说,由于这个原因,人口尚未改变,但城邦已不再是往昔的城邦。如果城邦是一种联合,是政体中公民的联合,则当政体变化,成为其他类型的政体时,城邦必定不再是原来的城邦。类似地,我们说,谐剧中的合唱队和肃剧中的合唱队在形式上不同,尽管成员依旧是同一批成员。对其他统一体和复合物来说也如此。如果复合物在种类上发生变化,复合物也会发生变化。比如,我们说,相同的音符如果有时配多利亚调,其他时候配弗吕吉亚调,则构成的乐调就不同。倘若城邦始终如一,则在与政体有关的方面,我们显然可以特别指出,它也是相同的。无论人口是否变化,仍可采用同样的名称或不同的名称来称呼它。但当城邦转变为其他政体时,尊重那些协议是否正当就是另一个问题。

疏 证

1. 亚里士多德在对何谓公民的问题进行规定之后,阐明了与前述事情有关的问题,并对这些问题进行了回答。他提出了四个连贯的问题。第一个问题涉及政体变革之后进入到政体中的人,正如贤明的克勒斯泰尼在僭主被驱逐后对雅典人所做的。克勒斯泰尼将许多外邦居住民和奴隶补充到城邦中,增加了平民等级,因此富人阶层就不能残暴地镇压平民了。为了回答这个问题,亚里士多德指出,与这些人相关的问题不在于他们是否是公民,他们之所以是公民是因为他们已经是公民,问题是,他们是否正当地或不正当地成为公民。

2. 亚里士多德提出了第二个问题。人们可以问,不正当地成为公民的人能否可以成为真正的公民,仿佛不正当意味着虚假的一样,虚假的公民显然不是公民。对此他回答说,既然我们认为进行不正当统治的人是统治者,根据类似论证就可以说,不正当地成为公民的人是公民,因为正如他此前所说[对观第1章,第4节],之所以称人们为公民,是因其拥有统治权。

3. 他提出了第三个问题,指出,是否正当地成为公民与本卷开头提出的问题有关[对观第1章,第1节]。在政体变革中,通常会产生如下问题:何时行动属于城邦,何时不属于?例如,政体有时会从僭主政体或寡头政体转变为平民政体,而之后获得政体权力的平民们不希望履行之前统治城邦的僭主或富人所订的协议。据说即便向城邦的僭主或富人做出了承诺,城邦也不认可之前所做的承诺。因此,在许多这类事中,执掌权力的人出于自己的利益而非出于城邦的共同利益从他人那里获得财物。

针对上述问题,他做了如下回答。假如在政体变革后,城邦依旧未曾改变。则正如平民政体所作的事属于城邦的行为一样,由僭主和寡头所做的事也属于城邦的行为,因为,正如在先前僭主或富人一直享有城邦的权力,如今平民政体中的人也掌握了权力。

4. 他提出了第四个问题。首先,他一般性地提出了这个问题,指出,回答这个问题的恰当方式就是揭示为何要说一个城邦发生了或没有发生改变。

其次，他将前述问题划分为两部分，指出，从表面上看，城邦与两件事有关，即与疆域和人口相关。人口以不同的方式分布在各地（例如，当所有公民被逐出某个城邦，他们就迁徙到各地）。因此，如果其他居民进入到这个疆域中，就会产生如下问题，这时的城邦是否还是原来的城邦呢？这个问题并不重要（即比较简单）。因为我们可以在多重意义上来讨论一个城邦。在一种意义上，它意味着疆域，在此意义上，城邦还是原来的城邦。在另一种意义上，它意味着人口，在此意义上，城邦发生了变化。

但还存在一个问题。倘若相同的人口居住在相同地方，就会产生在何种情形下它还保持是原来的城邦或不再是原来的城邦这个问题。他首先排除了一种意义上的统一体概念，指出，不能说居住在城邦中的人之所以能维持城邦的恒久，是因城邦的城墙始终是原来的城墙。即便可用城墙将整个地区围起来（如伯罗奔半岛地区，它属于阿该亚人的疆域），也不意味着这就是一个城邦。这就是在巴比伦或任何其他大城市（它包含一个种族而非一个城邦）中发生的情况。比如，他说，当巴比伦城沦陷时，其中一部分居然三天以后才知道它的沦陷，因为这个用城墙围起来的城实在是太大了。

他在此插入了一段话，指出就城邦的规模巨大是否有利来说，需要在其他地方予以讨论。① 城邦的规模该多大，应包含一个种族还是多个种族，这些问题都是政治家要知晓的问题。

5. 接下来他考察了另一个统一体概念，即在疆域中，倘若人口不变，是否应该因居民属于同一种族，即因代代相传（尽管在数量上每一代人都不同），而视城邦为原来的城邦呢？类似地，我们说，江河及其源头依旧是原来的江河和源头，尽管江水来回，却奔流不息。

6. 接下来，在回答这个问题的过程中，他揭示了城邦统一体的真正本质。他说，我们可以通过某种方式指出，尽管经历了一代又一代，但人口未曾改变。然而，如果政体的组织改变，城邦就会发生

---

① 《政治学》，VII,4(1325b33 – 1326b25)。

改变。就我们称为政体的公民联合属于城邦的本质而言,城邦在政体变革之后,就不再是原来的城邦。类似地,我们认为,合唱队有时在谐剧中表演(即演唱与普通人的行为有关的欢乐歌),其他时候在肃剧中表演(即演唱与战争统帅有关的悼歌),它也不再是同一个合唱队。我们在由复合物或统一体构成的事物中看到,每当出现不同类型的复合时,就会产生不同的身份。例如,如果有时配以多利亚调(即由8个音符组成的音调),其他时候配以弗吕吉亚调(即由3或4个音符组成的音调),就会出现不同的和声。

由于一切这类事都采用这种方式,则很显然,我们就应该在与政体组织有关的方面,称城邦为与原来城邦相同的城邦。当政体组织发生改变而疆域或人口不变时,城邦就发生了改变,但材料还是同样的材料。个体可以使用相同或不同名称来称呼变化的城邦,无论人口是否发生了改变,但使用相同的名称,就会出现模棱两可。考虑到城邦在政体变革之后不再是原来的城邦,尊重此前政体中做出的协议是否正当,这个问题在接下来将会谈到。①

---

① 亚里士多德没有再对这个问题进行考察。

第三章 好人的美德和好公民的美德

文本(1276b16–1277b32)

1. 与前述内容有关,我们需要考察好人的美德与好公民的美德是否相同。倘若我们需要通过考察来对此做判断,就必须首先理解公民美德的大致情况。

2. 正如水手是全体船员中的一员,公民也是城邦的成员。尽管水手们的功能各不相同,有人做桨手,有人做舵手,有人做瞭望员等等,但很明显,严格来讲,每个人的美德的恰当本性都十分清楚。此外,他们也有共同的美德。水手的任务是安全航行,每个水手都追求这一点。与之类似,所有公民的任务,无论有何差异,在于城邦的安全。城邦即政体。公民的美德必然与政体相关。倘若有多种政体,则对好公民来说显然就不存在同一种完全的美德。然而,我们称某人为好人,却是因为他有同一种完全的美德。很显然,个体可以是一个好公民,却不具有成为好人的美德。

3. 我们的考察也通过另一种方式获得了与最佳政体有关的相同结论。倘若城邦不能完全由好人组成,倘若每个人做好本职工作是因其美德使然,则由于公民之间彼此有别,好公民的美德就不同于好人的美德。好公民的美德在所有公民中都需要,城邦将因此成为最好的城邦。但除非是在优良的城邦中,否则要使所有公民都有好人的美德是不可能的,在优良的城邦中,每个公民必定是好人。

4. 进言之,城邦由不同的部分构成,正如动物由灵魂和肉体构成一样,人类的灵魂由理性和欲望构成,家庭由丈夫和妻子构成,财产由主人和奴隶构成。根据相同的方式,城邦也由这些和其他不同的事物构成。对全体公民而言,不需有唯一的美德,就如歌队的主人和助手不必有相同的才能一样。这些情形表明,公民们的美德彼此不同。

5. 但也许某个特定的好公民具有的美德与好人的美德相同。因此我们说,有德性的统治者既是好人,也在实践中有智慧,而政治家则只需在实践中有智慧。

6. 有人说,统治者从一开始接受的教育就与众不同(王室诸子在骑术和战术方面都训练有素)。欧里庇得斯在谈到统治者的教育时说,不必懂得广泛或崇高的事物,只需要懂得对城邦必需的事物。倘若好人的好与优秀统治者的好相同,并且倘若服从者也是公民,则从严格意义上讲,好公民的好同好人的好就不相同,只在极个别公民那里两者才相同,也就是说,在可能统治万民的公民那里,两者才相同。统治者的美德同普通公民的美德并不同,正是因为这一点,伊阿松才说,倘若他不做僭主,就要做饥民,仿佛他不知道该如何做普通人。

7. 然而,既能治人,又能治于人是令人称颂的。好公民的美德在于,治人与治于人两方面都干得好。如果认为,好人的美德是统治过程中的美德,公民的美德是既能治人,又能治于人,两者就不会同样受人称颂。

8. 治人者和治于人者都要懂得适合于各自的事物,公民既需懂得如何治人,也需懂得如何治于人,懂得如何成就两者。我们将从这个角度出发考察问题。

9. 在权威性统治中,在必需的工作方面,统治者必须懂得如何利用权力,而非身体力行,而其他都是属于奴隶的工作。我所谓属于奴隶的工作,是指奴隶能做的或正在做的工作。我们谈到了许多种奴隶。在此有许多这类活动,工匠的工作就是其一,正如这个词表明的,工匠凭双手过活,在他们之中还包含普通工匠。因此有人说,古时的工匠没有统治权,他们只在极端的平民政体下才拥有统治权。不论是善人还是政治家,都不必学习治于人者的工作,好公民也不必去学习它们,除非出于运气,这份工作能给他们带来私人利益。倘若不这样做,主奴间就不再有区分。

10. 但在此有一种统治,在其中统治者对生来就与他平等和自由的人实施统治。我们称之为政治统治。统治者必须学习如何治于人。骑兵中的底层军官日后会当领帅,步兵中负责集合和准备进攻的底层军官日后亦可发号施令。人们说的好,从未治于人者断不会良好地治人。

11. 治人者的美德有别于治于人者的美德。但好公民要懂得做好这两者,公民的美德在于懂得如何在两方面做自由人的统治者。好人也要做好这两者,尽管在统治中有不同的节制与正义。很显然,自由而善的服从者的美德(即正义)并不相同,因为他们采取了不同的治人与治于人的形式(类似地,男人的节制与勇气不同于女性。倘若男子只有女子的勇敢,就会被视为怯懦,倘若女子如优秀的男子那般讲究言辞,会被视为饶舌。两者在家政中的作用也不同,男人获取,女人操持)。对统治者来说,实践智慧是唯一适当的美德,其他美德似乎必然地既属治人者也属治于人者。治于人者的美德不在于实践智慧,而在于真实的意见。治于人者如同长笛制造者,治人者有如演奏长笛的乐师。上述内容阐明了好人的美德和好公民的美德是否相同或有别,以及如何相同或有别。

疏 证

1. 在揭示何谓公民后,亚里士多德探讨了公民的美德,这一讨论分两部分。首先,他表明公民的美德不与好人的美德完全相同。其次,他提出了几个特别的问题[对观第4章,第1节]。关于前者,他做了两件事。第一,他表明好公民的美德不与好人的美德完全相同。第二,他表明只有个别公民的美德才与好人的美德相同[见5]。关于第一点,他做了两件事。首先,他谈到了自己的目标,即与前述问题相关(即在其基础上),需要考察好公民的美德是否与好人的美德相同,是否可以出于相同理由称某人为好人和好公民。美德使其所有者成为好人。为了使这个问题得到适当的考察,有必要首先从总体上揭示(即大概地和相对地揭示),公民的美德究竟是什么。

2. 其次,他给出了三项论证,以揭示公民的美德不同于好人的美德。首先,为了揭示好公民的美德究竟是什么,他提供了一项比较。指出,正如水手一词表明诸个体共有的某种东西一样,公民一词也如此。他论述说,成为水手是诸个体共有的内容。我们可称许多个体为水手,尽管他们能力不同(即技艺和功能有别),有人做划船的桡手,有人做驾船的舵手,也有人做瞭望员(即站在船头的岗哨)。其他人有其他名称,发挥不同的功能。然而,属于水手的显然还有真正的和共同的美德。水手的真正美德是勤勉和专注自身职责(比如,舵手把握航向等)。全体水手拥有一种共同的美德,即努力实现安全的远航。这是每位水手的愿望与目的,也是全体水手共有的美德。尽管在城邦中不同公民有不同的义务和职分,但所有人都有一项共同的任务,即城邦的安全。城邦由优良的政体秩序构成。因此,我们显然是在与政体的关系中考察公民们的美德的,亦即,好公民就是能为维护政体付出辛劳的人。

但正如亚里士多德接下来所说[对观第6章,第1-4节],政体的类型有多种,这在某种程度上可从他在前面所说的内容中清晰获知[对观第二卷,第7章,第1-6节;第17章,第2-3节]。不同的美德正当地将人们安排为不同的政体。比如,平民政体以某种方式得以存续,僭主政体和寡头政体则以其他方式得以存续。因此,显然不存在一种完全的美德,借此我们可称某个公民为绝对的好人。我们称某人为善人,是指其有一种完全的美德,即一种实践智慧,这是一切道德德行的根源。因此,某人也许是一位好公民,却不具备能成就好人的美德。这就是在最佳政体之外的政体中发生的情况。

3. 他给出了第二项论证,指出,在最佳政体问题上,我们也可以通过考察或论证以另一种方式获得相同的结论,即好公民的美德并不等同好人的美德。无论政体如何优良,都不可能使所有公民成为好人。相反,每个公民都需做好他在城邦中的本职工作,而之所以能做到这一点,是因公民本身的美德。我之所以说"他的本职工作",是因为所有公民不会如此相同,以至于都从事同一件工作。因此,好公民的美德有别于好人的美德,如此,这个结论就得到了证明。在最佳政体中,一切公民都应具有好公民的美德,城邦因此才是最佳城邦。但要求所有公民都有好人的美德是不可能的,因为正如他刚才所说,并非城邦中的所有人都是好人。

4. 接下来他给出了第三项理由,即城邦由不同部分构成。类似地,动物由灵魂和肉体构成,人类的心灵由理性和欲望构成。家庭由男人和女人构成。财产由主人和奴隶构成。城邦既包含所有这些区分,也包含其他区分。他曾指出,治人者和治于人者在灵魂和其他方面有不同的美德[对观第一卷,第 10 章,第 7 - 8 节]。他总结说,一切公民的美德各有不同。类似地,我们看到,歌队的主人(指挥)及其辅助者(助手)的美德也不同,但好人的美德始终如一。因此,他总结说,好公民的美德并不同于好人的美德。

5. 接下来他表明,某个特定公民的美德才与好人的美德相同。在此方面,他做了三件事。首先,他揭示了他提议的内容。其次,他推断出了隐藏在前述内容中的结论[见 6]。最后,他提出了与前述内容相关的问题,并作出了回答[见 7]。他一开始便指出,有人也许会说,某个特定公民为了成为好公民,需要拥有好人一样的美德。除非他能通过道德上的美德和实践智慧而成为好公民,否则我们就不会称其为一位优秀的统治者。他在《伦理学》中说,政治学属于实践智慧。① 因此政治家(即政体统治者)在实践中有智慧,并成为好人实属必然。

6. 接下来,他从前述内容中推出,好公民的美德在严格意义上并不同于好人的美德。为了证明这一点,他首先引用了某些人的说法,这些人认为,统治者的教育不同于公民的教育。前者应教以美

---

① 《伦理学》,Ⅵ,7(1141b29 - 33)。

德,这已通过教导王室诸子以骑乘和交战之技得到了说明。欧里庇得斯曾以统治者的口吻说,统治者不必通晓广泛和崇高的事物,即哲学家们思考的那些事物,只需知晓城邦治理必需的事物。这种说法表明,统治者需要接受一种严格的教育。亚里士多德由此推出,如果优秀统治者与好人的教育和美德相同,并且,不是每个公民都当统治者,而可能成为服从者,则严格来说,公民的美德就不同于好人的美德(在具体某个公民那里,即在能成为统治者的公民那里也许有例外)。因为统治者的美德与公民的美德之间有区别。正是考虑到这一点,伊阿松才宣称,如果不当僭主,就要做饥民,他仿佛并不知道该如何做一个普通平民。

7. 接下来,他提出了一个与前述内容有关的问题。在此方面做了两件事。首先,他提出了针对前述内容的一个异议。其次,他回应了这个异议[见8]。因此,他一开始便指出,人们有时赞美某个公民,因为他既能较好地治人,又能较好地治于人。倘若好人的美德是优秀统治者的美德,倘若好公民的美德既适合于治人,也适合于治于人。那么,成为好公民和成为好人,就不是同等地受到称颂,相反,成为好公民要更受称颂。

8. 接下来,他回应了前述异议。首先,他对统治者和臣民的教育何以相同和不同进行了考察。其次,他表明如何会存在对两者而言相同的美德[见11]。关于前者,他做了三件事。首先,他指出了自己的目的。并指出,正如他此前所说[见6-7],从表面上看,这些命题中的每一项——即统治者和臣民不必学习相同的事物,并且,好公民既应懂得如何治人,也应懂得如何治于人——都可靠。因此,他指出,我们应通过如下方式思考它们中的每一个何以是真实的。

9. 其次,他给出了一类统治,在其中前述命题之一,即统治者和被统治者的教育有差异这个命题,可得到证实。他指出,若统治者对臣民来说是主人,这种统治就是权威性统治(例如独裁统治)。此类统治者应知道如何使用那些能满足日常生活所需的事物,而非身体力行。而其他要素,即能凭借奴隶们的活动而做成的事,则属于奴隶们的工作,不适合统治者或主人。

不同的服役活动要求不同的奴隶,工匠是其中的一部分(如修鞋匠、厨师等)。正如名称表露的,工匠靠双手过活,并且,正如他此前所说[对观第一卷,第9章,第5节],其中也包含普通工匠(即通过技艺而使身体受玷污的人)。工匠的活动在严格意义上属于奴隶而不属于统治者,古时有些人就不允许工匠享有城邦统治权。在极端民主制或平民统治存在之前(即在人民中的最底层阶级获得城邦权力之前),这一点乃是实情。

因此,很明显,无论是优秀的政治家(即城邦统治者),还是优秀的公民,都无须学习这些属于服从者的工作。唯一可能的例外是,学做这些事是为了给自己带来好处,而非服务他人。倘若主人也做奴仆的工作,主奴之间就没有区分了。

10. 第三,他给出了另一类统治,在其中,统治者和被统治者必须学习同样的东西这个命题,也得到了证实。他指出,这是统治者针对同他平等的自由人的统治,而非主人针对奴隶的统治。这是一种政治统治,构成统治者的有时是城邦中的这部分人,有时是那部分人。这种统治者要懂得,作为被统治者,他应如何统治。① 人们通过担任骑兵中的底层军官懂得如何号令整支部队,通过担任陆军中负责小分队(如连队或大队)和根据领帅的命令实施进攻的底层军官懂得如何指挥全体陆军。人类通过成为服从者和承担较低等级的义务懂得如何履行重大的职责。在此问题上,谚语讲的好,从未治于人者,断不会良好地治人。

11. 接下来他揭示了统治者的美德同他人的美德如何相同或相异。他说,即便在政治统治中,统治者和服从者的美德也不同,但严格来说,做好公民的人既要懂得如何治人,也要懂得如何治于人,也就是根据针对自由人的政治规则来统治,而非根据针对奴隶的权

---

① [中译按] And such a ruler needs to learn as a subject how he ought to rule,此句存疑。

威性规则来统治。这种公民美德包含着对两者的适合性,既能良好地治人,也能良好地治于人,这两者也属于好人。就好公民能进行统治而言,他的美德就与好人的美德相同,而就其作为服从者来说,统治者和好人的美德就不同于好公民的美德。在统治者和服从者那里有不一样的节制和正义。自由而好的服从者不只拥有一种美德(即正义)。相反,他拥有两类正义,通过其一他能实现良好的统治,而通过另一种他能成为优秀的服从者。对其余美德来说也是如此。

他通过一个例子阐明了这一点。节制和勇气在男人和女人那里不相同,在我们看来,如果某个男子不及某个女子勇敢,我们便视其为懦夫。倘若某个女子在言辞方面像一个优秀的男子那样多有修饰(即流畅优美),就会被人视为饶舌,而她本应该言辞含蓄。即便在家政管理中,也是有些事情属于男子,有些事情属于女人。男人获取,女人操持。对城邦中的统治者和服从者来说亦如此。在严格意义上,统治者的美德是一种实践智慧,它指导和规范着人类行动,但其他道德美德,在本质上包含着统治与被统治的关系,为服从者和统治者所共享。然而,服从者只在某种程度上有实践智慧,即在对将做的事情拥有真正的观点,并因此能依据统治者的统治而规范自身行动的范围内具有实践智慧。

他列举了一个长笛制造者的例子。长笛制造者同演奏长笛者的关系与统治者和服从者之间关系相同。如果长笛制造者的观点考虑到了长笛演奏者的要求,他就能很好地完成自己的工作。城邦中统治者和服从者之间的关系也如此。在此他讨论的是服从者之作为优秀的服从者具有的美德,而非作为好人本身所具有的美德,因为如此服从者就需具有实践智慧。成为好的服从者的惟一要求就是他对要求于自身的事物具有正确的观点。

在结语部分,亚里士多德指出,前述内容已清楚地阐明好人的美德同好公民的美德是否相同或不同。他也阐明了它们如何相同或不同,只要某人能良好地治人,则它们就相同,倘若他能良好地治于人,则两者就不同。

第四章　在不同政体中好公民的美德

文本(1277b33 – 1278b5)

1. 关于公民还有一个疑问,公民是允许参与统治的那些人,还是也应将普通工匠算作公民?倘若将未参与统治的人也算作公民,好公民的美德就不属于每个公民,因为普通工匠也是公民。但如果普通工匠不属于公民,我们又将他们算作城邦的哪一部分呢?他们既不是来自外邦的居住民,也非来自外邦的漫游者。

2. 抑或我们也可以说,从上述推理中并未得出任何不妥的东西,因为不论是现在的奴隶,还是过去的奴隶,都不能划归到前述任何等级。我们无须认为,所有对城邦的存在来说是必要的人都是公民。比如,儿童和成年男子就不是以同样的方式成为公民的。成年男子是绝对意义上的公民,儿童则是有限意义上的公民,因为其尚未成年。在某些古代民族中,普通工匠和外邦人都是奴隶。有些至今也如此。而最佳的城邦不会使普通工匠成为公民。然而,如果普通工匠是公民,就必须指出,我们所谈的公民美德并不属于所有人或每个自由人,而属于不从事必需劳动的人。这些劳动由私人奴隶和从事公共服务的普通工匠和雇工来干。

3. 对这个问题略加思考,就可以揭示这一点对普通工匠意味着什么,因为我们先前所说的一切澄清了这个问题。由于存在许多政体,也就必然存在许多种公民,尤其是那些接受统治的公民。因此,普通工匠和雇工在某一政体中会成为公民,在其他政体中却不会成为公民。比如,如果政体是所谓的贵族政体,他们就无法成为公民,在这种政体中,职位是根据美德和贡献授予的。而过普通工匠或雇工生活的人无法产生出适合于美德的事物。在寡头政体中,雇工不可能成为公民,因为惟有属于长期存在的等级①的人才享有统治权。但普通工匠可能享有统治权,因为许多工匠都很富有。因此,在忒拜有一项法律,规定凡放弃经商不足十年者,不得从政为官。在许多政体中,法律也承认赋予外邦人以统治权。在某些平民政体中,只要母亲是公民,就可以成为公民。许多民族也将这一原则适用于私生子身上。之所以要使这些人成为公民,是因为缺乏足够的合法公民。由于人口规模太小,他们想要通过这些法律填补阙漏。因此,他们逐渐地先使公民和奴隶父亲或奴隶母亲所生育的后代一律成为公民,后来只将母亲是公民的人选为公民,最后则要求双亲均为公民才能选为公民。② 因此,这些事情就说明在此存在许多类公民。

4. 我们认为,公民主要是指享有职权者(荷马史诗中讲,受辱为浪汉,无有荣誉③)。而当这一点被掩盖时,它就会蒙骗居住在同一城邦中的人们。无权者就如同来自外邦的居住民。

5. 因此,不管我们是否认为成为好人所需的美德与成为好公民所需的美德相同或相异,很显然,在有的城邦中,好人的美德和好

---

① [译者按]原文为:long‑standing rank,颜-秦译本和吴译本中都译为具有很高的家产或财产条件的阶层。而根据阿奎那的疏解,指的是长久存在的荣耀。此处据阿奎那的理解译出。

② [中译按]此句与颜-秦译本和吴译本均有差异,但此处译文与阿奎那的理解一致。

③ [中译按]此句英译本含义不明,原文为:a certain person rising to speak after others is like one disenfranchised。根据吴译本第 131 页中提供的译法("视我非类兮,褫我光荣")和注释(典出荷马:《伊利亚特》卷九,第 648 行),查对此句应引证自阿基琉对埃阿斯的答话:"然而我的心里膨胀怒气,每当想起他的侮辱,当着阿耳吉维人的脸面,阿特柔斯之子[即阿伽门农—中译按]辱我,仿佛我是个浪汉,无有荣誉。"参见陈中梅译,《伊利亚特》,译林出版社,2000年版,页 250,强调为我所加。此句中译参考陈译本译出。

公民的美德相同,而在其他城邦中则不同。而在两者相同的地方,不是每个公民都能成为好人,只有政治家和主人能做到如此,或者只有能单独或同他人一道照管城邦的主人能做到如此。

疏　证

1. 亚里士多德在揭示了何谓公民的美德,它是否与好人的美德相同这些问题之后,在此他针对此前已经有所判断的内容提出了一个问题。在此方面,他做了三件事,首先,他提出了问题,其次,他回答了问题[见2],最后,他对问题的答案进行了进一步澄清[见3]。

他一开始就指出,关于公民仍有如下疑问,即是否只将享有统治权的人视为公民,抑或也将普通(即最底层的)工匠视为公民,后者并不拥有统治权。他对这两种立场都有异议。如果我们将普通工匠也称作公民,这些普通工匠不具有有关城邦的任何要素,则我所说的美德就属于好公民,也就是说,属于既能治人,又能很好地治于人的公民,而非属于每个公民,这是因为我们也将不能进行统治的人称为公民。但如果我们说这些人都不是公民,则关于那个应将普通工匠包含在内的等级就仍然存在一个问题。我们不能说他们是来自外邦的居住民,仿佛他们来自外邦并居住在城中一样,也不能称他们为来自外邦的漫游者,他们来到这个城邦只为经商,而非永久居住。但因为生于斯、长于斯的普通工匠并非来自外邦。

2. 接下来他回答了前述问题,指出,从前述论证中所得的那些并非不适当的结论提出了一个疑问,即如果工匠们不是公民,他们属哪一等级?因为存在着许多非公民,他们既非来自外邦的居住民,也非来自外邦的漫游者,这在奴隶与不受奴役的自由人那里可以看到。

的确,并非所有对城邦的完善来说是必要的成员(没有他们城邦将无法存在）都是公民，因为在我们看来，奴隶和未成年人并非是像成年男子那般是彻底的公民。成年男子是绝对的公民，能履行属于公民的一切事务。年轻人则是有条件的公民（即有一些限制性规定），因为他们还不够成熟。正如奴隶和未成年人以某种方式但不是以彻底的方式成为公民，对工匠来说也是如此。在古时，在某些城邦中，普通（即底层的）工匠（他们因手艺活而使身体遭受玷污）和外邦人乃是奴隶，① 许多民族现在也如此。如今，即使在组织优良的城邦中，普通工匠也并非公民。

如果说普通工匠在某种意义上是公民，就有必要指出，我们规定的公民美德［对观第3章，第2节和第11节］，即良好地治人和良好地治于人的能力，不属于任何意义上所称的公民。相反，为了使这种美德为公民所有，不仅需要自由人，而且需要摆脱对日常生活来说必需的工作（即从中解脱）。倘若被安排承担此项工作的人只服务于某人，那么严格上讲这就是奴隶的工作。他们习惯性地为主人提供这种服务。但如果他们应该为一般意义上的任何人提供这种服务，则就属于普通工匠和雇工的工作。例如，鞋匠和面包师为赚钱而为任何人提供服务。

3. 接下来他澄清了上述答案。在此方面做了三件事。首先，他揭示了个体在不同政体中如何以不同方式成为公民。其次，他也揭示了，在任何政体中，享有统治权的人一般来说都是公民［见4］。最后，他在结尾部分总结了有关公民美德所说的内容［见5］。他一开始就指出，关于前述内容的真理通过简要思考接下来的事即可澄清。如果有人能完全领悟到将要说出的东西，则前述内容对他来说就一目了然。

---

① 阿奎那关于亚里士多德的拉丁文本的解读认为，普通工匠和外邦人在某些城邦中是奴隶。这一读法是可能的，但另一种与现存希腊文相吻合的读法认为，普通工匠是奴隶或外邦人，这种说法更可信，而且上下文也支持此种读法。因此我对于亚里士多德文本的翻译完全是迎合阿奎那的读法。

既然存在不同的政体,并且正如他先前所说[对观第 1 章,第 2 节],我们是在与政体的关系中讨论公民的,因此必然存在不同的公民。我们有必要在与公民服从者相关的方面来考察这一差异,在不同政体中,公民服从者通过不同方式与统治相关,在政体中居于主导的人即统治者。因此,有不同的政体就有不同的公民,在特定政体即平民政体中,自由是唯一目的,普通工匠和雇工必然是公民,既然他们是自由的,因此就可获得官职。但这在其他政体中是不可能的,在贵族政体中尤其不可能,因为那里官职只授给因美德而有资格的人。此外,在统治过程中,过普通工匠或雇工生活的人不能为城邦产生适合于美德的事物,因为他们在这种事方面缺乏经验。

在寡头政体中,雇工不可能成为公民,人们之所以能获得官职,是因长期存在的荣耀。因此,一辈子都难以积累足够金钱而使自己富有的雇工们,很难获得官职。但在这些政体中,普通工匠(即底层的有技艺的劳动者)能成为公民和统治者,因为许多工匠很快就富有起来,并因其财富获得官职。而在他们富起来、离开自己职业一段时期之后,就开始过倍享尊荣的生活。因此,忒拜人有一项法律,规定惟有不从事商业达十年者,才能有权力,即有权统治。

尽管在秩序井然的城邦中,来自外邦的漫游者和居住民以及最底层的人们似乎不能成为享有统治权的公民,但在许多政体中,即在平民政体中,反对来自外邦的漫游者和居住者作为公民的法律却开始松弛。有些平民政体认为,母亲是公民的人即是公民,尽管其父亲是来自外邦的漫游者或居住民。许多民族有关私生子的法律也逐渐松弛,允许私生子成为公民。之所以这样做,是由于缺少优秀的公民。缺少公民,也就缺少能使平民政体的力量获得保存的充足人口,运用这些法律的目的,起初是使男奴隶或女奴隶的后代成为公民,只要有一方是自由人即可。随着人口增长,他们将奴隶的儿子排除在公民之外,只将母亲是公民,而父亲来自外邦的居住民的人视为公民。① 最后他们认为,只有双亲均为自由公民的人才是公民。因此,显然,政体类型不同,公民的类型也不同。

4. 接下来他揭示了公民究竟是什么,他指出,担任城邦公职的人在任何政体中都是主要的公民。因此,荷马诗中讲,受辱为浪汉,无有荣誉②(就像并非公民的来自外邦的居住民一样)。但当公民的这个方面隐蔽不明时(其目的是为了欺骗),公民资格就属于城邦中的共同居住民,人们因此称居住在城邦中的人为公民。但这是不恰当的,因为并未掌握城邦公职的人就像来自外邦的居住民一样。

5. 在结尾中他总结了前述内容。关于他提出的问题,即好人的美德与好公民的美德是否相同,他指出,他已阐明,在某一城邦中,即在贵族制的城邦中,好人与好公民是一回事,公职是根据好人的美德授予的。但在其他城邦中,如在堕落的城邦中,公职不是根据美德授予的,好公民不等于是好人。并且,并非任何公民都是好人。只有作为政治家(即城邦统治者)和主人,或者是有能力成为主人者和有能力照管城邦者,无论他们是一个人还是同其他人一道,才与好人等同。他在前文中已指出[对观第三章,第5节和第11节],统治者的美德和好人的美德相同。因此,如果认为公民是统治者或能成为统治者的人,则公民的美德就与好人的美德相同。但如果认为公民不能完全做到这一点(即不能成为统治者),好公民的美德就不同于好人的美德,他所说的前述内容已阐明了此点。

---

① 在此,阿奎那区分了全部奴隶的儿子(甚至包含母亲是公民的儿子)和来自外邦居住民同公民母亲所生的儿子。但亚里士多德的拉丁文本只区分了公民母亲和奴隶父亲所生的儿子同公民父亲与奴隶母亲所生的儿子,前者不具有公民资格。

② [中译按]原文为:so Homer poetically of a certain person that he arose after others (eg. to speak) as one dishonored。

第五章 城邦的目的

文本(1278a6–1279b21)

1. 由于我们已规定了上述事情,接下来就要思考,政体究竟有一种还是有多种,如果有多种,它们属于何种类型,数量有多少,相互之间有何差异。

2. 政体是城邦中各种公职的组织,特别是能支配其他公职的那种公职的组织。城邦的统治机构在任何地方地位都最高,这个统治机构就是政体。例如,我们可以说,在平民政体中,平民享有支配权,在寡头政体中,只有少数人享有支配权。我们也可以说,这些政体之间彼此不同,相同的说法对另外一些政体来说也合适。

3. 因此,首先应设定建立城邦的目的,设定对其成员及共同生活进行统治的城邦的种类和数量。

4. 在开始这项工作时,不妨回忆此前关于家政管理和权威性统治的论述,之前已指出,人类根据自然是政治动物,即便人们不需彼此相助,也希望一起生活。就利益能带来使生活更美好的东西来说,共同的利益能使人们联合起来。因此,不论从整体上讲,还是单个地讲,这都是城邦的主要目的。然而,为了生存,人们也要建立城邦和使城邦保存。即便是生存本身,也还有某些美好的东西,只要生活不过于为困厄所扰。很显然,许多人在经历困厄之后,仍能持恒追远,充满对生命的眷恋,仿佛能从中获得慰藉和自然的怡悦。

5. 然而,我们很容易区分上述各种统治方式。在公开讲演中,我们也时常对它们做出规定。对权威性统治来说,尽管只是同一件事,事实上既能使根据自然为奴者获益,也能使根据自然做主人者得利。主人为自身利益统治,偶尔也使奴隶得利,倘若奴隶身亡,主人的统治也不复存在。在此也存在着对孩子、女人和一切家庭成员的一类统治,我们称为家政(domestic),或者是为了依附者的利益,或者是为了统治家庭者以及依附者共有的利益,这种技艺内在地对依附者有利,正如在我们看来,其他技艺(如医生的技艺和体育教练的技艺)对接受其服务者有利一样。但这些技艺只偶尔对医生和教练有利。没有什么可阻止一位教练有时也成为受训者团体的成员,正如领航员通常也是全体船员中的一员一样。教练或领航员考虑的是接受其服务者的好处。但当其自身成为接受服务者时,也能偶尔得到好处,在前者那里,是作为水手得到好处,在后者那里,则是作为训练团队的成员得到好处。

6. 当平等且相似的公民构成政体时,公民们就会认为轮流掌官职是正当的。在过去,这一点是自然而适宜的。公民们认为,轮番地服务公众,并且他人像他那样轮流来考虑他的利益是正当的,因为他在之前的统治中也考虑到了他人的利益。但如今,由于可从共同的物品与公职中捞好处,公民们便想要持续地统治,这些人仿佛病魔附体,只有永久为官才能获得健康。他们的确可能会通过这种方式来谋取官职。

7. 因此,很显然,一切想要使城邦得利的政体是正当的,与绝对的正义相符,但只对统治者一人有利的政体则不正当,这类政体偏离了正当的政体。它们是专制的,而城邦是自由人的联合。

疏　证

1. 亚里士多德在对与公民相关的内容作规定之后(人们通过有关公民的知识,可懂得城邦究竟是什么),接下来的目标是区分各种政体,他将这个问题分为三部分。首先,他区分了各类政体。其次,他揭示了在各政体中哪些内容正当。① 最后,他揭示了何种政体是较好的政体。② 关于第一点,他做了三件事。第一,他提到了他的目标。第二,他揭示了政体究竟是什么[见2]。第三,他区分了各类政体[见3]。因此,他一开始就指出,尽管前述事情得到了规定,但仍需考虑是否只存在唯一政体,还是存在多种政体,如果存在多种政体,究竟有多少,各属何种类型,它们之间又如何是不同的。

2. 接下来他揭示了政体究竟是什么,指出,它不过是与城邦的所有公职有关的组织,尤其是与支配其他官职的最高官职有关的组织。这是因为城邦的统治机构(即它的已获确立的秩序)掌握在支配城邦的统治者手中,而这种已获确立的秩序即政体自身。因此政体主要是指最高统治权的组织,最高统治权的不同决定了政体间的不同。比如,在平民政体中,由平民来统治,在寡头政体中,由有钱的少数人来统治,这就决定了政体间的差异。我们可以采取同样的方式讨论其他政体。

3. 接下来他区分了各种政体。首先,他揭示了正当的政体是如何不同于不正当的政体。其次,他解释了这些政体在自身之内如何发生变化[见第6章]。关于前者,他做了三件事。第一,他揭示了城邦指向何种目的。第二,他揭示了统治权力如何彼此区分。[见5]第三,他推论得出了正当的政体和不正当的政体之间的区分[见7]。关于第一方面,他又做了两件事。他首先谈到了自身的目的。其次,他开始落实这一目的[见4]。

他一开始就指出,要想区分各类不同政体,就需要首先指明两件事:其一是建立城邦的理由,其二是统治权的数量和种类,统治权支配着一切与共同生活息息相关的方面。从这两者出发,我们就能理解正当的政体与不正当的政体之间的区分。

---

① 《政治学》,III,9(1280a7)。
② 《政治学》,III,10(1281a11)。

4. 接下来他揭示了城邦或政体的目的究竟是什么,并重复了之前所说的内容[对观第一卷,第 1 章,第 19 节]。在那里,在谈到与家政和主人管理奴隶相关的事时,他做了如下规定,即人类根据自然是政治动物,并因此希望能一同生活,而非孤独地生活。即便为了过政治生活,人们不需要他人,但在社会之中共同生活仍有较大好处,在此有两点值得考虑。首先,社会生活是一种品质较好的生活,在这种生活中,每个人都贡献自己的一份力量,正如在我们看来,在任何社会中,某人履行自身职责,其他人履行其他职责,共同服务社会。因此,一切在社会中生活的人都过得有品质。因此,有品质的生活是城邦或政体的主要目标,不论从全部人的整体来看,还是从单个人来看都是如此。

其次,共同的生活也对生存本身有好处,即便遭遇极端危险,过共同生活的人也能互帮互助,共渡难关。人们相互联合,守护政治联合。尽管不考虑能使人过上好生活的其他事物,生命本身也是好的和令人眷恋的,除非在生活中遭受了极度的沉疴与残酷。这一点很容易从如下事实中看出,即便人类经历了许多困厄,也仍然有对生的欲望,甚至沉浸在此种欲望中(紧密地同此种欲望关联起来),仿佛生命在自身中有一种慰藉和自然的怡悦。

5. 接下来他区分了各种不同的统治,首先是家政事务中存在的统治,其次是政治事务中存在的统治[见 6]。他一开始就指出,很容易区分刚才谈到的统治类型,因为他在公开讲演中常常顺带提及它们(如在《伦理学》中①和在本书中[对观第二卷,第 7 章,第 1 - 4 节])。在家政事务中,存在两种形式的统治权。其一是主人对奴隶的统治,我们称之为权威性统治。相同的事,即主人对奴隶的统治,在现实中既对根据自然是奴隶的人有利,也对根据自然是主人的人有利。主人为了自身利益而非为了奴隶的利益而对奴隶实施统治,但偶有例外,一旦奴隶死亡,主人的统治

---

① 《伦理学》,VIII,10(1160a31 - 1161a9)。

也就终止。

其二是针对自由人的统治(即针对妻子、孩子和全体家庭成员的统治),我们称这一统治为家庭统治。这种统治着眼于给依附者带来好处,或者既对家长有利,也对依附者有利,却内在地和主要地对依附者有利,我们在其他技艺中也这样认为。比如,医生的技艺主要给病人带来利益,体育训练主要对受训者有利。但拥有技艺者有时也会享受到这些好处。训练年轻人的教练有时也接受训练,他有时也会成为受训团体的成员,正如领航员也可能成为船员。训练年轻人的人和领航者内在地会考虑服务对象的利益,但由于他们是受训团或船员的一分子,他们也顺带享受到自身带来的共同利益。类似地,父亲也可享受到他为家庭带来的利益。

6. 接下来他根据前述内容区分了各类官职。指出,既然针对自由人的统治主要与服从者的利益相关,则当在公民之间的平等性和相似性基础上设立官职时,公民们轮流执掌官职就正当。因此,由不同的公民在不同的时间统治是正当的(倘若某些公民在好的方面远超其他公民,情形就会有所不同,正如他在后面要谈到的,①由这部分人统治是正当的)。

但在这一与公民的价值有关的方面,人类的评判在不同时期并不相同。为服务他人进行统治的人最初认为,他们轮流地使他人获利和为他人提供服务是正当的,并认为,他人在其他时候也将会统治,并为之前的统治者谋福利,因为后者此前曾为他人的利益尽心尽力过。但由于人们在统治时从分配给他们的城邦财物中和统治权中获得了好处,他们就想持久统治,仿佛拥有统治权才健康,而不统治意味着不健康。人类对统治权的欲望就如病人对健康的欲望。

7. 接下来他从前述内容中推出了正义的和不正义的政体之间的区分。就针对自由人的统治是为服从者的利益而言,很显然,统

---

① 《政治学》,III13(1284b25-34)和17(1288a15-29)。

治者追求共同好的政体是符合绝对正义的政体。而统治者只追求自身利益的政体是不正义的,偏离了正义政体,正如他在后面说,这些政体只在相对意义上是正义的而非在绝对意义上是正义的。①这些统治者对城邦实施着专断统治,视公民们为奴隶,只追求自己的利益。这是与正义背道而驰的,因为,城邦乃自由人之联合。而正如他在此前所说,奴隶不是公民[对观第4章,第2节]。

---

① 《政治学》,III9(1280a7 - 1281a10)。

第六章　正义的与不正义的政体的各种类型

文本(1279a22-1280a6)

1. 一旦规定了上述内容,就必须考虑政体有多少,各属何种类型。首先,我们必须考察正义的政体,当正义的政体获得规定,蜕变的政体就显而易见了。

2. 政体与统治机构意味着相同的事物,统治机构是城邦的支配机构,由一人或少数几人抑或由许多人来执掌。一人或者少数人抑或许多人为共同利益而统治的政体必定是正义的,但一人或少数人抑或许多人为自身利益而统治的政体是蜕变的政体。因此,要么说,这些人不是公民,要么说,他们应该共享城邦的利益。

3. 我们习惯地将关注共同利益的一人政体称为王制,将少数人(不止一人)构成的政体称为贵族政体,这要么因其是由最优秀的人来统治,要么因其关注对城邦来说最好的事物和关注拥有最好事物的人。我们称多数人出于共同利益进行统治的政体为公民政体,这是适合于一切政体的通称,这样命名是合乎理性的。要使一个人或少数人在美德方面超乎常人是可能的,要使大多数人在各种美德上造诣高深却至难。但具体来说,要使多数人在军事美德上超乎常人是可能的,这就是为何在此种政体中最重要的是军事权力,并使持武器者参与政体的原因。

4. 上述政体的蜕变形态是:王制沦为僭政,贵族制沦为寡头制,公民政体沦为平民政体。僭政是只追求统治者一己之利的独夫政治,寡头制谋求富人利益,平民政体追求穷人利益。这三种政体的目的都不是共同利益。

5. 关于这些政体的自然我们还需多谈,因为在此还存在一些问题。对通过任何方式做哲学沉思的人,而不只是着眼于实践的人来说,陈述每件事情的真相而不忽略或遗漏任何内容才适当。如前所述,僭政是对政治联合的君主式专制统治,当有钱人支配某一政体时,便是寡头政体。相反,平民政体是缺乏足够财产并且难以维持生计的人们掌权的政体。

6. 第一个问题与定义有关。我们不妨设想有钱人占大多数,并由他们治理城邦——但当由平民们统治时,就是指平民制。类似地,也不妨设想穷人的数量较有钱人少,身居高位,控制政体——但人们说,当少数人掌权时,就是寡头制。因此,我们对政体所做的界定似乎并不妥当。

7. 倘若人们将少数人同有钱结合起来,并将穷困与人数多联系起来,称前者为寡头政体,称后者为平民政体,就会引出一个新问题(在寡头政体中,由少数富人担任公职,在平民政体中,由多数穷人担任公职)。假如只存在前述六种政体,又如何称呼刚才提及的两种政体?在一种政体中,富有的统治者占多数,而在另一种政体中,穷困的统治者占少数。

8. 这个论证表明,统治者的人数——在寡头政体中是少数,在平民政体中是多数——是偶然的,因为,富人在任何地方都少,穷人在任何地方都多。因此,前述理由不能解释寡头政体与平民政体的差异。穷困和富有是区分平民政体和寡头政体的因素。无论人数多寡,当统治者能统治是因其富有时,必然是寡头政体,当穷人统治时,必然是平民政体。但正如我们此前所说,普天之下总是穷多富少。只有少数人才富有,而所有人都分享自由,由于这些原因,两个等级在政体问题上争执不休。

疏 证

1. 亚里士多德在区分了正义的与不正义的政体之后,在此想要在正义的政体中做进一步的区分,在此方面,他做了两件事。首先,他谈到了他的目的。其次,他对自己建议的内容做了进一步的讨论[见2]。因此,他一开始就指出,在对前述内容进行规定之后,接下来要考察政体的类型与数量。首先是考察正义的政体,其次是考察不正义的政体。

2. 接下来他区分了各类政体,在此方面做了三件事。首先,他表明,通过何种方式才能理解政体之间的差异。其次,他区分了各类不同的政体[见3]。最后,他针对前述内容提出了一个异议[见5]。他一开始就指出,由于政体即城邦的统治机构(即城邦中统治者的组织),我们就需根据统治者的不同类型来对政体进行区分。在城邦中或者是一人统治,或者是少数几人统治,抑或是由多数人统治,每种类型都能通过两种方式产生。根据其中的一种方式,统治者为共同利益而统治,因此这种政体就是正义的;在另一种方式中,统治者为自身利益而统治,无论统治者是一人或少数几人,还是许多人,这种政体是蜕化的政体。因此我们有必要指出,服从者要么不是公民,要么在某些方面能共享城邦的利益。

3. 接下来他就通过恰当的名称区分了这两种政体,前者被称为正义的政体,后者被称为堕落的政体[见4]。他一开始就讲,如果政体需要一个王(即一人之治),并且他能为共同利益奋斗,我们通常就称之为王制。我们称少数几人(不止一人)出于共同好而统治的政体为贵族政体(即最优秀者的统治,或者是最佳的统治)。之所以称之为贵族政体,或因为它由卓异者即有德行者统治,或因为这种政体关心的是对城邦及其所有公民而言最好的事物。我们称由大多数人进行统治并追求共同利益的政体为公民政体。① 这个名称为一切政体通用。将这个名称用在接下来的政体之上是恰当的,因为我们很容易发现,在城邦中有某个人或某几个人在德行上远超众人,却难以发现许多人都能获得完备的德行。后者多发生在与军事德性有关的方面,也就是说,许多人在这种德行方面超乎常人。这种政体就是士兵们和持武器者统治的政体。

4. 接下来他根据名称区分了前述各种政体的堕落形式,指出,它们是前述政体的蜕化。僭主政体乃王制的蜕化,寡头政体(即少数人的统治)是贵族政体的蜕化,而平民政体(即民众或普通人的统治)是公民政体的蜕化,在公民政体中,大多数人之所以能进行统治是因其军事美德。他总结指出,僭主政体是追求统治者个人利益的君主政体(即独夫政治),寡头政体追求富人的利益,平民政体则追求穷人的利益,这些政体中没有一种追求共同利益。

5. 接下来他针对前述内容提出了异议,在此方面做了三件事。首先,他谈到了自己的目标,并重复了此前讲过的内容。其次,他提出了一个难题[见6]。最后,他解答了这个难题[见8]。他一开始就指出,我们需要更客观地讨论一下前述各政体的自然,因为在这方面尚有疑问。那些采用各种技艺来进行哲思和沉思真理,而不是只关注在实践方面有用的事物的人们,不应忽略或遗漏任何事物,而应公开有关具体事物的真理。他曾指出,僭主政体是一种专制的君主制(即由于他将公民当作奴隶来使用,因此是针对政治联合的专制统治),而当富人们把持政体时就是寡头政体,最后,如果掌握政体的是穷人而非富人,就是平民政体。

6. 接下来,他提出了一个难题。首先,他揭示了这个难题。其次,他拒绝了对这一难题的某一回应[见7]。他一开始就指出,第一个问题与平民政体和寡头政体的定义有关,因为他曾指出,当城邦中的穷人来统治时,就是平民政体,而当富人统治时,就是寡头政

---

① [中译按]参见第二卷第16章注释。

体[4]。但寡头一词也表达了由少数人来统治,平民一词则表明由平民或多数人来统治。因此,假如在某个城邦中富人要比穷人多,并且,富人是其统治者,那么由此似乎就是平民政体(即由大多数人统治的政体)。类似地,如果在其他地方穷人比富人少,并且穷人在城邦中位高权重、颇多权势,享有支配城邦的权力,由此就得出,此处存在的是寡头政体,因为是由少数人进行统治的。由此看来,关于政体的定义似乎不太准确,因为他曾指出,平民政体是由穷人统治的政体,寡头政体是由富人统治的政体。

7. 接下来他拒绝了对此难题的某一回应。有人可能说,在寡头政体的定义中不仅要求人数少,还要求富有,而在平民政体的定义中,不仅要求数量多,还要求穷困。也就是说,寡头政体是少数富人统治的政体,平民政体是多数穷人统治的政体。但这就产生了另一个难题。如果我们能充分区分各种政体,即除了前述六种政体之外,不存在其他政体,那么就无法规定上面提到的这两种政体,即由多数富人或少数穷人统治的政体究竟属何种政体。

8. 接下来,他从前述内容中推出了针对这一难题的解决方案,指出,前述难题的性质阐明,对平民政体来说,统治者的人数多无关紧要,对寡头政体而言,统治者的人数少也非关键。我们发现,穷人比富人多。我们也发现,大多数政体大都使用平民政体和寡头政体的名称。但既然次要的东西不构成种类差异,则严格来说,通过统治者人数的多寡,不能区分平民政体和寡头政体。穷困和富有是区分政体的内在标准,因为其一的本质是根据财产来治理,而另一的本质是根据自由来统治,自由是平民政体的目标。

不论人数多寡,当有人因财富而统治时,必然是寡头政体,当由穷人统治时,就是平民政体。但有时也会产生穷人多,富人少,惟有少数人是富人,所有人却能共享自由的情形。在此方面,两个等级争执不休,少数人因坐拥过多的财富而想要统治,大多数人则因其自由想要战胜少数人,同他们平起平坐。

附 录

重新发现亚里士多德与政治学的复兴[①]

戴森(R. W. Dyson) 撰

如我们所知,中世纪从自然法向上帝启示法的论证的转变,在几个世纪中由一场政治或准政治的争论推动。以后直至十三世纪末,在政治理论方面最富成果和实质内容的作品都带有教会意图,目的是为了维护和推动教会尤其是教皇的世俗主张,反对国王和世俗君主的权力要求。与之相比,不论在何种政治争论中,托马斯·阿奎那都不会盲目偏袒任何一方,尽管仍有争议,他的哲学从天主教正统观点视之,乃是关于亚里士多德哲学的可接受性的深奥智识斗争的产物。关于"教会"和"国家"的主题,他所谈甚少,也没有谈出新东西,肯定或否定教皇或基督教会在世俗事务中的至上地位并非他的本意,在这个棘手的问题上,他含糊其辞,即便发表意见,也适中有度、言辞温婉。他过着与世隔绝的学者生活,他对我们的重要性在于他的政治思想与奥古斯丁传统的对立。在那场在实质意义上颠覆了中世纪教皇主义理论基础的智识运动中,他站在最前端,更宽泛地讲,他为大规模地重新界定政治活动和政治道德做出了贡献。我们在此讨论的正是托马斯带来的政治学复兴,我们尤其会考察伦理学同政治学的

---

① [中译按]本文原为 Dyson. R. W 所著《政治思想史中的自然法与政治现实主义》(*Natural law and political realism in the political thought*, New York: Peter Lang, 2005)一书第七章 St. Thomas Aquinas: The Recovery of Aristotle and the Rehabilitation of Politics。在翻译过程中省略了所有注释。

重新结盟,在极大程度上,正是他主导着这一结盟。并且,他在自然法学说领域中的发展也因其无与伦比的完备和缜密独具特色。

对这样的伟大人物是应该叙述其生平的。托马斯生平的细节,尤其是在其生命临近终了的细节,被圣徒传大大歪曲了,不过,大概轮廓还是清楚的。尽管他远离公共事务,也没有获得任何世俗荣达,但他并未与同时代政治的各种活动和看法隔离开来。他于1225年出生于那不勒斯附近的洛卡塞卡城堡,父亲兰道夫是亚奇诺(Aquino)的伯爵,母亲特奥多娜(Theodora)是提诺(Teano)的女伯爵。他的家族既和亨利六世和弗里德里希二世有交情,也与阿拉贡、法兰西和卡斯蒂利(Castile)等地的国王有交情。成年后,圣托马斯同法王路易五世也交好。1230年,他在卡西诺山本笃会修道院接受修道士教育,他的叔叔西尼巴尔德是那所修道院的院长。13岁时,他进入那不勒斯的本笃会大学(Studium generale),父母对他寄予厚望,但约在1243-1245年间,令父母失望的事情发生了,他成了多明我修道会的托钵僧。1245年修道会送他入读巴黎大学,部分原因是为了使他摆脱[本笃会]家庭。在巴黎大学,他受到了斯瓦比亚神学家大阿尔伯特的影响,1248年他追随大阿尔伯特前往科隆的一所新的多明我大学。1252-1256年间,在为授课许可(licentia docendi)做准备的过程中,他编辑了《〈箴言录〉注疏》(*Scripta super libros sententiarum*),这是一部讨论伦巴德《箴言录》的论著,在13世纪成为中世纪大学教育的标准文本。1256年他获得授课许可(*licentia*)——他的硕士学位,接下来的18年间,他一直在巴黎、那不勒斯、奥维多(Orvieto)、维泰波(Viterbo)和罗马从事讲学和研究。他撰写的《反异教大全》(*Summa contura gentiles*)于1264年在奥维多完成,这是向西班牙和北非的穆斯林和犹太人传道的传教士们撰写的手册。1266年,他在罗马开始写作旷世巨著(magnum opus)《神学大全》,写作时断时续,借助于秘书转述,7年后才精疲力竭地写完。在巴黎大学的最后岁月中,1269-1272年,他腾出时间撰写了一大摞有关亚里士多德著作的疏证,包含对《尼各马可伦理学》和《政治学》的疏证。毫不奇怪,由于学术上的令人吃惊的劳作,1273 年,他的健康开始恶化,是年 12 月在那不勒斯又染上了突如其来的、使身体变得虚弱的疾病,也许是中风。在这种情况下,1274 年 2 月他离开那不勒斯,前往出席第二次里昂会议。教皇格列高利十世召集他和圣波纳文图拉(St. Bonaventure)参会。1274 年 3 月 7 日,他在途中死在福萨诺瓦(Fessa Nuova)的西多会(Cistercian)修道院中,教皇若望二十二世 1323 年封他为圣徒,并说"若无神迹,他的学说就不可能存在"(Doctrina ejus, non potuit esse sine miraculo)。

基督教亚里士多德主义:伦理学和政治学的重逢

区分托马斯的哲学同他的中世纪前辈们的哲学的首先是如下方式,事实上这种方式从每一方面看,都反映了与亚里士多德相关联的观点和思想习惯。正是就其亚里士多德主义而言,托马斯成了那场可以称得上是智识革命的最杰出推动者。为了理解这场革命,有必要记住,从五世纪直至十二世纪晚期和十三世纪早期,亚里士多德的哲学作品在西方实际上不为人知。这一缺憾很是令人难过(Hiatus valde deflendus),尤其从政治哲学的角度看更是如此。但亚里士多德的缺位几乎在各个方面都是因柏拉图主义(特别是通过奥古斯丁的著作传播的那种柏拉图主义)的霸权导致的,这一哲学体系显然与基督教的世界观最相吻合。奥古斯丁及其智识上的传承者们享有的声望,将其他哲学流派排斥在欧洲中世纪智识生活之外。尽管这种说法不完全准确,但作为概括性表述却并无不妥。在亚里士多德的逻辑著作中,《范畴篇》和《解释篇》通过公元六世纪波埃修斯(Boethius, 480 – 525)的拉丁译本为人所知,但其余大部分著作都因基督教的新柏拉图主义盛极一时而被排斥在拉丁课程之外。它们不是被从希腊文翻译为拉丁文,而是被译为难懂的闪族人语言①:公元四至五世纪期间,在埃德萨(Edessa)学校译成了叙利亚语,公元九世纪,在巴格达(Baghdad)的翻译学校建立之后译成了阿拉伯语。结果,对亚里士多德著作的研究在许多年以来一直是阿拉伯注疏家们的天下。其中最杰出的当数阿维森那(980 – 1037)和阿威罗伊(1126 – 1196)。希腊学问与哲学的这么多著作在十三世纪为拉丁语世界所知要归功于一大批东方学者(scholarly orientalist)的活动:比如,格利莫那的吉拉德(Gerard of Gremona)(殁于1187年)、米歇埃尔·司各脱(Michael Scotus,殁于1235年)、大阿尔伯特(殁于1280年),特别是莫尔贝克的威廉(殁于1286年),他是第一位(约1260年)将《政治学》译为拉丁文的人,尽管译本粗糙,但完全贴近原文。这些学者们能随心所欲地运用阿拉伯榜样们的作品,尤其是阿威罗伊的作品。阿威罗伊的西方崇拜者们称他为"注疏家",这一称呼中带有敬意,圣托马斯正是出于同样的敬意而几乎总是称亚里士多德为"哲人"。十三世纪的亚里士多德研究与巴黎大学有很大关系,正是在那里,在大阿尔伯特的指导下,托马斯熟悉了亚里士多德。大概1267 – 1268年在维泰多,他也结识了莫尔贝克的威廉,他勉励莫尔贝克,并和他进行过短期合作。

巴黎大学有尊贵的皇家血统,它由菲利普·奥古斯都(Philip Augustus)于1200年建立,又得到了路易九世的慷慨资助。但就如那时众多的中世纪大学一样,它的各种活动受教会当局的监管,有时甚至受到高压监管。对于恢复对亚里士多德的兴趣,教会的反应是怀疑和敌对的。在某种程度上,这一回应也反映了保守制度对新事物的不满,尽管这种不满缺乏理性基础。圣波纳文图拉(1221 – 1274)尤其从天主教正统学说的立场出发对亚里士多德的形而上学展开了彻底批判。亚里士多德相信,世界是永恒的,因而否认创世真理。他对柏拉图理念论的批判潜在地否定了上帝对具体事务的

---

① [中译按]即指希伯来语和阿拉伯语等等。

知识,也否定了关于神圣预知和天意的知识。一方面,亚里士多德作为异教哲学家,天生就不合理;另一方面,他为异教徒们和不信教者——最初是艾德萨的聂斯脱利教徒们,后来是阿拉伯的注疏家们——所热议,这足以使其成为怀疑对象。可以肯定,阿威罗伊的解释尤其与基督的基础教义不合,他归于亚里士多德的学说,即在所有人之中理智具有数目上的同一性,遭到了正统基督教思想家的反对。在他们看来,这种学说不仅有违人的真正观念,也与神的位格不朽矛盾。诗人但丁在写于1310年的题为《论君主制》的主张基督帝国的小册子中,也犯过这种阿威罗伊主义的错误。正如圣波纳文图拉注意到的,这种学说否认个体死后蒙福与受罚。不过,已被发展到不信之程度(in partibus infidelium)的亚里士多德解释,仍然找到了拉丁拥护者,其中最杰出的是巴黎的哲学教授布拉班特的西格尔(Sieger of Brabant, 1240–1281)。结果引发了一场充满火药味的、旷日持久的论战。教会觉得,基督教阿威罗伊主义支持所谓"双重真理论"的倾向尤其难以容忍:这一设计想使遵从阿拉伯注疏家解释的亚里士多德研究同基督教的教义相吻合。但这一理论包含一个令人奇怪的、差强人意的观点:一项命题可能同时在哲学上真实,而在神学上虚假。1270年,教会中越来越多的骚动不安导致巴黎主教特皮尔(Étienne Tempier)将13项亚里士多德命题指斥为异端,这一指斥是对多半已被人遗忘的1210、1231和1263年指斥的重申。在托马斯1274年逝世后,争论和烦恼仍在继续。1277年1月,教皇若望二十一世要求巴黎主教再次调查大学里仍在教导异端言说的流言。两个月后,在草率且行为不端的调查后,特皮尔主教将上述指斥扩展到了219项命题,大学的教师们被禁止"以任何方式教授、捍卫或支持"(dogmatizare aut defendere seu sustinere quoquo modo)被指斥为异端的命题,违者以开除教籍论处。同年,在英格兰,坎特伯雷大主教基尔沃比(Kilwardby)也发布了相同的指斥。

托马斯的学术生涯因此是在对亚里士多德的持久敌意中度过的。不用多说,某位教师要想表现出对亚里士多德的兴趣,便会招致业内的毁灭抑或更糟糕的命运。但托马斯为人们敬仰的是他的坚持不懈,那时他肯定想不到,他的论说有朝一日会成为权威,他在全部哲学作品中坚持认为,亚里士多德本人的学说并不与基督信仰背离,有可能从阿拉伯学者的错误思想和解释中寻回亚里士多德的教诲。一旦回复到它的本来面貌,亚里士多德的教诲就会与教会教义相吻合,而且想要实现这一点无须诉诸"双重真理"这一靠不住的权宜之计。尽管在亚里士多德那里缺乏神圣启示的优点,尽管他对真理的理解在这个方面有缺陷,但亚里士多德却能在没有神襄助的情形下凭借理性进行理智探索,当他的结论得到启示真理之补充的矫正之后,产生的理性与启示的结合就是一个理智上完备的体系,这就是托马斯确信的。为实现这一结合,并通过《神学大全》(*Summa theologiae*)中展示出来的精致分析实现这种结合,成为他毕生的事业。比任何人都重要的是,他完成了渐为人知的亚里士多德的"复兴",在西方的课程中恢复了原汁原味的亚里士多德主义。托马斯的工作完全是构建一种完整的、新的综合性哲学:基督教的亚里士多德主义不仅包含了伦理学、政治学,还包含了物理学、形而上学和认识论,只要这些学科为基督教义服务。其成就的标志之一就是,到二十世纪下半叶,不论好坏,这一基督教的亚里士多德主义已经成为罗马天主教哲学教育的核心内容。

在考察托马斯的政治理念的过程中,我们遇到了类似于在讨论奥古斯丁时提到的困难,但没有那里遭遇的困难严重。首先,托马斯并非政治理论家。他有关政治和社会问题的评论是在与其他哲学和神学主题的关联中提出的,或从属于哲学和神学主题。在其著作中,没有一部著作从整体阐明了他的政治"哲学"。与奥古斯丁一样,托马斯的政治和社会思想必定受到了一系列思想渊源的影响。关于它们的篇幅最长、主题连贯的讨论出现在题为《君主肖像》(*speculum principis*)的小册子中,在某些手稿中,这个小册子又被称为《论君主制》(*De regimine principis*)以及出现在《论王权》(*De regno*)一书中。关于托马斯是否是《论君主制》的作者,历来都有争论,但学院派主流的观点倾向于认定他是真正的作者。该书约撰写于1267年,因未完成而显得篇幅较小,它是献给塞浦路斯王(ad regem Cypris)的,包含了第一部分和篇幅更长的一卷中的第二部分的前六个半章节,最终由他的学生兼友人费阿多利(Bartolomeo Fiadoni,又被人称为 Tolommeo of lucca,生于1227年左右)完成。托马斯的其他政治思想散见于卷帙浩繁的《神学大全》中,尤其出现在 Ia,Iae90 – 108 之间的部分,这部分有时也被称作《论律法》(*Tractatus de legibus*),尽管名称有些令人误解。其他材料则可在他对亚里士多德《政治学》和《尼各马可伦理学》的疏证中找到,也出现在《箴言录注疏》一书中(尽管这部早期作品并不必然表达他的成熟时期的观点)。因此,一方面,读者必须再度谨记,本文采取的"重构"倾向于使托马斯的思想显得较其本身更连贯;另一方面,在思想的连贯性问题上,不存在太严重的问题。既如此,就正如在讨论奥古斯丁的思想时那样,对托马斯思想的重构也不存在什么问题。

人们可能会认为,托马斯的亚里士多德主义赋予他有关政治和道德的思考以独特特征,这种特征完全有别于我们描述过的对中世纪的思想纷争具有典型意义的柏拉图主义和奥古斯丁主义的方向。带着基督教义要求产生的限制,托马斯与奥古斯丁之间的对立类似于我们注意到的亚里士多德和柏拉图间的对立。托马斯的著作较奥古斯丁的著作更易阅读,他在日常经验世界中(而非超越日常经验世界)追求特定的价值和真理。尽管奥古斯丁的理论确立了西方从五世纪到十三世纪以来的政治论辩风格,我们在十三世纪中期却发现托马斯提出了一种特定的政治理解,从体系上讲,这种理解相较奥古斯丁的体系更人道也更乐观。托马斯的思想之所以表露出这些特征,是因它不像基督教的柏拉图主义,坚持尘世及其目标在与"彼岸世界"或超自然世界的超越性作对比时的无价值性。在此基础上,也应注意到,托马斯从未明确反驳奥古斯丁,相反,在各哲学部门中,他小心翼翼,有时甚至有意地精雕细琢,通过使自身观点同历来的基督教权威相一致从而论证自己的主张。他的谨小慎微无疑表明,他知道要使亚里士多德主义获得尊重会引起争议。但托马斯的政治与社会观念与奥古斯丁的柏拉图主义的政治与社会观念的对立是真正的,有着重要意义,这一对立是理解托马斯与西方政治思想中"政治的奥古斯丁主义"的衰落相关的重要性的关键。

我们可通过如下说法阐明两者之间的对立,正如我们曾强调的,奥古斯丁关注我们之上与之外的世界,认为尘世的事物秩序有悖于自然并且混乱。尽管存在着正义与善的理性标准,但大多数人完全偏离了它们。由于意志的缺陷,每个人都在一定程度上偏离了正义与善,而意志的缺陷是堕落状态中的人性秉有的。尘世的各项政治安排是严酷的,也具有强制性,它们产生的正义与和平并非真正的和平与正义。在当下的生活中,能期待的只有痛苦、审判和战争。就像德尔图良一样,奥古斯丁也是一位善做选言判断的思想家,但他不像前者那样排斥哲学,比起运用整体性和连续性的论证,他更擅长做清晰且令人印象深刻的划分。在他看来,个体或居于尘世,或栖身天国,或具有自然秉性,或具有超自然秉性,并且,既选择一方就会远离另一方。但我们只有一种真正的目的,它不属于尘世,尘世事物不能用来塑造上帝的最终选民们在伦理上的善。奥古斯丁认为 civitas Dei peregrina[疏离上帝的城邦]也能利用尘世资源,包括尘世的"和平"与"正义",并认为,这种针对尘世资源的使用只是善的有限形式。他强调,作为原则,尘世的"诸善"不是真正的善,唯一真正的善存在于尘世的努力之外。多数人在自认为有价值的事物中受到了欺骗。总体上看,奥古斯丁认为,尘世的事物不过是累赘和圈套,它使我们偏离了真实的目的,带来了精神上的危险。

毫不奇怪,这位伟大的教父对尘世之善抱有如此彻底的轻视态度,必将给教会对政治事务的把握带来消极影响。更关键的是,奥古斯丁对物质事物的评判很容易导致一种圣灵至上论,并由此导致教会至上论。正是这一评价,使格里高利七世在 1081 年写给的赫尔曼(Hermann of Metz)的书信中,以洋洋洒洒的句子宣称,除非他们的统治获得教会的批准和支持,否则尘世诸王只是魔鬼的工具。相比之下,托马斯偏离了奥古斯丁的伦理学和人类学前提,在此过程中,他也偏离了这些前提所支持的有关尘世生活的道德品质的结论,这一偏离在理智上归因于亚里士多德的影响。对圣托马斯而言,在尘世的卑污事物和来世的高尚事物之间不存在柏拉图式的区分。他接受了亚里士多德的目的论,也接受了作为其部分的幸福论伦理观。他指出,"意志的对象,亦即,人类欲念的对象,是普遍的善。正如理智的对象是普遍的真理一样"。亚里士多德的目的论既不适用于尘世,也不适用于来世,他并未找到这样做的任何理由。的确,人的完整的或完善的幸福——他真正的终结(finis)或"目的"、亚里士多德意义上的幸福(eudaimonia)——就包含在天国上帝的荣福直观中。这一真理是亚里士多德尚未意识到的,因为他未得到启示的襄助。但对托马斯来说,我们的最终幸福并非存在于尘世而存在于尘世之外的事实,并不意味着尘世的幸福或康乐只是欺骗,抑或尘世的生活不包含道德上有意义的行动和关系。他既不认为,也没有假定大多数人都是以自我为中心的、是在道德上有缺陷的。他在《尼各马可伦理学》的注疏中说,人"根据自然属于某种共同体,通过这种共同体他可以过得好"。我们必须搞清楚在此所谓的"过得好"究竟是什么意思。与其他人共同生活在一起,在他看来对个体来说是必要的。对此有两项理由:

> 首先,有必要提供给他那些一旦缺乏就完全无法在尘世中生活的东西,然而,生活在共同体之中能使人获得生活的完全满足,亦即,**不只是活下去,而是要活得好,拥有过完整生活必需的每一样东西**。在此意义上,他作为其中一员,城邦共同体不仅帮助他获得由城邦的各种活动产生的物质利益,而且也帮助他获得道德上的幸福。

我们即刻就可以看出,上述表达再现了亚里士多德关于伦理学与政治学之关系的讨论。人类终究能实现某种联合,能实现某些伦理上的目的。这些目的已为亚里士多德所称颂。并且,在西塞罗看来,它们是构成共和国的基本要素。在托马斯看来,没有什么会与哲人描述的理性的和具有正义秩序的世界相冲突:在这个世界中,万物都有自身的目的,并且与这一目的相关联,都有自身的某种善。他相信普通人也可以做出理性的、自由的和负责任的选择;他也相信,为了追求共同的利益,人们能相互合作,相信为这种相互合作提供担保的诸善是真正的善。尽管它们不完整,它们不仅包含理智的和道德上的满足,还包含物质上的满足。的确,尘世之善会因为对它们的过度热望而遭到滥用。托马斯和奥古斯丁同样认识到,我们生活在原罪的世界里,但没有任何在先的理由认定,世俗之物只是不幸的必然,是以自我为中心的欲望对象,或者是神圣范本的无价值的摹本。只要我们意识到最终目标,不做任何妥协,只要使一切世俗的善朝向神圣的善发展,我们就可以正当地追求尘世的福祉。世俗的繁荣与幸福都是正当的目标,我们没有理由为之羞愧。我们可以识别尘世之善,衡量其真正价值,并且负责任地使用它们。通过这种方式,世俗事物就能成为居间的、或"最接近"的目标。这些目标引导我们朝向最高的和最终的目标,而不会为后者破坏和抵消。

然而,由于相信尘世的福祉不仅可能,而且可欲求,托马斯就诉诸政治手段,以保障一定程度的内在价值,但这些价值却被"政治的奥古斯丁主义"的预设排除在外。托马斯多次以赞赏的口吻重申了亚里士多德《政治学》中有关"政治动物"的准则(尽管他是以一种略微不同于莫尔贝克的译本中给出的形式来实现这一点的):Naturale autem est homini ut sit animal sociale et politicum,原文直译为,"对人来说,成为社会的和政治的动物实属自然"。这一准则显然与奥古斯丁的强调相反,奥古斯丁强调说,上帝"并不希望他的理性造物、根据他自己的形象造出来的人,享有对万物的支配权,而只享有对非理性造物的支配权：不是由人来支配人，而是由人来支配野兽"。对托马斯来说，统治并非"奥古斯丁"意义上的统治，它不是惩罚性的和规训性的秩序，它之所以被规定，不只是为了用暴力与恐惧来抑制人类的破坏性。托马斯的统治能实现真正意义上的正义，即在奥古斯丁分析过的古典意义上的正义，也就是，给每个人缘于自身的正义。它是一种良性的管理手段，适合于社会性和合作性的造物，所以人类出乎自然，能适应自身需要，它能使所有服从它的人分享真正的善。

  这类善在严格意义上讲究竟是什么？在描述它们的过程中，托马斯完全追随亚里士多德，人性的明确特征便是所有人都想要，并能获得亚里士多德所谓的 autarkeia，即"自足"。除了接受基督教信仰要求的调整外，托马斯通过"自足"一词所指的东西与亚里士多德的所指相同。在尘世范围内，我们不仅能确保获取物质上的好处，还能获得伦理上的好处。较奥古斯丁来说，托马斯认为人类理性的能力有更高的地位和自主性。人是理性的造物，能通过创造力达成自己的目的，只要那些目的是世俗的而非超自然的。任何个人都不能获得自己生活所必需的一切，这对亚里士多德来说是如此，对托马斯就更为显然。在物质生活层面，为了保证从劳动分工中获益，需要相互协作，这种协作的出现对我们而言是自然的。我们是戴罪之人，脆弱又易犯错，通常因自身欲望偏离正道。但我们并非奥古斯丁设想的自私而又充满破坏性的无助造物。真正的协作是可能的，它不同于那种以赏罚来操纵我们行为的强制我们去遵守的秩序。但想要实现其目的，这种协作需要获得指引和监督。并且，不仅无法充分运用各种手段独自满足所有物质需要的人是孤立无援的，而且，我们在某些方面较野兽更脆弱。在防御与脱逃的方式上，它们天生就有比我们更好的身手，并且凭本能就知道什么对它们有害。语言和理智——慎思并获得结论、做出选择和达成共识的能力——是上帝馈赠我们的礼物，它弥补了我们在维护自身安全过程中的不足。通过将理性用于自身处境，我们把用于生计、保护和防御的手段组织起来。但要想实现我们的目的,手段几乎总不止一种。不采取协作的努力总是白费心机。倘若每个人孤立地追求行动过程碰巧提示给他的东西,就不可能实现有建设性的东西。但这些考虑不会对我们的堕落状态产生任何影响。使其对人们共同生活和工作成为必要的事实是上帝创造的人性秉有的事实。由于堕落,这些事实不复存在,倘若人类的堕落不曾发生,这些事实原本可以获得。它们是对下述情况具有必要性的事实:让共同体通过有智慧的领导者联合起来,朝向共同的善而发展。哪里有很多人想要实现一种共同的善,哪里就必将存在某种共同的统治权。我们需要审慎的统治者引导我们朝向自身的目的,就像船只需要技艺娴熟的领航员才能驶向港湾一样。统治的首要目的不是镇压和惩罚,而是通过对于集体行动的合理组织实现尘世福祉。

我们务必再度指出,尘世的福祉不只是身体保存和经济上的满足。奥古斯丁曾坚持认为,世俗统治只是一种外在秩序,一种惩罚性的和规训性的秩序,是上帝的选民们必需忍耐的秩序,也是令堕落之人感到恐惧从而遵守它并从中获得安抚的秩序。人法所能实现的只是外在的服从,它不能打动我们这些道德存在者,因为它除了"人们应该占有的,可以在一定时间内称为'我们的'东西外,便不再有任何其他的目的。他们贪婪地想要获得这些东西,只要他们持续地拥有这些东西,和平和人类社会才能持久存在"。但托马斯却恢复了亚里士多德主义的学说,为理解实证法增添了重要的维度。他认为,共同体的法律,通过要求我们遵守其规范,不仅支配我们,而且培养我们拥有好习惯,直到这些好习惯成为自发且真正的美德为止。通过此种方式,法律就能强化并发展我们天生就有的"被注入的"美德,因为上帝已将这些美德置于我们的内心之中了。

> 养成一种有德的行动的习惯对德行来说不无裨益……因为颁布法律的目的在于调整人类的行为,因此,就人类的行为导向于德行而言,法律就能因此而使人为善,因此哲人在《伦理

学》中说,"立法者们通过使人类养成对善的事物的习惯而使人为善"。

托马斯追随亚里士多德认为,一种同他人一道的有序和合作的生活就自身而言乃德行和幸福之源,此外还能带来相关的物质利益和法律在教化上的直接影响。每一个体,作为"社会的和政治的动物",自然地属于整体。我们对福祉的感受只有通过有意识地参与到他人的福祉中才能实现,在国家中,正如在其他任何整体中一样,部分的善同整体的善是紧密相关的。真正的人类善只有当个体的善与整体的善相符合时才能实现。因此,在托马斯这里,我们再度遇到了在奥古斯丁开创的基督教政治思想传统之中已然消失的有关政治联合的观点:一种在所有重要方面都与古典城邦的政治联合观点相类似的有机体的政治联合观念。

> 共同体结合起来的目的就是根据德行来生活,人们走到一起来才能过得好,而如果他们各自过着各自的生活就不可能过得好。善就是根据德行来生活,因此,人类联合的目的便是有德行的生活。

通过这种方式,国家就恢复了自身作为伦理性共同体,而不只是作为工具性共同体的身份:不只是用于管制的机构,而是能带来个体或共同体的道德福祉并发展它们的机构。

统治作为自然条件

正如人们期望的,对托马斯来说,服从他人统治并不违背我们作为理性造物的本性,与奥古斯丁的主张相反,统治机构并不与我们是根据上帝的形象造出来的事实相冲突。一方面,就每个人拥有相同的最终目的而言,所有人在道德上都平等。在上帝看来,在这种目的方面,人与人之间没有差异。另一方面,在手段领域中,存在许多物质意义上的感受。在这方面各人有所不同,但我们无须为这种不同感到遗憾,并认为它并非出于自然。上帝创造了一个美丽且多样的世界。在这个世界中,万物都为了总体上的善而运转,但这种总体上的善只有上帝才能看见,有些人天生聪颖且身强力壮,相较其他人有更好的统治能力,并且"倘若某个人在知识和正义方面超凡出众,则这种优越性不用来为他人谋利益就与(道德优异的理念)相违背"。这仍然是一项人们所熟知的亚里士多德式原则:服从根据自然较我们更优异的人是自然且正当的,正如物理事物为更强的自然力量所推动那般自然。人类被最适合于领导他们的人的命令"推着走"——被引导着去行动——也是自然的。这种比较也许有些牵强,但要点却清晰分明。人类各种能力的差异不是原罪产生的变型。即便亚当和夏娃没有向诱惑做出致命妥协,个体之间也会有区别,不同的能力反映了这种区别。卑劣者臣服高贵者是以神圣旨意为内涵的秩序的组成部分,我们应服从我们的自然正当的高贵者,此乃上帝旨意。因为他们能进行合乎律法的统治。支配与统治是人法的表达。但神法,即恩赐之法,并不废止出自自然理性的人法。基督徒们不能认为,一旦成为基督徒,就可免于服从世俗权威的统治。服从是一种美德,能使我们通过它的习惯性作用而强化内心中存在的其他美德。就美德本身而言,甚至基督徒与不信基督者之间的区分也不具有政治意义,不信基督者对虔诚信徒的统治,至少在此种统治获得确立的地方,也有合法性。只要在其统治中不包含令信徒们不满的举动或不威胁他们的信仰。奥古斯丁也曾说过类似的话,但不同于托马斯,后者认为某些人对他人的服从是必要和正当的,哪怕人类不曾堕落。事实上,某些人统治,其他人被统治是正当的,这与原罪无关,而与人类自身的本性、需要和天赋有关。

再者,考虑到统治出于自然且正当,不仅能给我们带来物质上的好处,还能带来道德上的善,在奥古斯丁看来,那种认为只要人们的信仰不受威胁,则无论他生活在何种统治形式中都无所谓的看法是站不住脚的。尘世生活不只是被视为通往之外的某个地方的朝圣之路。尘世生活本身以及它获得组织的手段,是有限的善,因此托马斯回到讨论最佳统治形式的古典实践就与他的基督教的亚里士多德主义完全吻合,他有关该问题的观点从未作为单独的陈述表达过,我们需要把它从《论君主制》和《神学大全》的若干段落中摘出来加以组合,这些段落反映的图像是内在一贯的,对谙熟亚里士多德《政治学》的人来说也在意料之中。

在《论君主制》一书卷一章3-4中,托马斯认为,人类的生活状况所需的统治类型最好是王制,这一选择与中世纪对君主制的一般倾向吻合。而托马斯对王制的支持也结合了圣经要素和亚里士多德要素。在他看来,王制之所以合适,是因为它最合乎自然,在自然之中,万物都源于统一(unity),上帝是我们经历的全部多样性的创造者,王制,因其是一人之治,故而最为自然,也是最好的统治类型。和平与繁荣所要求的协作与统一最容易通过一人之治的政府来实现。一切统治的原型(archetype)是上帝对宇宙的统治,而我们则看到君主制的原则在自然秩序中处处有其例子,身体由心灵支配,灵魂则由理性支配。托马斯追随亚里士多德认为,"王"蜂("king" bee)是自然中君主制的典型例子。王制也是最有效率的统治类型,因此这种统治形式对共同善最有益。它的有效率是因如下这个简单的事实,即统一体不能自相冲突,在王制之下,产生行动和监督行动的权力是不可分的,王能迅速且果断地做出行动,同理,由君主制蜕化产生的僭主制尽管最有效率,却是在坏的统治中最糟的。君主制也是最不容易走向堕落的统治类型,从道德上和制度上讲,它是最可靠的统治类型,因为当权力在必然会彼此嫉妒与怨恨的个体之间进行分配时,它不屈服于在此过程中产生的压力:

> 在由许多人统治的地方,一旦发生异议,通常会发生如下

情况,即某人力排众议,窃取了高于整个共同体的统治权……在多数人统治的情况下,结果几乎都成了僭政,这在罗马共和国中十分明显。

听罢此言,有人不免会存疑,托马斯内心可能有一比较,一方面是故土意大利的城市或行省统治,另一方面是法国(在那里他度过了生命中的许多岁月)中央集权的君主制。

然而,尽管他支持强势且有效率的王制,尽管这种选择与他在卡佩王朝(Capetian)的首都巴黎多年以来的职业经历相一致,但托马斯绝非绝对君主制的支持者。在《论君主制》一书中通常认为是他撰写的部分中,对各种统治的讨论并未完成。在《神学大全》中,他再度举荐王制,但这里描述的王制是融合了民主制和贵族制元素的王制:

> 哲人在《政治学》卷三中讨论的各种统治中,最重要的是王制和贵族制,在前者那里是由一个人根据德行来统治,贵族制则是由最优秀的人来统治,是由少数人根据德行进行统治。因此,在一切城邦和王国中,最好的统治要在如下条件下实现:个体被选出来根据德行来统治所有人,服从他的人也根据德行获得统治。这种统治依然属于全体,因为不仅所有人都有资格被选中来统治,而且统治者由全体人选出。

托马斯将这种均衡的或混合的统治称为"公民政体"(polity),拉丁文 politia 是对亚里士多德笔下希腊文 πολιτεία(politeia)一词的直接转写。在托马斯看来,这种"公民政体"是最不容易遭到破坏的统治形式,它的稳定性源于如下事实:

> 它是王制、贵族制和民主制的良性混合,之所以具有王制的因素,是因为有一个人在统治,而之所以具有贵族制的要素,

是因它是一些人根据德行来统治,最后,之所以具有民主制的要素,是因统治者从平民之中选出,并由平民来选举。

托马斯的上述评论以不同的方式反映了亚里士多德的信念,即认为生活在政体下的人们的主观感受可以造就政体的成败。不同的政体要素通过上述方式混合的统治可以持久,因为它为共同体的各个部分所接受,共同体中的任何部分都不想推翻统治,没有人会从参与其间的感觉中感到被疏远和被排斥。

尽管一些评论者们认为,托马斯在《神学大全》中有关"混合"政体的讨论并不与他在《论君主制》中关于王制的讲法矛盾,但没有理由认为托马斯想倡导绝对君主制,在《论君主制》卷一章七中,他写道:

> 一旦选定了某个王,王国的统治就必须这样来安排,以排除使王成为僭主的可能。与此同时,他的权力必须得到限制,从而他就不会轻易沦为僭主,究竟如何才能实现这一点留待后面的部分再谈。

他并未撰写"后面的部分",但有理由推测,如果他继续完成《论君主制》这部作品,他就会像在《神学大全》中一样,补充进贵族制和民主制的要素作为对僭政的预防,从而限制他对君主制的偏好。但做出这个补充并不意味着要反对王制之所以是最好的统治在于其是一人之治这个主张。而之前出自《神学大全》的引文中描述的"公民政体",将一人之治的优势与对危险的预防结合起来。王可以"在他之下"选拔一批大臣和顾问官,可以使最初的登基通过选举而实现,并且有责任向选举他的选民们推行善治,但执行权仍掌握在一人之手。对这一王制观念需要补充如下要求,即王权的运用不仅要妥善,而且须有责任心,但这不是说应削弱王权。顺便说一句,由于词语的含义发生了变化,选举式的贵族制观念如今在英语学界的人们听来总显得奇怪,当然,有必要牢记 aristocratia——这个词也是亚里士多德笔下 ἀριστοκρατία 一词的转写——对托马斯来说具有的含义与对亚里士多德来说具有的含义相同,即意指"由最优秀的人的统治"而非"世袭贵族的统治"。从原则上讲,对于为何"最优秀的人"在此意义上不应通过大众选出(尽管有人补充说,这位支持民众选举的中世纪作者心中所想的与我们通过这个表达而想到的是有差异的),并没有什么道理可讲。

简言之,王制是最好的统治形式,但托马斯所想的不是由教会指定的、监督的,并且如果必要的话,非难或罢黜的王制,而是一种选举式的王制。对这种王制的描画要考虑到亚里士多德的原则,即混合的政体才是稳定的政体:在此强势的王制为贵族制和民主制的要素缓和与均衡,王制之所以是最优良的统治,是因为它最自然,这不仅是因为它自身的特点,也因这种统治样式最适合人类的需求和能力。在托马斯的著作中,没有一处表明世俗统治自身是违背自然的或原罪引起的,抑或表明王的作用只是用暴力结束混乱、带来秩序。

僭 政

在《论君主制》中,作为有关王制讨论的一部分,以及在《神学大全》中的若干地方,托马斯揭示了存在于正当统治与僭政现象之间的一个有重要意义的对立。一方面,他有关此一主题的思想并未完全摆脱奥古斯丁的观念,即认为僭主在上帝的计划中有一席之地,它的作用是折磨恶人和引诱好人。托马斯指出,倘若无法轻易摆脱僭主的掌控,就应将他导致的破坏视为对上帝惩罚的接受,以获得上帝的拯救,在遭遇此一困境时,应牢记约伯的话:"他因世人有罪,使伪善者为王。"并通过涤除原罪确保得到神助。另一方面,托马斯也不只是,或者甚至主要是在神圣惩罚之下思考僭政问题,他不像奥古斯丁那般认为,只有针对明确有悖于神旨的命令,才有无视僭主命令的权利。他也不像萨里茨伯里的约翰那样,倾向于根据僭主不愿服从教会的监督或是不同意教会对律法的解释来定义僭政,并且主张反抗僭主统治的决定应完全或主要出自教会,抑或必须获得教会的允准或赐福。如我们所见,对托马斯来说,国王或君主的存在不只是为了执行在教士们看来过于琐屑或卑俗的统治事务,他们奉行的根本理由是维护共同的善和公共利益。这是一种世俗利益(但对于萨里茨伯里的约翰来说却并非如此),因为它的实现不直接地或完全地取决于君主对教会管理的接受。因此,如果国王不是维护公共利益,而是全身心地为自己谋福利或扩张权威——倘若他成为亚里士多德在《政治学》第三卷中描述的僭主——他就背弃了上帝规定给他的目的。他就不是在应人民对其统治的正当要求而提供福利,因此人民就没有义务服从他。在适当情形下,人民确实可以采取行动反对他——托马斯曾使用了resistere[抵制]这个词,这些行动不会陷于道德两难。由此导致的罪行正好归咎于僭主,而非归咎于反抗僭主的民众:

> 僭主统治是不正义的,它不符合共同的善,而只是为了满足统治者的私人利益。这一点可从哲人在《政治学》卷三和《伦理学》卷八中的论述中清楚地看出。因此摧毁这种统治不是叛乱……僭主才是叛乱真正的罪魁,他为了更彻底地控制臣民们,在臣民之间培植了不和与反叛情绪。这就是僭政,这种统治形式满足了统治者的私人利益,却损害了共同体。

托马斯因此赋予了正义的统治与不正义或专制的统治之间的区分以全新的重要意义,与奥古斯丁的看法不同,个体生活于其间的统治形式只与尘世生活有关,统治者与被统治者之间的关系再度成为一种道德关系。服从义务不再是一种宗教义务,而不服从的权利并不限于危及臣民宗教虔诚的情形,尽管它的确包含着这类情形。现在它甚至扩展到了反抗权,在中世纪的语境中,我们使用"权利"一词是要加引号的,在中世纪的作家中,没有一个以(因洛克而为人所知的)明确的个人主义方式来运用权利理念。但在托马斯的思想中,形式上(清楚和真正的)政治性义务的出现是一个极其重要的发展阶段。

在托马斯看来,僭主的受害者可采取何种行动反对他,这个问题令人困惑。有些人认为,他在这个问题上前后不一、十分胆怯。但就他在此问题上所给的评论而言,此种评价有失精准。更为公允的说法是,在他看来,不应对这个精心提出的问题给出笼统的回答。在其早期的《〈箴言录〉注疏》中,他对刺杀恺撒的行动表达了明确的赞许,在那里他似乎赞成诛杀僭主的简单易行的见解。当僭主统治趋于极端,任何其他行动穷尽之时,"为解放祖国诛杀僭主者应受称赞和奖赏",而在《论君主制》卷一章7中,他也接受了采取措施反抗僭主的观点,但只有通过某种特定方式有资格这样做的人才能采取这一行动:或是因其具有形式上的"王制守护者"(kingmaking)的身份,或是因其正在执行受压迫的共同体的意愿。如果采取反抗僭主的行动,行动就必须由"公共权威"来实施。之所以这样讲,是因为他不希望认可暗杀者和私人性的战争。僭主不能为碰巧不喜欢王的人基于私人判断而被杀害或推翻,那些对此抱有不同想法的人不仅会给自己带来危险,也会给其他人带来危险。在《论君主制》卷一章7和《神学大全》中,他再度主张,相对温和的僭政应被容忍,之所以这样主张,不是因为我们认为僭政只是正义的沙漠,而是因为审慎总是建议我们在利弊之间进行权衡。它要求我们进行风险分析(正如当今的人们所主张的),只有在带来的伤害不超出行动预期利益的条件下,才能采取反抗僭主的行动。人们尤其须牢记,在废黜僭主之后可能迎来更糟的僭主,他从前辈的错误中学到了不少经验和教训。托马斯关于废黜僭主的谨慎评论可同他在其他地方关于战争和暴力所说的话放在一起来读:战争是反抗侵略或摆脱压迫的,在自卫中使用的,并且没有恶意地使用的合理暴力在道德上是合理的,但人们务必经常性地对自身的动机保持警惕,并且小心谨慎,不使造成的伤害超出想要避免的伤害。假如这太特别而不能成为"理论"的话,那么他在僭政问题上的立场就既非自相矛盾,也不与他关于受威胁或受侵害的人应如何行动的一般观点相矛盾。他更没有敷衍了事,如果将他的评论放到一起,就意味着一种谨慎的保守主义。这种立场认识到,极端的做法在极端情形中可能理由正当,但应尽可能予以避免。倘若非要采取措施,也须由适当的主体抱着正当的和负责任的意图来采取。这种适度是托马斯思想的总体风格。也许他会因为在切实有效地帮助僭主的受害者的方面讲得过少而容易遭人指责,但至关重要的是意识到,除了考虑可行性之外,他认为,不管如何,我们并无一般性的道德或宗教义务服从僭政,并且,教会也不必然是唯一或主要的关于何时能反抗僭主的仲裁者——抑或教会根本就不是仲裁者。再一次地,政治被重新确立为一个拥有自身道德性的自治领域。

财　产

托马斯愿意以一种实证精神投身于世俗世界的机构和活动中,这一点也通过他对私有财产的态度和他对私有财产的法律和道德上的细节的兴趣获得说明。他并未抛弃教父们从斯多葛学派那里承袭来的信念,即根据自然,万物属于共有。他不怀疑财产会被误用,也不怀疑我们容易对财产产生贪恋和过度的热忱。但他再度偏离了奥古斯丁关于物的观念——尽管在此异议仍然不是公开的——他没有将有关私有财产的制度仅仅同贪婪联系起来,也不认为,私有财产制度的产生只是出于如下需要,即控制堕落的人们想要为自己获取尽量多东西的冲动。他同意奥古斯丁的观点,认为只有通过人法,才能获得属于我们的东西。但在他看来,我们对私有财产的占有是通过诉诸实用的考虑获得证成的。这些实用的考虑不仅清白无辜,也能带来实际好处。尽管根据自然,万物属共有,但调整所有权的人法之所以颁布给人类,是为了给人类行方便。托马斯告诉我们,人法是自然法的补充,尽管如此,它们并未偏离自然法或与之冲突。即便人类不曾堕落,人们也须对他们占有的大地进行一种有建设意义的使用。但倘若不存在私有财产,地球上的资源就不会像它们在分配给个体看顾时那样获得良好管理。个体在看顾属于自己的事物的过程中,必将较之他们在对待共有的事物时更积极。"倘若每个人都使自己的财产得到照看,人类事务就将会以更有序的方式得到管理;倘若每个人要料理一切事务,将会导致混乱。"之所以如此,不是因为人类有罪,抑或无可救药地贪婪,而是因为我们看待事物的观点必定有缺陷;并且,人类本性上的这一事实与原罪丝毫无关。这是我们作为道德造物的缺陷之一。迟早,就连清白无辜之人也必然要发明种种有效地管理和分配地球上的资源的办法。倘若没有相关法律清晰地规定谁拥有资源,规定应对某事承担责任,彼此之间的不和便会更经常地发生,因此,私有财产制度对尘世的福祉而言作用甚巨,并且,危害财产就不仅是原罪,而且是犯罪。在此重要的是注意到,托马斯讨论了这些危害的特征,条分缕析、极其详尽。而在此前的基督教著作家看来,完全用不着为此费尽心机。

因此,假如我们不正当地运用财产,托马斯就将私有财产作为一种实际利益,而不是将其视为给灵魂造成危险的必然源头。然而,务必注意到,托马斯关于"私有"财产的讨论在一个重要方面有别于"现代"产权学说。对托马斯来说,人法授予人类的是从自然中分解财产、并且负责任地对财产实施管理的权利。人法并未授予无限取得和使用的权利。而这种权利自洛克一来一直是自由主义政治理论的核心。有关私人所有权的惯例并未压倒自然授予我们的使用世界资源的共同权利。因此,所有权就和使用权分离开来。对后者来说,所有者"不能认为外在的事物归自己所有,而是要将其视为共有,即每个人在处于需要时都能与他人共享外在的事物。"托马斯采取的所有权与使用权之间的区分也源于亚里士多德。我们有权获得能使自己的物质需要得到充分满足的私人财产。但如果我们的所有超出了这些需求,那么,作为一项道德义务,就应该将其施舍给穷苦人。托马斯明智地回避了规定我们有权主张多大程度的繁荣的问题。毫无疑问,这个问题应根据每个人的具体情形而定。并且,只有考虑到具体情形,才能做出规定。尽管如此,他依然主张,私人所有权作为原则必须遵守尊重更高的或"自然的"权利的首要义务(在此,务必牢记不要认为托马斯主张一种"现代的"权利理论)。私有财产只是作为一种通过人法加于自然法之上的适宜的安排,但"属于人类权利的东西并不能从自然权利或神圣权利中得出"。奥古斯丁也表达过相同原则,但却是作为要求人们慷慨大方的告诫,而未在任何细节上讨论其内涵。然而,托马斯却从中获得了令人印象深刻的实践运用,即在紧急状态中(event of necessity):

> 情形如此紧迫和明显,以至必须马上利用手边的一切手段来做出应对——比如,当某人处于突如其来的危险而又不能获得任何帮助时——任何人都可合法地或公开或偷偷地拿走他人的财产以满足自己的需要。严格来说,这种行为不具有偷盗和抢劫的特征……确切地说,在极端的紧急状态中,偷偷拿走和使用他人财产不具有盗窃属性,因为由于紧急状态,人们拿来维持自己生命的东西成了他自己的财产。

紧急状态之下没有法律,或者更准确地讲,紧急状态之下没有人法。在物资严重匮乏和困难的情形下,自然法超越了人法的一般运用。至于剩余财产的现实分配问题,托马斯则将其留给私人所有者的良知去处理,但在现代的伪装下,他的论证无疑与支持累进税制或再分配税制的论证极其相似:这项论证是根据自然需求和自然权利获得证成的。

律　法

在自然法和人法之间做出的前述区分将我们带到了托马斯的政治论著中最著名,并且议论也最多的部分中:即有关法的分析和分类。这一分类是在《神学大全》Ia IIae90 – 108 中发现的,也就是在所谓的"论律法"的部分中发现的。正是这个讨论使托马斯被视为对法律和政治理论做出了重大的贡献。也正是他的思想的这个方面最令我们感兴趣。他区分了四种法的类型或者序列:永恒法、自然法、人法和神法。就其深远影响而论,这一分析中最重要的部分是它不同于教父的或奥古斯丁的倾向,即将自然法与《圣经》中揭示出来的道德的或者"永恒的"抑或"神圣的"上帝法混在一起。正如我们所见,这种倾向在《格拉提安教令集》(*Decretum Gratiani*)中得到了强化,而成为一种形式上的确认。但在托马斯那里,我们遇到了自然法理念同神圣法或永恒法理念之间的明确区分,自然法回到了它的古典形式,即特指独立于启示的理性法则。从其他几种法律类型中分离出的自然法因此获得了一种哲学对待,而在基督教或异教的文献中,这一点无论在细节上、在深度和准确程度上讲都前所未有。

当托马斯讨论律法问题时,他的哲学方向在某些方面使我们更多地想起了柏拉图而非亚里士多德,他认为,一般所说的法,是理性提出的"行为规则和尺度",他多次提到这个定义,除了一些细微的变化[,几乎完全一致]。那么,他所谓的"行为的规则和尺度"究竟指什么?他关于绝对意义上的(simpliciter)法的观念——即本质意义上的法,并且是剥除了其表现形式和表达的法——是模仿柏拉图的形式或理念提出的一种理性模型。在托马斯看来,高贵者和卑贱者之间的关系意味着高贵者心中想到的规范或图景,即卑贱者应如何行为或成就的图景。工匠在开始制作任何东西之前,心中都会有一个理念,一种理性的模型,这就是他的制品将会与之相像的理性模型。这些出现在他的头脑中的模型能使他产生现实的和具体的理念形态,但本身却是不可见的。这些模型不妨说就是规定其制作活动的"法"。这种对问题的阐释当然是简单的柏拉图意义上的,以同样的方式,统治者在与服从者的关系中也是一种类型的工匠。在他看来,服从者们应做什么,并因此他所统治的共同体应该怎样的理念,在形式上被作为一项命令被制定出来和加以颁布时,就是我们在公民抑或政治的意义上所说的"法",因此,法是调整臣民行动的"规则与尺度"。当他们根据法行动时,他们就"分有"了它,就像桌子和茶杯"分有"木匠和陶人心中桌子和茶杯的理念一样。这就是当托马斯在宣称法律不仅"内在于"统治者,而且内在于被统治者时所指的含义,它在统治者的意图中表现为命令,在被统治者的臣服中表现为服从。有了这些预备性考察,我们便可依次考察托马斯的四种法律类型。

首先是永恒法(lax aeterna, eternal law)。托马斯对这一表达的使用较奥古斯丁更准确和更一贯,并且有截然不同的含义。因为上帝是万物的至上统帅,统治宇宙的理性模型,在上帝的思维中存在,并且在我们所经历的世界中有其例证,是最普遍和最广泛意义上的法。这种模型便是托马斯所谓的永恒法。它之所以是法,是因为它是上帝的意志,作为针对源自永恒的造物的命令被公布出来,并且万物都要毫无例外地服从它。自然法是永恒法的部分,但不与永恒法完全一致,并且不论是自然法还是永恒法都并未在《圣经》中获得完全的规定。托马斯指出,永恒法"不过是神圣智慧的理性模型,它被认为是指向一切行动和运动",在何种意义上,万事万物,甚至是那些物质的或没有感觉的事物,能"服从"法呢?认为托马斯的永恒法是牛顿的"运动规律"作为法则的意义上的那种法或许不无裨益。永恒法表达了自然的规律性,它是自然秩序(ordo naturalis)。它不是通常意义上对任何事物的规定和命令,但也不能违背它。惟有在第二种方式中,它才有指导意义,正如人们指出,下落中的物体是因重力"规律"而向下运动的。事物服从它,是由于事物必须根据适合于自身的方式运动。世界就是神圣意志希望的那个世界,永恒法的存在不像实在法的存在那样是为了实现未完成的目的。作为最高的目的,上帝并没有未完成的目的,相反,永恒法是上帝借以将那些自然特性或"倾向"铭刻在所有造物之上的东西。确切来说,"凭借"(by dint of)永恒法,宇宙才有序和可预测。自然秩序揭示了一种我们能理性把握的规律性,只有当上帝中止事物的常规运作而行奇迹时,方会偏离自然秩序。

由于人类是自然秩序的部分,由此可见必定存在永恒法这个部分或维度,它表达了上帝特别为人类设定的目的,即"自然法"(lex naturalis, natural law)或曰"自然的法则"(law of nature)。托马斯交互地使用 lex naturalis, lex nuturae 和 ius nutuale 这些表述,但变化虽然考究,却不影响他所赋予的意义。从宽泛意义上讲,就每个有感觉的造物都被灌输了保护和繁殖自身的倾向而言,一切动物都可以获得"自然"法。由此看来,自然法将自身表现为我们称为本能的东西。并且我们记得,这项原则可以追溯到乌尔比安在《民法大全》(*Corpus iuris civilis*)中给出的定义。但在托马斯希望能阐明的那种伦理意义上,自然法不只是一种继续存活下去并获得繁衍的冲动。由于我们具有理性和自由意志——由于我们能做出合乎理性的选择并根据这种选择而行动——我们就能更充分地根据自然法而行动,或者相较非理性的造物来说能以更复杂的方式根据自然法而行动。对托马斯来说,正如对亚里士多德来说,我们的合理性是指使我们成为道德行动者的东西,我们根据自然法行动的能力即良知(synderesis)。这是一种出现在每个人的道德意识之中的,指引行动者向善和阻止他为恶的内在原则。良知几乎在一切方面都与奥古斯丁的良心(conscientia)相同,尽管托马斯是从该撒利亚的巴塞尔(Basil of Gaesarea)那里获得良知这个词的。因此,对人类而言,自然法即实在法。它告诉我们——更准确地讲,我们从中推出——我们应该做什么,托马斯有关其内容的阐述与我们在教父作家笔下发现的内容大同小异。自然法告诫我们应趋善避恶,告诫我们应珍视和守护生命,包括我们自己的生命,要我们生养后代,与邻人和平相处而不为破坏和平之事。就我们作为能理性地发现其规定的造物而言,它是"自然"的。无论何时何地,这些规定都相同,我们不必刻意地学习它们,也不必将它们作为法律规定下来,对全体人类来说,也包括对异教徒来说,他们都必须坚守理性。

  对托马斯来说,我们因此能发现正确行动的模型,它属于我们对宇宙的理性理解和对我们在宇宙中的地位的理性理解的一部分。因为我们本性就能辨明是非,特定的永恒尺度到处将自身展示给每个人的意识,但在此种情形下,又何必拥有实在法或成文法,即托马斯所谓的人法(lex humana, human law)呢?关于这个问题,我们记得,奥古斯丁曾给出了清晰的回答,自然法是由上帝铭刻在我们心中的,这种内在的法先于一切成文法,它告诫我们不去做我们不愿遭受的事情,但我们不相信人们会遵守它,自爱从人的心灵深处抹杀了自然法,破坏了我们与自然法相关的意志力,以至于需要强制性的法来抑制个体的自负与贪婪。但托马斯再次给出了为何需要实在法的截然不同的阐述,尽管他并未明确表达对于奥古斯丁的异议。他强调,自然法对我们来说一目了然,假如灌输于个体内心中的美德需要通过养成好的习惯来发展,他们就不仅在形成道德判断的过程中要运用理性,也能根据这些判断而行动。问题不在于原罪在我们和自然法之间树立了障碍,也不在于我们的意志本身是如此脆弱以至于无法遵循自然法,而在于自然法对公民生活的要求来说过于宽泛,它规定在行动中要趋善避恶,却未表明在各种情形中"善"与"恶"的具体含义。它也没有为实施统治的机构提供针对为恶者的适当的应对办法,比如,它没有表明应施加何种惩罚、谁应承受惩罚。之所以需要人法,不是因为原罪和自爱,而是因为在自然法的全面性与使自然法的规诫获得落实的规则之间存在鸿沟。托马斯指出,人法是从自然法的一般规定中获得的特殊推论或"规定"。立法者通过将理性运用于共同生活和社会关系的问题之中而获得了它们。托马斯告诉我们,它们是通过"实践理性"从自然法中推出的,采取了与在科学推理或思辨推理中采取的相同的演绎方法。我们从抽象的第一原理中推导得出了具体结论。

> 正如我们在思辨理性中是从无须论证的、自然地为人们所知的原理出发获得众多科学的结论那样,这些结论不是天生就置于我们内心之中,而是借助于理性的力量获得的,因此对(实践的)人类理性来说,有必要从自然法的法规出发,就如从共同的且无须论证的特定原理出发一样,进到更具体的安排。这些具体安排,就其为人类理性所发现而言,被称为人法。

托马斯在此所做的思辨理性与实践理性之间的区分准确来说就是亚里士多德在《尼各马可伦理学》第六卷中在实践智慧(phronesis)和理论智慧(sophia)之间做出的区分。实践理性抑或审慎是一种理智能力——一种理智的"美德"。它能使立法者从"普遍的和无需论证的"自然原理中,推出可以正当地要求公民的特定联合去做的东西。实践理性,作为不同于理论理性的理智活动,不是获取理性真理的过程,而是取得实践后果的过程。一旦运用在个体的道德判断中,就能在过度与不足之间分辨出亚里士多德式的中道:明确规定适合于各种情形的行动方案。运用在立法中,就能产生适用于统治的具体目的充分明确的规则。人法因此就是"实践三段论"中的结论,这种三段论以自然法原理为大前提,以具体的立法问题或需要为小前提,因此,"在统治着完善的共同体的统治者那里,法不过是实践理性的指令"。在此顺带提及,"完善的共同体"在托马斯的笔下不是指毫无缺陷的共同体,而是在亚里士多德的意义上的完整的或自足的共同体。

从自然法中获得的有些推论十分清晰和直接,它们看起来同所有民族的实在法具有的形式没有多大区别。托马斯注意到,这些推论包含了罗马法学称为万民法(ius gentium)的内容,正如罗马时代的法学家们通常注意到的,万民法是自然法的部分,但并非自然法的全部。更具体地讲,其他一些"市民法"可能专属于某一共同体,在此意义上,它们因为较长的推理过程而有别于自然法。这一推理过程可能太过漫长,以至于难以揭示自然法与特定人法之间的关系。但托马斯强调,一切严格意义上的人法只因反映了自然法中所发现的一般原理,方才获得其作为法的身份。即使在习俗与实践之间存在地方性差异,这种说法也成立。一切人法都是从自然法中推出来的,尽管其中的一部分相较其他部分更直接和简明。实在法可做出改变,以适应变动不居的时代,并根据它们调整的民族的具体情况做出改变。不仅如此,还能以衡平的名义将其废止,从而抵消因普遍法不能适用于具体个案导致的不正义。这就是我们在亚里士多德和罗马法学那里所发现的原理,人法必须考虑个体在相互交往中的需要。并且,正如亚里士多德看到的,这些需要根据不同的需求和偏好有不同形式。可是,自然法自身的原理却不能被更改,而必须永远地受到敬重:

> 人法能通过共同的协议而使一切事物成为正当,只要这些事物内部不含有与自然正义相冲突的内容,由此,实在法才获得自身的地位……然而,倘若某物自身与自然法水火不容,则人类意志也不能使其正当。比如,倘若人法规定偷盗或通奸为合法。

在此,有必要再度提及如下事实,即托马斯与亚里士多德一样,都认为被统治——人法要求外在地遵守有德行为的标准——可以在我们的内心中养成一种真正有德的习惯,人法不仅外在地指引着我们,还在道德教育中发挥着有效的力量,善法与恶法的区分不仅是图方便或充当一种权宜之计。

在托马斯关于人法同自然法之间是如何相关的论证中,他的基督教的亚里士多德主义的立场再度与奥古斯丁传统形成鲜明对照。奥古斯丁一贯认为,人法不是从它们的内容中获得拘束力的,在他看来,从一般意义上讲,我们不能基于道德或良心为不服从人法辩护。尽管在个别篇幅中,从表面上看,他似乎认为,有人这样做,我们也能这样做。但正如我们曾试图揭示的,这种解释是错的。对奥古斯丁来说,实在法是从如下事实中获得其强制力的,也只能基于这一事实才获得其强制力,这就是它们是上帝看来适合统治我们的统治者颁布的命令。不符合奥古斯丁所谓的"永恒法"的法为恶法,它们尽管不正当,但毕竟是法。即使是残忍且不义的法,假如它们的残忍和不义能够通过某种方式为理性所把握,也能给这个被原罪破坏的世界带来秩序与安全。除了这个唯一的限制,我们都需要将它们当作宗教义务来遵守。而在托马斯看来,法的独特本性——它想要成为法的主张——取决于内容的正当性:

> 就命令是正当的而言,它具有法的力量,而在人类事务中,某物被称为公正,在于它根据理性的规则是正当的。而理性的第一规则即自然法……因此,每项人法,就其源于自然法而言,都具有法的本性。但倘若它在任一方面都与自然法冲突,便不再是法,而是法的堕落。

在我们看来,这种区分有着极其重要的意义,那些不是通过实践理性从自然法中有效推出的法——压迫服从它们的共同体或使之变得堕落,或者不能确保共同体之善,在此意义上的法是不义的——不是恶法。毋宁说,它们根本不是法。由于它们不是法,就可得出,我们不必服从它们。它们违背了最普遍的自然法规,即应趋善避恶,而法正是从这一自然法规中获得权威的。由于这个缘故,它们便不是法,而是未得证成的强制行动。因此,就出现了一个与法相关的、类似于我们在关于僭政的讨论中留意到的论证:

> 法可能会以两种方式沦为不义,其一是背离人类的善……(这可能是出自)它们的目的,有些统治者强加给臣民们一些不堪重负的法律,这些法律不是追求共同的善,而是追求统治

者个人的贪婪或荣耀，抑或是因为立法者超出授予的权限制定法律，抑或是因为它们的形式，比如有些负担尽管指向共同的善却是不平等地强加给共同体的。这类法不是法，而不过是一种暴力行径。因为正如奥古斯丁在《论自由意志》(De libero arbitrio)中说，"不正义的法有如根本无法"。也许除了能够避免民愤和骚乱，这类法律在良心法庭中毫无约束力……其二，是违背神圣的善，因而可能是不公正的。比如，僭主的法律要求偶像崇拜或其他有违神法之事，这类法律在任何情形下都不得遵守，因为正如《宗徒大事录》5:29中说："听天主的命应胜过听人的命。"

这段话中援引的出自奥古斯丁的引文并不可信，因为他从没有想过这种解释，但这段话的含义十分清楚。托马斯重申了如下原理，即我们绝对不应遵守直接与神圣意志相抵触的法，但在此不服从的权利较奥古斯丁要走得更远。不正义的法律"在良心法庭中没有约束力"，我们可以选择不服从它们，只要这样做不会使事情更糟。当我们这样做时，不是在"违反法律"，因为这些法律不是真正的法，尽管有法的形式和表象。奥古斯丁关于我们无权反对既有秩序的学说再度遭到了新主张的挑战，这种全新的主张认为，我们有权期待既有秩序展现出独特的道德品质，即正义，一旦正义缺失，它也就失去了要求我们忠实于它的权利。

托马斯的第四种类型的法，也是最终类型的法，即神法(lex divina, Divine law)。神法完全符合法的形式定义。它是"行为的规则和尺度"，是由上帝制定的，并且是通过《圣经》示之以人的，它调整我们行为的各个方面，并因此就像在所有法律中那样，我们也能"分有"它。但在托马斯看来，神法是一种既不同于自然法，也不同于人法的秩序，神法是永恒法的部分。但这是通过启示而非通过理性为我们所知的部分，它通过《圣经》和教会的教导而为我们认识。它不再简单地以教父和教令(Fathers and Decretum)的方式展示给我们，而是作为自然法的摹本展示给我们。神法是一个单纯的、自成体系的律法领域。人法不得违背它，却可以将它的各方面用法典化的形式确定下来。但人法自身的诸多规定却是从自然法而非神法中推出的。正如我们曾强调过的那样，这是一个具有重大意义的偏离。为何在自然法和人法之外还需要神法呢？从神学的视角看，答案十分明显。一方面，正如托马斯描述的，人法不再只是外在法，它能约束几乎所有事物，不论命令的内容是什么。在如下两个明显的定义上，它与道德有关，就它的规定反映了自然法的要求来说，它只是作为法，但通过强化我们内心中德行的践履，它有助于我们的道德养成。但人法必须处理属于公共生活或外在生活的那些事情的正义。另一方面，我们的最终目的，即永恒救赎，要求我们在私人行动和内心意图中做到公正正直，由于人类的法官无法看透人的内心，内心活动不能直接进入人法的范围。人们有可能做到认真遵守人法的条文，但却内心邪恶：贪婪、嫉妒、好色、有失虔敬。因此，神法有必要调整我们行为的那些人眼看不到和无法评判的部分。它对于我们的意向加以调控，使我们作为原罪之人而非人法上的罪犯获得惩罚，它在内在的和宗教性的义务中，而非外在的和公民性的义务中对我们施以教导。

　　因此，托马斯提出的是"理智主义"的法理论，而非"意志主义"的法理论。严格来说，与自然法相互背离的或不能将自然法制度化的立法规定并非"恶法"。它们不具备法的特征。假如公开和命令是使法律成为实践现实的重要部分，则在此意义上，邪恶的法律也在形式或技术性意义上被称为法。为了避免不服从带来的糟糕结果，从实用角度讲，服从"恶法"甚至也正当。这一限制条款和托马斯关于反抗僭主的类似限制一样，反映了道德神学的一个无须争执的原理：如果要在邪恶之间选择，就应选择产生较少邪恶的行动。但实在法是从内容而非从立法者的命令中获得其权威的。要求或公布违背自然事物的人不能制定严格意义上的法，人法的价值和强制力取决于它们表达了一种从永恒不变的道德原理中推导出来的客观的且能为理性把握的善。我们也注意到,规定这些原理的意义和运用并不必然是教会的势力范围。神法如今就同自然法明确地区分开来。托马斯认为,人法的特征中之所以产生那些道德上的重要方面,是因为它符合内在于人性中的理性原则。而这又意味着相信自然理性能做出真正的道德判断,这是一种典型的亚里士多德信念。在亚里士多德的影响下,立法者和公民的活动获得了尊严,而如果根据奥古斯丁的理解方式,他们并不具有这种尊严。

托马斯与自然法传统

我们如何总结托马斯思想中那些对自然法传统的历史产生最直接影响的方面?以下各点对此予以了特别提示:

一、通常的做法是将托马斯的自然法学说视为古典和中世纪有关自然法思考的巅峰。对此观点我们没有异议,他的理论对后世(直到二十世纪)道德与政治思想影响深远。它之所以能享有这种荣耀,某种程度上是因托马斯被视为罗马天主教的半官方的哲学家,也因其讨论细致入微且准确,并且他的论述过程十分简明扼要。在托马斯看来,自然法似乎是可以辨别出来的多种要素的混合。从哲学上讲,它是斯多葛派的哲学与罗马法学家的自然法的混合,只不过根据亚里士多德的伦理学和逻辑学对此进行了系统阐述,此外,还含有柏拉图主义的要素。它在某些方面与教父学说或奥古斯丁的学说类似。但在理性和意志本身的道德能力方面,托马斯的亚里士多德主义给了他较奥古斯丁更多的自信:除了恩典的影响,只要有可能,就要运用你的意志和理性。① 自然法是神圣智慧模型的一部分,人类是根据上帝形象造出来的造物而"分有"它的。它是

---

① 此句意义不明:to reason and will considered, insofar as anything considered, apart from the influence of grace。

正确理性的法则,包含了上帝灌输到自然秩序中的普遍的道德戒条。它的最普遍的内容是,教导人们行善去恶,从这一普遍的戒条出发,通过一个被认为完全不同于神圣启示的推理过程,得出了一切较低层级的原理和行为规则。

二、在亚里士多德的影响下,托马斯远离了卓有影响的道德悲观主义。后者是奥古斯丁有关社会和政治经验论证的典型特征。因此,他就有别于中世纪思想那些直接或间接地属于悲观主义的流派。他当然理解人的堕落,作为天主教思想家,他并不轻易认为我们能通过自我努力获得完善,也并不否认我们拥有只能通过神恩才能获得的超自然目的。但他不像奥古斯丁那样认为,堕落之人是彻底反自然的,也不认为,尘世的目标是完全为正直之人所拒绝的,人类并非生来就有破坏性,好与人竞争和自私自利。经过良好的教育与统治,他们会懂得合作和利他,能够进行以共同目标为指向的理性的审慎思考。在亚里士多德的教导下,托马斯赋予世俗生活与追求以奥古斯丁的基督教的柏拉图主义不曾赋予的价值,即赋予世俗统治以相应程度的自治,对托马斯来说,人类之善是在尘世发现和实现的,而非在彼岸。

三、上述观点在逻辑上的必然后果是,托马斯不像奥古斯丁在中世纪的追随者们那样认为,世俗的统治惟有完全顺从较它更高的权威才能得到拯救。一方面,他并未使世俗统治摆脱追求世俗事物的精神之善的义务,因此,他在最终的分析中继续主张,君主需对教会负责,他也相信(尽管他从未明确指出),背弃信仰的统治者会遭教会的惩处,甚至被迫退位。另一方面,在其著作中,没有说世俗统治是教会的随从和侍卫,也没有一处讲到"世俗之剑"(material sword)是通过教会而为君主把持的,或者说君主之所以能使用"世俗之剑",端赖教会或教皇的批准。世俗的幸福,尽管不是人类的最高善,但不再被斥为无价值的或欺骗性的,也不处在世俗理性的范围之外。自然法不再与《圣经》和教会关于《圣经》的解释中所启示的神法等同。神法指引我们朝向永恒的目的,而自然法,不仅自身,而且当它在人法中获得表达时,单独指引我们实现世俗的目的,它指引我们进入一个在道德上和物质上幸福和康宁的状态。这种状态有自身的价值,尽管只是次要的价值。

四、最为重要的,并且着眼于自然法论证的最典型的和最具有说服力的形式在随后的发展,就是托马斯法理论的理智主义。与自然法的一致不再像奥古斯丁那样在善法和恶法之间做出区分,而是在法与非法之间做出区分。严格地讲,我们是否应该服从不正当的法的问题是不会产生的,因为不存在譬如不正当的法这样的东西,人法是由如下规则组成的,这些规则是通过实践推理从自然的普遍原理中获得的,并且符合共同善,着眼于人类的社会性和政治性的本性。与这种描述不相吻合的人法——即不符合人法所调整的主体之善的法——不是法,除非是在空洞的形式意义上称其为法,因此,它们不具有拘束力。

五、因此,相较以往更充分且更明确的是,自然法是作为批判标准而设立的。它是这样一项标准,根据它,现实中的政体和法律能独立于教会或教皇的权威获得评判。托马斯在政治上并不激进,他不允许对僭主做不加区分的反抗,并主张不应轻易拒绝服从不公正的"法"。他似乎认为,在实践中,臣民们应准备尽可能地容忍,他担心违抗可能引起较顺从导致的更大困厄和危险。但从原则上讲,这是一种政治上的而非宗教上的义务,并且政治义务的范围主要不是由精神因素规定的,而是由统治所维护的共同之善决定的。规定我们有服从不公正的法和僭主式统治者的日常义务的原则不再有效,这是因为在托马斯看来,政府不是原罪带来的不幸的必然,它的作用也不是为了惩罚邪恶之人,考验正直之人的忠贞。它是善的源泉。在一种容易为现代读者们领会的意义上,而不是采用托马斯的术语,那些服从者有权期待他们的政府服务这种善。同样的,如果政府不能做到这一点,他们就有权采取恰当的行动。个体不再只是服从者,他们是古典意义上、亚里士多德意义上的公民:在尘世生活接受统治和获取世俗诸善的过程中,理性的个体有权做出判断、进行评估和参与其间。

* * *

讲完托马斯,我们就须离开中世纪了。我们无须考察托马斯和文艺复兴运动之间的政治思想。从总体上讲,在托马斯之后几个世纪,对自然法传统的兴趣并无新的补充。事后想来,当我们在古典和中世纪道德哲学的背景中考察其自然法理论时,它之所以看起来那么现代和完整,主要是因为它属于我们所说的理智主义革命的一部分。托马斯的重要不在于他是唯一的,但肯定是超群的,他重新将亚里士多德的政治和伦理学说引入到西方拉丁语世界,由此,缓和了长时间以来一直使政治理论偏向教会的柏拉图主义倾向。这是十分巨大的成就,意义深远。由于他对亚里士多德的复兴,他就推动了对政治活动与政治参与的彻底的重新评价,即认为在与教会的联系之外,它们也值得追求,尽管他本人并未对"教会"与"国家"的问题做深入讨论,却为接下来的继承者们提供了智识工具,在这些继承者中,最重要的是帕多瓦的马西利乌斯(约 1275 – 1343),他们开始拆解欧洲政治话语中长期存在的相互纠结的世俗与教会主题。在此方面可以说,正是托马斯使现代规范的政治理论的形成得以成为可能。当然,这只是一种高度概括式的讲法,但并非不可接受。由于托马斯的基督教的亚里士多德主义,一种可以识别的"古典的"自然法学说得以从神学或教会的复杂情况中再度浮现,而后者是教父式的观点,尤其是奥古斯丁的政治、道德和宗教虔诚的观点带来的。这一点至少在某种意义上标志着现代世俗自然法学说的开端。①

---

① [中译按]这里略去一句:"我们将在第二卷中对于现代世俗自然法学说进行讨论。"由于本文是著作中的一个章节,因此,译者在迻译过程中,省略了部分表明前后关系的句子,俾使论文呈现一定的独立性。

图书在版编目（CIP）数据

《政治学》疏证/(意)阿奎那著;(美)里根英译;黄涛汉译.—北京: 华夏出版社,2013.9

(西方传统:经典与解释)

书名原文：Thomas Aquinas. Commentary on Aristotle's *Politics*

ISBN 978-7-5080-7664-5

Ⅰ.①政… Ⅱ.①阿… ②里… ③黄… Ⅲ.①政治学－研究 Ⅳ.①D0

中国版本图书馆 CIP 数据核字(2013)第 132855 号

Thomas Aquinas. Commentary on Aristotle's *Politics*
Translated by Richard J. Regan
© 2007 by HACKETT Publishing Co., Inc.
Simple characters Chinese edition published by arrangement with
Eulama International Literary Agency, Rome, Italy.

版权所有，翻印必究。

北京市版权局著作权合同登记号：图字 01-2013-1357 号

《政治学》疏证

作　　者	(意大利)托马斯·阿奎那
英 译 者	(美)里根
中 译 者	黄　涛
责任编辑	孙　颖
责任印制	刘　洋
出版发行	华夏出版社
经　　销	新华书店
印　　刷	北京建筑工业印刷厂南厂
装　　订	三河市李旗庄少明印装厂
版　　次	2013 年 9 月北京第 1 版　2013 年 10 月北京第 1 次印刷
开　　本	880×1230　1/32
印　　张	9.75
字　　数	254 千字
定　　价	39.00 元

华夏出版社 地址：北京市东直门外香河园北里 4 号　邮编：100028
网址：www.hxph.com.cn　电话：(010)64663331(转)

若发现本版图书有印装质量问题，请与我社营销中心联系调换。

西方传统：经典与解释

古今丛编

刘小枫◎主编

Classici et Commentarii
HERMES

恐惧与战栗
[丹麦]基尔克果 著

墙上的书写——尼采与基督教（修订增补本）
[德]洛维特／沃格林 等著

古希腊文学常谈
[英]多佛 等著

穆佐书简
[奥]里尔克 著

撒路斯特与政治史学
刘小枫 编

民主的本性——托克维尔的政治哲学
[法]马南 著

希罗多德的王霸之辨
吴小锋 编／译

梅尔维尔的政治哲学——《切雷诺》及其解读
李小均／译

第二代智术师——罗马帝国早期的文化现象
安德森 著

英雄诗系笺释
[古希腊]荷马 著

统治的热望
——修昔底德笔下的阿尔喀比亚德和帝国政治
[美]福特 著

席勒美学的哲学背景
[美]维塞尔 著

雅典谐剧与逻各斯
——《云》中的修辞、谐剧性及语言暴力
[美]奥里根 著

莱园哲人伊壁鸠鲁
罗晓颖 选编

果戈里与鬼
[俄]梅列日科夫斯基 著

托尔斯泰与陀思妥耶夫斯基（第一卷）
[俄]梅列日科夫斯基 著

托尔斯泰与陀思妥耶夫斯基（第二卷）
[俄]梅列日科夫斯基 著

自传性反思
[德]沃格林 著

黑格尔与普世秩序
[美]希克斯 等著

新的方式与制度
——马基雅维利的《论李维》研究
[美]曼斯菲尔德 著

论埃及神学与哲学——伊斯斯与俄赛里斯
[古希腊]普鲁塔克 著

凯撒的剑与笔
李世祥 编／译

纪念苏格拉底——哈曼文选
刘新利 选编

科耶夫的新拉丁帝国
[法]科耶夫 等著

夜颂中的革命和宗教——诺瓦利斯选集卷一
[德]诺瓦利斯 著

大革命与诗话小说——诺瓦利斯选集卷二
[德]诺瓦利斯 著

《利维坦》附录
[英]霍布斯 著

巨人与侏儒
[美]布鲁姆 著

或此或彼（上、下）
[丹麦]基尔克果 著

海德格尔与有限性思想（重订版）
刘小枫 选编

海德格尔式的现代神学
刘小枫 选编

走向古典诗学之路
——相遇与反思：与伯纳德特聚谈
[美]伯格 编

论宗教大法官的传说
[俄]罗赞诺夫 著

上帝国的信息
[德]拉加茨 著

双重束缚
[美]基拉尔 著

俄耳甫斯教祷歌
吴雅凌 编译

俄耳甫斯教辑语
吴雅凌 编译

黑格尔的观念论
[美]皮平 著

古今之争中的核心问题
[德]迈尔 著

浪漫派风格——施莱格尔批评文集
[德]施莱格尔 著

神圣的罪业
[美]伯纳德特 著

论永恒的智慧
[德]苏索 著

宗教经验种种
[美]詹姆斯 著

尼采反卢梭
[美]凯斯·安塞尔-皮尔逊 著

施米特对自由主义的批判
[美]约翰·麦考米克 著

舍勒思想评述
[美]弗林斯 著

诗与哲学之争
[美]罗森 著

基督教理论与现代
[德]特洛尔奇 著

亚历山大的克雷蒙
[意]塞尔瓦托·利拉 著

伊壁鸠鲁主义的政治哲学
[意]詹姆斯·尼古拉斯 著

神圣与世俗
[罗]伊利亚德 著

中世纪的心灵之旅——波纳文图拉神学著作选
[意]圣·波纳文图拉 著

弓弦与竖琴——从柏拉图解读《奥德赛》
[美]伯纳德特 著

论古人的智慧
[英]培根 著

希伯莱圣经历代注疏

希腊化世界中的犹太人
[英]威尔逊 著

第一亚当和第二亚当
[德]朋霍费尔 著

卢梭注疏集

政治制度论
[法]卢梭 著

哲学的自传——卢梭的《孤独漫步者的遐思》
[法]卢梭 著

文学与道德杂篇
[法]卢梭 著

设计论证——卢梭的《社会契约论》
[美]吉尔丁 著

卢梭的自然状态
[美]普拉特纳 等著

卢梭的榜样人生——作为政治哲学的《忏悔录》
[美]凯利 著

柏拉图注疏集

理想国
[古希腊]柏拉图 著

谁来教育老师——《普罗塔戈拉》发微
刘小枫 编

立法者的神学——柏拉图《法义》卷十绎读
林志猛 编

柏拉图对话中的神
[德]薇依 著

厄庇诺米斯
[古希腊]柏拉图 著

柏拉图的《厄庇诺米斯》
程志敏 选编

论柏拉图对话
[德]施莱尔马赫 著

柏拉图《美诺》疏证
[美]克莱因 著

神话诗人柏拉图
张文涛 选编

人应该如何生活
[美]布鲁姆 著

阿尔喀比亚德
[古希腊]柏拉图 著

叙拉古的雅典异乡人
——柏拉图《书简七》探曲
彭磊 选编

阿威罗伊论《王制》
[阿拉伯]阿威罗伊 著

《王制》要义
刘小枫 选编

柏拉图的《会饮》
[古希腊]柏拉图 等著

苏格拉底的申辩
[古希腊]柏拉图 著

苏格拉底与政治共同体
[美]尼科尔斯 著

政制与美德——柏拉图《法义》疏解
[美]潘戈 著

《法义》导读
[法]卡斯代尔·布舒奇 著

论真理的本质
[德]海德格尔 著

哲人的无知
[德]费勃 著

米诺斯
[古希腊]柏拉图 著

亚里士多德注疏集

《政治学》疏证
[意]托马斯·阿奎那 著

尼各马可伦理学义疏
——亚里士多德与苏格拉底的对话
[美]伯格 著

哲学之诗——亚里士多德《诗学》解诂
[美]戴维斯 著

对亚里士多德的现象学解释
[德]海德格尔 著

城邦与自然——亚里士多德与现代性
刘小枫 编

论诗术中篇义疏
[阿拉伯]阿威罗伊 著

哲学的政治——亚里士多德《政治学》疏证
[美]戴维斯 著

莱辛注疏集

汉堡剧评
[德]莱辛 著

关于悲剧的通信
[德]莱辛 著

《智者纳坦》研究版
[德]莱辛 等著

启蒙运动的内在问题——莱辛思想再释
[美]维塞尔 著

莱辛剧作七种
[德]莱辛 著

历史与启示——莱辛神学文选
[德]莱辛 著

论人类的教育——莱辛政治哲学文选
[德]莱辛 著

色诺芬注疏集

居鲁士的教育
[古希腊]色诺芬 著

驯服欲望——施特劳斯笔下的色诺芬撰述
[法]科耶夫 等著

论僭政——色诺芬《希耶罗》义疏
[美]施特劳斯 著

色诺芬的《会饮》
[古希腊]色诺芬 著

施特劳斯集

霍布斯的宗教批判
[美]列奥·施特劳斯 著

斯宾诺莎的宗教批判
[美]列奥·施特劳斯 著

门德尔松与莱辛
[美]列奥·施特劳斯 著

哲学与律法——论迈蒙尼德及其先驱
[美]列奥·施特劳斯 著

迫害与写作艺术
[美]列奥·施特劳斯 著

柏拉图式政治哲学研究
[美]列奥·施特劳斯 著

阅读施特劳斯
[美]斯密什 著

《会饮》讲疏
[美]列奥·施特劳斯 著

柏拉图《法义》的论辩与情节
[美]列奥·施特劳斯 著

什么是政治哲学
[美]列奥·施特劳斯 著

古典政治理性主义的重生
[美]列奥·施特劳斯 著

施特劳斯与流亡政治学
[美]谢帕德 著

犹太哲人与启蒙
——施特劳斯演讲与论文集：卷一
[美]列奥·施特劳斯 著

苏格拉底问题与现代性
——施特劳斯演讲与论文集：卷二
[美]列奥·施特劳斯 著

回归古典政治哲学——施特劳斯通信集
[美]列奥·施特劳斯 著

隐匿的对话——施米特与施特劳斯
[德]迈尔 著

苏格拉底与阿里斯托芬
[美]列奥·施特劳斯 著

尼采注疏集

尼采眼中的苏格拉底
[美]丹豪瑟 著

尼采的使命——《善恶的彼岸》绎读
[美]朗佩特 著

尼采与现时代——解读培根、笛卡尔与尼采
[美]朗佩特 著

动物与超人之间的绳索
[德]A. 彼珀 著

维吉尔注疏集

《埃涅阿斯纪》章义
王承教 选编

维吉尔的帝国
阿德勒 著

品达注疏集

幽暗的诱惑——品达、晦涩与古典传统
[美]汉密尔顿 著

新约历代经解

属灵的寓意
[古罗马]俄里根 著

赫西俄德集

神谱笺释
吴雅凌 撰

赫西俄德：神话之艺
[法]居代·德·拉孔波 等著

赫拉克勒斯之盾笺释
罗逍然 译笺

莎士比亚绎读

莎士比亚笔下的爱与友谊
[美]布鲁姆 著

莎士比亚戏剧与政治哲学
彭磊 选编

莎士比亚的政治盛典
[美]阿鲁里斯/苏利文 编

丹麦王子与马基雅维利
罗峰 选编

古希腊诗歌丛编

阿尔戈英雄纪
[古希腊]阿波罗尼俄斯 著

阿里斯托芬集

《阿卡奈人》笺释
[古希腊]阿里斯托芬 著

但丁集

但丁的圣约书
[美]霍金斯 著

美国宪政与古典传统

美国1787年宪法讲疏
[美]阿纳斯塔普罗 著

修昔底德集

修昔底德笔下的演说
[美]斯塔特 著

古希腊政治理论
格雷纳 著

塔西伦集

塔西伦的政治史学
曾维术 编

古典学丛编

古典语文学常谈
克拉夫特 著

古希腊肃剧注疏集

希腊肃剧与政治哲学
阿伦斯多夫 著

中国传统：经典与解释

Classici et Commentarii

刘小枫　陈少明 ◎ 主编

中国传统：经典与解释

从公羊学论《春秋》的性质
阮芝生 撰

药地炮庄·总论
[明]方以智 著

松阳讲义
[清]陆陇其 著

起凤书院答问
[清]姚永朴 撰

青原志略
[明]方以智 原编

冬炼三时传旧火——港台学人论方以智
邢益海 编

药地炮庄
[明]方以智 著

周礼疑义辨证
陈衍 撰

经学通论
[清]皮锡瑞 著

韩愈志
钱基博 著

论语辑释
陈大齐 著

《庄子·天下篇》注疏四种
张丰乾 编

荀子的辩说
陈文洁 著

古学经子——十一朝学术史述林
王锦民 著

经学以自治——王闿运春秋学思想研究
刘少虎 著

《铎书》校注
孙尚扬　肖清和 等校注

大学素质教育读本

古典诗文绎读　西学卷·古代编（上、下）
古典诗文绎读　西学卷·现代编（上、下）

经典与解释辑刊（刘小枫　陈少明 主编）

1　柏拉图的哲学戏剧
2　经典与解释的张力
3　康德与启蒙
4　荷尔德林的新神话
5　古典传统与自由教育
6　卢梭的苏格拉底主义
7　赫尔墨斯的计谋
8　苏格拉底问题
9　美德可教吗
10　马基雅维利的喜剧
11　回想托克维尔
12　阅读的德性
13　色诺芬的品味
14　政治哲学中的摩西
15　诗学解诂
16　柏拉图的真伪
17　修昔底德的春秋笔法
18　血气与政治
19　索福克勒斯与雅典启蒙
20　犹太教中的柏拉图门徒
21　莎士比亚笔下的王者
22　政治哲学中的莎士比亚
23　政治生活的限度与满足
24　雅典民主的谐剧
25　维柯与古今之争
26　霍布斯的修辞
27　埃斯库罗斯的神义论
28　施莱尔马赫的柏拉图
29　奥林匹亚的荣耀
30　笛卡尔的精灵

31 柏拉图与天人政治
32 海德格尔的政治时刻
33 荷马笔下的伦理
34 格劳秀斯与国际正义
35 西塞罗的苏格拉底
36 基尔克果的哲学与政治
37 《理想国》的内与外
38 诗艺与政治
39 律法与政治哲学
40 古今之间的但丁

雅努斯：古典拉丁语文读本
古典拉丁语文学述要
危微精一：政治法学原理九讲
琴瑟友之：钢琴与古典乐色十讲

刘小枫集

诗化哲学［重订本］
拯救与逍遥［修订本］
走向十字架上的真
这一代人的怕和爱［增订本］
现代性与现代中国：现代性社会理论绪论
沉重的肉身
圣灵降临的叙事［增订本］
罪与欠
西学断章
现代人及其敌人
儒教与民族国家
拣尽寒枝
施特劳斯的路标
重启古典诗学
共和与经纶
设计共和
卢梭与我们
好智之罪：普罗米修斯神话通释
民主与爱欲：柏拉图《会饮》绎读
民主与教化：柏拉图《普罗塔戈拉》绎读
巫阳招魂：《诗术》绎读

编修［博雅读本］

凯若斯：古希腊语文读本［全二册］
古希腊语文学述要